Heinemann
Die Begabungsforschung von William Stern

Rebecca Heinemann

Die Begabungsforschung von William Stern

Eine Einführung mit Quellentexten und unveröffentlichten Originaltexten

Verlag Julius Klinkhardt
Bad Heilbrunn • 2023

Mit freundlicher Unterstützung der Karg-Stiftung

Dieser Titel wurde in das Programm des Verlages mittels eines Peer-Review-Verfahrens aufgenommen. Für weitere Informationen siehe www.klinkhardt.de.

Bibliografische Information der Deutschen Nationalbibliothek
Die Deutsche Nationalbibliothek verzeichnet diese Publikation
in der Deutschen Nationalbibliografie; detaillierte bibliografische Daten
sind im Internet abrufbar über http://dnb.d-nb.de.

2023.ng. Verlag Julius Klinkhardt.
Lektorat: Jürgen Hahnemann, sprach-bild.de
Coverabbildung: aus Raymund Schmidt (Hrsg.), Philosophie der Gegenwart in Selbstdarstellungen, erschienen 1927 im Felix Meiner Verlag in Leipzig.

Druck und Bindung: AZ Druck und Datentechnik, Kempten.
Printed in Germany 2023. Gedruckt auf chlorfrei gebleichtem alterungsbeständigem Papier.

 Das Werk einschließlich aller seiner Teile ist urheberrechtlich geschützt. Die Publikation (mit Ausnahme aller Fotos, Grafiken und Abbildungen) ist veröffentlicht unter der Creative Commons-Lizenz: CC BY-NC-ND 4.0 International https://creativecommons.org/licenses/by-nc-nd/4.0/

ISBN 978-3-7815-6028-4 digital   doi.org/10.35468/6028
ISBN 978-3-7815-2586-3 print

Inhalt

Einleitung 9

1 Die Entwicklungstagebücher von Clara und
  William Stern – Kinderpsychologie als Quelle
  der frühen Begabungsforschung 21

2 Die Bedeutung des Personalismus für die wissenschaftliche
  Begabungskonzeption und Begabungsethik 35

  2.1 Entstehungshintergrund und wissenschaftstheoretische
      Einordnung 35
      Q1 William Stern (1921): Die moderne Psychologie, ihre
         Gebiete, Methoden und Aufgaben (Auszug) 39
  2.2 Grundlagen der personalistischen Begabungskonzeption
      und Prinzipien der Förderung 40
      Q2 William Stern (1910): Das Problem der kindlichen Begabung
         (Auszug) 48
      Q3 William Stern (1918): Grundgedanken der personalistischen
         Philosophie (Auszug) 51
      Q4 William Stern (1920): Psychologie und Schule (Auszug) 58
  2.3 „Wertphilosophie" – Leitgedanken der personalistischen
      Begabungsethik 61
      Q5 William Stern (1924): Wertphilosophie (Auszug) 63

3 Die Anfänge der wissenschaftlichen Intelligenzdiagnostik und William Sterns Intelligenzkonzept 69

3.1 „Die psychologischen Methoden der Intelligenzprüfung" – Sterns Auseinandersetzung mit der internationalen Testforschung und deren Weiterentwicklung 71

Q6 William Stern (1912): Die psychologischen Methoden der Intelligenzprüfung und deren Anwendung an Schulkindern (Auszug) 77

3.2 „Die Intelligenzprüfung an Kindern und Jugendlichen" – Sterns Positionierung zum Verhältnis von sozialer Lage und Intelligenzentwicklung und zur „Einheitsschule" 84

Q7 William Stern (1916): Die Intelligenzprüfung an Kindern und Jugendlichen (Auszug) 87

3.3 „Zur Theorie der Intelligenz" – Intelligenzbegriff und Personalismus 95

Q8 William Stern (1928): Zur Theorie der Intelligenz 99

3.4 „Eindrücke von der amerikanischen Psychologie" – Kritik an der amerikanischen Testpraxis 108

Q9 William Stern (1930): Eindrücke von der amerikanischen Psychologie (Auszug) 109

4 Aufgaben der Hochbegabtenforschung und -förderung 111

4.1 „Das übernormale Kind" – das Leitmotiv des hochbegabten Kindes 113

Q10 William Stern (1910): Das übernormale Kind 120

4.2 „Studienvorbereitung für hochbegabte Volksschulabgänger" – Fördermaßnahmen nach dem Ersten Weltkrieg 131

Q11 William Stern (1919): Studienvorbereitung für hochbegabte Volksschulabgänger 132

4.3 „Probleme der Schülerauslese" – Überlegungen zur Förderung hochbegabter Schülerinnen und Schüler 134

Q12 William Stern (1926): Probleme der Schülerauslese (Auszug) 137

5 Schwerpunkte und Fragestellungen der Begabungsforschung zur Zeit des Ersten Weltkriegs und der Weimarer Republik 143

5.1 „Der Aufstieg der Begabten" – psychologische Begabungsforschung unter dem Vorzeichen des Krieges 144

Q 13 William Stern (1916): Psychologische Begabungsforschung und Begabungsdiagnose 150

5.2 „Die Methode der Auslese befähigter Volksschüler" – Konzeption und methodische Richtlinien von Schülerauswahlverfahren 161

Q 14 William Stern (1918): Die Methode der Auslese befähigter Volksschüler in Hamburg 165

5.3 „Aus dreijähriger Arbeit des Hamburger Psychologischen Laboratoriums" – Kontroverse über die Gestaltung der „Übergangsauslese" 171

Q 15 William Stern (1925): Aus dreijähriger Arbeit des Hamburger Psychologischen Laboratoriums (Auszug) 174

5.4 William Sterns schulpsychologisches Konzept 176

Q 16 William Stern (1930): Schulpsychologe 179

5.5 „Richtlinien für die Methodik der psychologischen Praxis" – Stellungnahmen zur Psychotechnik 182

Q 17 William Stern (1921): Richtlinien für die Methodik der psychologischen Praxis 185

Quellen- und Literaturverzeichnis 197

1 Abgedruckte Quellentexte von William Stern 197

2 Archivalien 198

3 Literatur von Clara und William Stern 198

4 Weitere zeitgenössische Literatur 202

5 Weitere Literatur 206

Personenverzeichnis 213

Einleitung

Die im ersten Jahrzehnt des 20. Jahrhunderts entstehende Begabungsforschung und ihr historischer Höhepunkt zur Zeit des Ersten Weltkriegs und der Weimarer Republik wurden maßgeblich von dem Philosophen und Psychologen William Stern (1871–1938) gestaltet. Die wissenschaftliche Erforschung menschlicher Intelligenz und Begabung, die ein Grundmotiv seines umfangreichen und vielseitigen Werkes ist, legte das Fundament für ein zentrales neues Arbeitsgebiet der Psychologie, die sich nach der Jahrhundertwende als eigenständige Disziplin entwickelt hatte. Innerhalb der von Stern begründeten Differentiellen Psychologie bildeten seine am einzelnen Individuum orientierten begabungspsychologischen und -philosophischen Studien den wichtigsten Schwerpunkt.

Bereits als junger Gelehrter erschloss William Stern das neue Arbeitsfeld. Dabei bildeten die in enger Kooperation mit seiner Ehefrau Clara (geb. Joseephy; 1877–1945) unternommenen Kinderbeobachtungen nicht nur die wichtigste empirische Grundlage für die in seinen Monografien und zahlreichen Aufsätzen veröffentlichten kinderpsychologischen Arbeiten; sie sind zugleich auch eine wichtige und bislang unbeachtete Quelle seiner frühen Begabungsforschung. Seine wissenschaftlichen Aktivitäten erstreckten sich „vornehmlich auf Probleme der Begabungsforschung", wie er seinen Arbeitsschwerpunkt an der Schlesischen Friedrich-Wilhelms-Universität in Breslau in einer Rückschau[1] beschrieb.

In Breslau wirkte Stern nach seiner Habilitation 1897 zunächst als Privatdozent, seit 1907 als Extraordinarius für Philosophie, Psychologie und Pädagogik und hatte die Leitung des psychologischen Universitätsseminars inne. An seine in der Vorkriegszeit begonnenen begabungspsychologischen Arbeiten knüpfte er in Hamburg an, wo er 1915 als Nachfolger von Ernst Meumann (1862–1915) an das damalige *Allgemeine Vorlesungswesen* berufen worden war. Das von Stern nach der Universitätsgründung 1919 erweiterte Hamburger Institut[2] war das nach Leipzig zweitgrößte psychologische Institut und entwickelte sich in den 1920er Jahren zum Zentrum der Begabungsforschung in Deutschland.

Durch die Philosophie des Kritischen Personalismus verband Stern empirische begabungspsychologische Studien mit einer philosophisch fundierten Begabungs-

---

[1] Vorlesungen von Dr. W. Stern. Biographisches (mit handschriftlichem Vermerk von William Stern „nach Hamburg eingereicht Sommer 1915"). Jewish National and University Library, William Stern Archive, Dept. ARC, Ms. Var., 43104 55.1, Bl. 4.

[2] Bis 1929 war die offizielle Bezeichnung *Psychologisches Laboratorium*, danach wurde es in *Psychologisches Institut* umbenannt.

theorie. Die psychologische Orientierung an der Individualität des Menschen findet ihre theoretische Begründung und Verankerung im Personalismus. Dessen Grundannahmen bilden die Eckpfeiler der wissenschaftlichen Begabungskonzeption, die Begabungen als wert- und sinnhafte Anlagen begreift und Proaktivität, personale Selbstbestimmung und Gestaltungsmöglichkeiten des Menschen akzentuiert.

An die empirische Perspektive der Begabungsforschung schloss Stern eine eigene Begabungsethik und das Postulat an, jeden Menschen in seiner singulären Besonderheit anzuerkennen und seine Begabungen und Fertigkeiten zu fördern. Hierbei kam ein emanzipatorisches Leitmotiv der Begabungsforschung Sterns zum Tragen, die auch die Förderung von (hoch)begabten Kindern in den Blick nahm, die durch die zeitgenössischen Schulstrukturen von mittlerer und höherer Bildung ausgeschlossen waren. Damit verbunden war die Forderung nach Reformen, die der Heterogenität von Kindern und ihren Lernvoraussetzungen Rechnung trugen und die durch Standeszugehörigkeit und ökonomischen Status der Familie bestimmten Bildungsbarrieren überwanden.

Aus dem personalistischen Denkmodell leitete Stern eine dialektische Vorstellung von Begabungsentwicklung ab, die sowohl den Gedanken individueller Begabungsverpflichtung als auch das Recht des Individuums auf Förderung einschloss. Sterns Wertphilosophie unterstrich die Pflicht einer am Individuum ausgerichteten Begabungsförderung, die von gesellschaftlicher und staatlicher Seite ideell wie materiell zu stützen sei. Nicht zuletzt betonte der Personalismus die ethische Verantwortung von Wissenschaftlerinnen und Wissenschaftlern, die die Konsequenzen ihrer Forschung für die betroffenen Individuen zu reflektieren hätten.

Wissenschaftstheoretisch bildet der personalistische Blick auf den Menschen auch den Schlüssel zu Sterns Intelligenzbegriff und erklärt seine Haltung zu den erstmals nach 1900 in Frankreich entwickelten Intelligenztests, an deren Weiterentwicklung er zusammen mit seinen Mitarbeitenden intensiv arbeitete. Dabei wies er auf die Unverzichtbarkeit der neuen Intelligenzmessverfahren hin, warnte jedoch zugleich vor einer Absolutsetzung der in seinen Augen stets ergänzungsbedürftigen experimentellen Methoden.

Die personalistische Perspektive prägt auch die am Hamburger Institut entstandenen Untersuchungen und entsprach „der methodischen Grundeinstellung des Hamburger Kreises"[3], wie Stern in einem seiner Institutsberichte hervorhob (Stern 1931, S. 199). Auf diese Theorie aufsetzend, formulierte er Ende der 1920er Jahre das Ziel, eine leitende Theorie für die Humanwissenschaften zu begründen. Die „*Wissenschaft* von der menschlichen Person" (Stern 1927, S. 172; Hervorhebung

---

3 Es ist gerechtfertigt, von einer „Hamburger Schule" zu sprechen, für die ein integrierender Ansatz charakteristisch war, der experimentell-naturwissenschaftliche und geisteswissenschaftliche Methoden konsequent miteinander verband (vgl. auch Guski-Leinwand 2010, S. 174 f.).

im Original[4]) belegte er – in Abgrenzung zum „Personalismus" als Weltanschauung – mit dem Begriff der „Personalistik".

Diese Orientierung verweist auf weitere Charakteristika von Sterns Gesamtwerk. Auch seine Begabungsforschung war von der fächerübergreifenden Zusammenarbeit mit Ärzten, Psychiatern, Lehrkräften und Schuldirektoren geprägt. Zum Beispiel wurde das Datenmaterial aus groß angelegten Schulversuchen gewonnen, die für die frühe Begabungsforschung bedeutsam waren, und von Lehrpersonen zur Verfügung gestellt. Dass Stern Genese und spezifische Ausprägungen kindlicher Intelligenz und Begabungen immer in Verbindung mit den Möglichkeiten ihrer Förderung dachte, unterstreicht außerdem den zentralen Stellenwert, den er pädagogischen Fragestellungen beimaß (Heinemann 2016, S. 11). Angewandt psychologische Arbeit stand für ihn in einem engen Zusammenhang mit den im pädagogischen Bereich geforderten Reformen. Flankiert durch intensive wissenschafts- und bildungspolitische Aktivitäten, kam Sterns pädagogisches Engagement in seinem Einsatz für Reformen der familiären Erziehung, Schulreformen und Professionalisierung der Lehrerbildung zum Tragen. Dies prägte bereits seine Breslauer Periode und fand an der Universität Hamburg, an deren Gründung er mitwirkte, eine Fortsetzung.

In der Weimarer Republik erwies sich Stern als maßgeblicher Akteur bei der Einrichtung pädagogischer Professuren und übernahm mit seinem Institut auch einen bedeutenden Anteil der Hamburger Lehrerbildung. Dass die Aus- und Fortbildung von Lehrkräften die psychologischen und pädagogischen Erkenntnisse der Begabungsforschung an zentraler Stelle integrieren musste, war eines seiner wichtigsten bildungspolitischen Anliegen, dem Stern in zahlreichen Vorträgen und Schriften Ausdruck verlieh. Dies sah er als Voraussetzung für eine Begabtenförderung im Sinne der Weimarer Reichsverfassung, die in Artikel 146 die Kriterien „Anlage" und „Neigung" eingeführt hatte, die für die Schullaufbahn eines Kindes ausschlaggebend sein sollten. Stern wies darauf hin, dass damit ein zentrales Prinzip aus der empirischen Begabungsforschung der Vorkriegszeit Verfassungsstatus erhalten habe, und forderte die Realisierung dieses Grundsatzes ein.

Stern erwies sich nicht zuletzt als Förderer junger Wissenschaftlerinnen und Wissenschaftler, deren Werdegang er mit Interesse und Anteilnahme verfolgte. 1933 fand seine florierende Forschungstätigkeit ein abruptes Ende. Die nationalsozialistische Machtübernahme markiert eine doppelte Zäsur: Sie führte nicht nur zum Abbruch der deutschen Intelligenz- und Begabungsforschung und der auf diesem Arbeitsfeld begründeten Forschungstraditionen, sondern auch zur Zerstörung der personellen Netzwerke. Die Entlassung Sterns und der meisten seiner

---

4 Auch Textteile, die im Original durch gesperrte Schrift hervorgehoben sind, werden in diesem Band durch *kursive Schrift* wiedergegeben. Abweichend davon sind Autorennamen, wenn diese im Original durchgängig gesperrt oder in Kapitälchen gesetzt sind, in diesem Band nicht ausgezeichnet.

Mitarbeitenden[5] ging mit der materiellen Abwicklung des *Psychologischen Instituts* einher, das noch bis 1942 kommissarisch von dem Erziehungswissenschaftler Gustaf Deuchler geleitet wurde.

1934 emigrierte William Stern in die Niederlande und nahm dann eine Gastprofessur an der *Duke University* in North Carolina an. In den USA stieß seine Psychologie insgesamt auf wenig Interesse; auch die Rezeption seines Begabungskonzepts war hier bereits in den 1920er Jahren deutlich geringer ausgeprägt als in der Zeit vor dem Ersten Weltkrieg (Schmidt 1988). Dies unterstreicht die markanten Gegensätze zwischen der deutschen und US-amerikanischen Intelligenz- und Begabungsforschung in diesem Zeitraum (vgl. Kapitel 3.4).

Die personellen Verluste in Deutschland ab 1933 wurden durch die Entlassung weiterer Forschender verstärkt. In diesem Zusammenhang sind auch die von Stern geförderten weiblichen Mitarbeiterinnen zu nennen, die langfristig oder zeitweise an seinem Institut beschäftigt waren und auf dem Feld der Begabungs- und Eignungspsychologie geforscht hatten: Hildegard Grünbaum-Sachs (1888–1974), Elisabeth Knoblauch, Bettina Katzenstein (1906–1981) und Martha Muchow (1892–1933) verloren 1933 ihre wissenschaftlichen Wirkungsmöglichkeiten.

Viele der betroffenen Forscher waren wie Stern jüdischer Herkunft und hatten auf dem Gebiet der Intelligenz- und Begabungsforschung und der Denkpsychologie gearbeitet. Zu diesem Kreis gehörten der zuletzt an der Universität Jena lehrende Psychologe Wilhelm Peters[6] (1880–1963) und Otto Selz (1881–1943), der bis zu seiner erzwungenen Versetzung in den vorzeitigen Ruhestand den Lehrstuhl für Philosophie, Psychologie und Pädagogik an der Handelshochschule Mannheim innehatte und später im KZ Auschwitz ermordet wurde.

Die Lebensgrundlage wurde auch Otto Lipmann (1880–1933) entzogen, einem Weggefährten und Freund William Sterns, der in der Weimarer Republik auf dem Feld der Pädagogischen Psychologie und der Arbeitswissenschaft geforscht hatte (Sprung/Brandt 2003; Ebisch 2017). Außerdem wurden Erich Hylla, der der Sozialdemokratie nahestand, und Otto Bobertag arbeitslos. Sie hatten in der Vorkriegszeit mit Stern auf dem Gebiet der Intelligenz- und Begabungsforschung gearbeitet und brachten ihre Expertise in den 1920er Jahren am Berliner *Zentralinstitut für Erziehung und Unterricht* ein.

---

5 Die Entlassung von jüdischen und politisch missliebigen Beamten und Angestellten aus dem öffentlichen Dienst erfolgte auf der Grundlage des „Gesetzes zur Wiederherstellung des Berufsbeamtentums" vom 7. April 1933.

6 Peters war evangelisch getauft und seit 1918 konfessionslos, wurde aber wie Stern wegen „nicht arischer Abstammung" (§ 3 des „Gesetzes zur Wiederherstellung des Berufsbeamtentums") in den vorzeitigen Ruhestand versetzt. Auch seine (nichtjüdische) Mitarbeiterin Annelies Argelander (1896–1980), die zu den ersten Frauen gehörte, die sich im Fach Psychologie habilitiert hatten, und den Schwerpunkt Begabungsforschung mitvertrat, wurde 1937 wegen ihrer Nähe zu Peters entlassen.

Mit den Entlassungen ging die Diffamierung von Forschenden und eine allgemeine Abwertung der Wissenschaft der Weimarer Republik einher. Die Begabungsforschung wurde einer zu überwindenden „individualistischen" Epoche zugeschrieben. Dem entsprach eine eklatante Verschiebung weg von den individuellen Begabungen von Kindern und deren Recht auf Förderung hin zur instrumentellen Auslese einer „Elite" im Dienst des NS-Staates (Heinemann 2016, S. 278), für die primär körperliche, charakterliche und „rassische" Eignung bestimmend war, nicht jedoch ein hohes kognitives Fähigkeitspotential. Die maßgeblich von William Stern begründete Hochbegabtenforschung und das bis 1933 bestehende gesellschaftliche Interesse an hochbegabten Kindern (Eckart 2006) kamen zum Erliegen.

Eine weitere zentrale Ursache für die bis in die 1980er Jahre während weitgehende Nichtrezeption von William Sterns begabungspsychologischen Arbeiten[7] liegt in dem Versäumnis begründet, nach 1945 an die Begabungsforschung der 1920er Jahre anzuknüpfen (Bergold 2013). Wissenschaftlich herrschten in der frühen Bundesrepublik zunächst statische Begabungskonzepte vor, die dazu dienten, das überlieferte dreigliedrige Schulsystem zu legitimieren (Müller 1956; Huth 1956; zu den Arbeiten von Karl Valentin Müller und Albert Huth vgl. Rudloff 2014, S. 207 ff.). In den 1960er Jahren kam Bewegung in die bildungspolitischen Debatten, die maßgeblich durch den dynamischen Begabungsbegriff Heinrich Roths (1906–1983) angeregt wurden, dessen Perspektivierung von genetischer Ausstattung, Umwelt und Ich (Roth 1966; Hoyer/Weigand/Müller-Oppliger 2013, S. 66 f.) grundsätzlich an Stern hätte anschließen können.

Eine „Wiederentdeckung" von Sterns Begabungsforschung begann aber erst in den 1980er Jahren[8] im Zusammenhang mit der neuen Aktualität der Hochbegabtenforschung und neuen institutionellen Ansätzen zur Förderung hochbegabter Kinder. Letztere wurden nach 1945 mit der NS-Eliteförderung assoziiert und hatten jahrzehntelang unter „Eliteverdacht" und einem starken Legitimationsdruck gestanden (Bergold 2013; Schregel 2020a, Schregel 2020b). Ihren Ausdruck fand das verstärkte Interesse an Sterns Person und Werk in der Gründung der *William-Stern-Gesellschaft für Begabungsforschung und Begabtenförderung*, die

---

7 Eine Ausnahme bildete ein von Theodor Ballauf und Hubert Hettwer veröffentlichter Sammelband aus dem Jahr 1967 (Ballauf/Hettwer 1967), der auch einen Quellentext von William Stern (1916b) enthält (hierauf verweist Feger 1991, S. 105).

8 Zeitgleich setzten sich historisch arbeitende Psychologinnen und Psychologen erstmals intensiv mit der Geschichte des eigenen Fachs in der NS-Zeit auseinander und beleuchteten Biografie und Werk von William Stern und anderen 1933 vertriebenen Fachkolleginnen und -kollegen (Bühring 1996; Deutsch 1997; Geuter 1984; Graumann 1985; Lück 1991). Dies führte zu wichtigen Einblicken insbesondere in die Differentielle sowie Entwicklungs- und Kinderpsychologie Sterns.

1985 im Beisein von Eva Michaelis-Stern (1904–1992), seiner jüngsten, damals in Israel lebenden Tochter, ins Leben gerufen wurde.[9]
Die Hochbegabungsforscherin Barbara Feger recherchierte erstmals zentrale Werke Sterns zur Hochbegabung von Kindern und Jugendlichen (Feger 1991). Erstaunt konstatierte sie in ihrem Beitrag zur *6. Weltkonferenz über hochbegabte und talentierte Kinder*, die 1985 in Hamburg stattfand, dass sich die deutschsprachige Literatur in historischen Überblicksdarstellungen zum Thema Hochbegabung auf die Entwicklung in anderen Ländern – vorwiegend den USA – bezog, aber die Frühgeschichte der Begabungsforschung in Deutschland überhaupt nicht zur Kenntnis nahm. Damit gehe „ein freiwilliger Verzicht auf eine Vielzahl von Anregungen, die heute noch wesentliche Impulse geben könnten", einher (Feger 1986, S. 67).
Seither haben sich Forschende in Psychologie, Erziehungswissenschaft und Wissenschaftsgeschichte auf einzelne Quellentexte Sterns zur Begabungsforschung konzentriert (z.B. Heller/Mönks 2014), Techniken zur „Auslese" begabter Schülerinnen und Schüler thematisiert (Drewek 1989; Kaminski 2010) und Sterns Intelligenzbegriff in den Blick genommen (Geisthövel 2013; Schregel 2021). Die meisten Arbeiten legten den Schwerpunkt auf die Zeit des Ersten Weltkriegs (z.B. Stamm 2007; Bergold 2013), in der die Begabungsforschung eine neue Dynamik und Ausrichtung erfuhr, und vernachlässigten die Anfänge und historischen Kontexte der Begabungsforschung vor 1914. Zudem wurden die begabungstheoretischen Grundlagen des Personalismus[10] und der integrative, quantitative und qualitative Perspektiven umfassende Ansatz von Sterns Begabungsforschung bislang zu wenig beachtet.
Mit diesem Ansatz wies Stern weit über die Entwicklung von Intelligenzmessverfahren und Intelligenzdiagnostik hinaus. Anders als etwa sein Zeitgenosse Lewis Terman (1877–1956) vertrat er kein ausschließlich intelligenzbasiertes Begabungskonzept.[11] Bereits in seiner Breslauer Zeit fasste er unterschiedliche Begabungsdomänen ins Auge und untersuchte künstlerisch-bildnerische, musikalische, sprachliche und mathematische Begabungen von Kindern.

---

9   Prado/Jansen/Wieczerkowski 1990, S. 25 f.; Redemanuskript Barbara Feger anlässlich der Gründung der William-Stern-Gesellschaft für Begabungsforschung und Begabtenförderung. Jewish National and University Library, William Stern Archive, Dept. ARC, Ms. Var., 431 05 110.
10 Weigand 2019 mit Hinweisen zum Personbegriff; zum Personalismus vgl. auch Kapitel 2 in diesem Band.
11 Bis heute konzentriert sich die Stern-Rezeption in den USA in unzutreffender Verkürzung auf den von William Stern eingeführten „Intelligenzquotienten" (Lamiell 1996).

Zur Auswahl der Quellentexte

Der vorliegende Band bietet eine Einführung in die Begabungsforschung von William Stern anhand von Quellentexten und unveröffentlichten[12] Originaltexten. Zum einen will er Leserinnen und Lesern einen fundierten Einblick in das komplexe Begabungskonzept Sterns ermöglichen, zum anderen Forschenden eine verlässliche Sammlung zentraler Texte bieten. Für die Auswahl der Quellentexte war unter anderem die zeitliche Dimension bedeutsam. Ausgewählt wurden schriftliche Quellen, die im Zeitraum von der Jahrhundertwende bis in die 1930er Jahre entstanden sind. Auf diese Weise werden Entwicklungen, besondere Akzentuierungen und Themenverschiebungen erkennbar.

Weitere Auswahlkriterien waren der Aussagehalt und die Vielfalt der Quellen, die einen Eindruck von der thematischen Bandbreite der Begabungsforschung Sterns vermitteln sollen. Präsentiert werden Auszüge aus Sterns Monografien zur Intelligenz- und Begabungsforschung sowie einschlägige Passagen aus seinen Schriften zum Personalismus, in denen er die zentralen Begrifflichkeiten seines wissenschaftlichen Begabungskonzepts und Konzept der Begabtenförderung darlegt. Hinzu kommen Aufsätze und Vorträge, die in renommierten psychologischen und pädagogischen Fachzeitschriften erschienen sind.

Neben publizierten Quellen werden auch unveröffentlichte Quellen aus William Sterns Jerusalemer Nachlass herangezogen. Zum ersten Mal wurden für diesen Band die handschriftlichen, im Nachlass verwahrten Tagebuchaufzeichnungen zur Entwicklung der drei Kinder von Clara und William Stern komplett ausgewertet. Aus diesen Aufzeichnungen, die vorwiegend von Clara Stern angefertigt wurden, hat William Stern die Grundlagen seines Begabungskonzepts gewonnen.[13]

Hinzu kommen Auszüge aus programmatischen Beiträgen, mit denen sich William Stern in der Institutionalisierungsphase der Pädagogischen Psychologie an ein interdisziplinäres Publikum wandte: Lehrkräfte, Forschende der Psychologie und der Pädagogik, die sich in diesem Zeitraum zu eigenen Disziplinen entwickelten, und interessierte Laien, die die innovativen Erkenntnisse der Begabungsforschung rezipierten.

---

12 Mit „unveröffentlicht" ist in diesem Zusammenhang gemeint, dass diese Texte nicht von William Stern veröffentlicht wurden (vgl. Abschnitt 2 im Quellen- und Literaturverzeichnis). Zudem wird ein Teil dieser Texte hier zum ersten Mal veröffentlicht.
13 Die Tagebuchaufzeichnungen, die von Werner Deutsch transkribiert und für die Spracherwerbsforschung fruchtbar gemacht wurden, haben im Kontext der historischen Betrachtung von Sterns Begabungsforschung bislang keine Berücksichtigung gefunden.

Aufbau des Buches und inhaltliche Schwerpunkte

Der Band ist in fünf thematische Kapitel gegliedert, deren Abschnitte einheitlich aufgebaut sind: Den abgedruckten Quellentexten ist jeweils ein Einleitungstext vorangestellt, der in die inhaltlichen Schwerpunkte einführt und der Einordnung in den biografischen, wissenschaftshistorischen, schulgeschichtlichen und gesellschaftspolitischen Kontext dient. Zusätzlich enthalten die Einleitungstexte Verweise auf weitere Texte von William Stern und anderen Akteurinnen und Akteuren der zeitgenössischen Begabungsforschung und auf zentrale Forschungsliteratur, um den Leserinnen und Lesern eine weitergehende wissenschaftliche Auseinandersetzung mit dem Thema zu ermöglichen.

1 Die Entwicklungstagebücher von Clara und William Stern – Kinderpsychologie als Quelle der frühen Begabungsforschung

Das erste Kapitel zeigt – auf der Grundlage der unveröffentlichten Entwicklungstagebücher des Ehepaars Stern – die große Bedeutung der Kinderbeobachtungen für William Sterns Intelligenz- und Begabungsforschung auf. Aufzeichnungen zur kindlichen Entwicklung in Tagebuchform waren seit Ende des 19. Jahrhunderts eine gängige Forschungspraxis der entstehenden Kinderforschung. William Stern gewann aus solchen Aufzeichnungen auch grundlegende Einsichten in Intelligenz und Begabungen von Kindern. Auszüge aus den zu wissenschaftlichen Zwecken verfassten und nicht zur Publikation gedachten Tagebüchern des Ehepaars Stern wurden in die vorliegende Darstellung mit einbezogen. Die Auswertung dieser ergiebigen Quellenressource zeigt die enge Verbindung von Kinder- und Begabungsforschung auf und ermöglicht den Zugang zu Sterns Begabungsverständnis und zu den Maximen einer Frühförderung, die stark von den Strömungen der zeitgenössischen Reformpädagogik beeinflusst und an der Individualität des Kindes orientiert ist.

2 Die Bedeutung des Personalismus für die wissenschaftliche Begabungskonzeption und Begabungsethik

Dieser Abschnitt, der den folgenden Buchteilen als Grundlagenkapitel vorgeschaltet ist, stellt die zentrale Bedeutung von Sterns personalistischem Denksystem für die Begabungsforschung und Begabtenförderung heraus. Die konsequente Verbindung angewandt-empirischer Forschung und theoretisch-philosophischer Reflexion war das charakteristische Merkmal seiner begabungspsychologischen und -pädagogischen Studien, die sich hierin markant von anderen wissenschaftlichen Konzepten unterschieden – und bis heute unterscheiden. Seit der Jahrhundertwende entwickelte Stern in seinen Schriften die Philosophie des Kritischen Personalismus, die er als Fundament seines wissenschaftlichen Schaffens betrachtete.

Dieser kommt eine herausragende Bedeutung für Menschenbild, wissenschaftliches Begabungskonzept und Maximen der Begabtenförderung zu, die aus dem dynamischen, am Individuum orientierten Begabungsmodell entwickelt wurden. Das Kapitel erläutert zunächst den Entstehungshintergrund des Personalismus. Die ausgewählten Originaltexte ermöglichen die wissenschaftstheoretische Einordnung (Q 1) und Klärung der zentralen Termini des personalistischen Begabungskonzepts (Q 2 und Q 3). Außerdem werden dessen erziehungs- und bildungstheoretischen Implikationen aufgezeigt, die Stern insbesondere für die Lehrerbildung als bedeutsam erachtete (Q 4). Ein weiterer Aspekt ist die Begabungsethik, die Stern in seiner *Wertphilosophie* darlegt (Q 5), dem dritten Band seines Grundlagenwerks *Person und Sache*.

3 Die Anfänge der wissenschaftlichen Intelligenzdiagnostik und William Sterns Intelligenzkonzept

Dieses Kapitel behandelt Sterns Intelligenzkonzept und seine wissenschaftliche Positionierung zu den Verfahren zur Feststellung der Intelligenz (Intelligenzprüfungen), wie sie nach der Jahrhundertwende erstmals in Frankreich entwickelt wurden. William Stern nahm die Impulse der französischen Testforschung auf und entwickelte in enger Kooperation mit seinen Breslauer Mitarbeitern neue Methoden zur Prüfung der kognitiven Fähigkeiten von Schülerinnen und Schülern. Diese sollten – so sein Grundgedanke – eine ihrer kognitiven Leistungsfähigkeit entsprechende Beschulung erhalten.

Ein Auszug aus Sterns 1912 erschienenen grundlegendem Werk *Die psychologischen Methoden der Intelligenzprüfung und deren Anwendung an Schulkindern* (Q 6) bietet eine Zusammenfassung des zu diesem Zeitpunkt erreichten Forschungsstandes und ermöglicht einen Einblick in Sterns methodologische Überlegungen zur Weiterentwicklung intelligenzdiagnostischer Verfahren. Diese legt er in dieser Schrift erstmals dar, wobei die Bedeutung des personalistisch gerahmten Intelligenzkonzepts, das sich von der zeitgenössischen Intelligenzforschung unterschied, in seinen sozialen, kulturellen und schulpolitischen Bezügen deutlich wird.

Ein weiterer Auszug ist der 1916 publizierten zweiten und überarbeiteten Auflage dieser Monografie entnommen, in der Stern auch die auf dem Gebiet der Intelligenzprüfung in den Jahren 1912 bis 1915 erreichten Fortschritte thematisiert. Gegenstand des ausgewählten Kapitels aus dem Buch *Die Intelligenzprüfung an Kindern und Jugendlichen* (Q 7) sind die Zusammenhänge zwischen sozialer Lage und Intelligenzentwicklung – eine zentrale Fragestellung der damaligen Forschung, die während des Ersten Weltkriegs noch einmal an Bedeutung gewonnen hatte. Der Auszug macht zudem Sterns intensive Auseinandersetzung mit der internationalen Forschung deutlich, die auch seine Begabungsstudien auszeichnet. Zwei weitere Quellentexte (Q 8 und Q 9) zeigen die Fortentwicklung von Sterns teleologischem Intelligenzbegriff in den 1920er Jahren und seine Auseinandersetzung mit anderen wissenschaftlichen Konzepten auf. Die Texte verdeutlichen auch, wie der nunmehr noch stärker an den Personalismus gekoppelte Intelligenzbegriff dazu beitrug, dass sich Sterns von Anfang an deutliche Kritik an einer methodisch und ethisch unreflektierten Testpraxis, wie er sie insbesondere im Umgang mit Intelligenztests in den USA beobachtete, noch verschärfte.

4 Aufgaben der Hochbegabtenforschung und -förderung

Der Hochbegabtenforschung galt bereits in der Vorkriegszeit Sterns besonderes wissenschaftliches Interesse. So erwies er sich im Kaiserreich als zentraler Koordinator von Forschungen auf dem neuen Feld der Hochbegabung. Das von ihm und Otto Lipmann 1906 gegründete *Institut für angewandte Psychologie*[14] *und psychologische Sammelforschung* in Berlin fungierte als Schnittstelle für die ersten in Deutschland erarbeiteten Studien über hochbegabte Kinder. Vor dem Ersten Weltkrieg war der reformpädagogische *Bund für Schulreform* das zentrale Forum, in dem Stern sein Konzept einer systematischen Hochbegabtenforschung und Reformvorschläge zur Hochbegabtenförderung vorstellte, unter anderem in seinem zentralen Aufsatz *Das übernormale Kind* (Q 10). Zwei spätere Quellentexte (Q 11 und Q 12) machen deutlich, dass Hochbegabtenforschung und die Förderung hochbegabter Schülerinnen und Schüler unabhängig von deren sozialer Herkunft auch in der unmittelbaren Nachkriegszeit und den 1920er Jahren bedeutende thematische Schwerpunkte von Sterns Arbeit waren.

5 Schwerpunkte und Fragestellungen der Begabungsforschung zur Zeit des Ersten Weltkriegs und der Weimarer Republik

Das letzte Kapitel beginnt mit einem Schlüsseltext, den William Stern 1916 veröffentlichte und der den Einschnitt verdeutlicht, den der Erste Weltkrieg für die Begabungsforschung bedeutete. Die Kriegszeit markiert auch eine Zäsur in Sterns wissenschaftlicher Karriere: 1915 nahm er einen Ruf an das damalige Hamburger *Allgemeine Vorlesungswesen* an und übernahm im darauffolgenden Jahr die Professur für Philosophie, Psychologie und Pädagogik sowie die Leitung des 1911 von Meumann begründeten *Hamburger Jugendkundeinstituts*. Stern machte schon bei seinem Amtsantritt in Hamburg deutlich, dass er bestrebt war, die Begabungsforschung als Kernthema in sein Jugendkundekonzept zu integrieren, und brachte sich massiv in die – während des Ersten Weltkriegs forcierten – bildungspolitischen Debatten über Möglichkeiten des „Aufstiegs der Begabten" ein (Q 13). Dabei begründete er seine Forderung nach gesellschafts-

---

14 1903 prägte Stern den Begriff der „angewandten Psychologie", der später von dem deutschamerikanischen Psychologen Hugo Münsterberg popularisiert wurde (Stern 1916e; vgl. Fußnote 157 auf S. 144).

politischen Reformen und der Neuorganisation des Schul- und Bildungswesens, das sich an der individuellen Begabung orientieren und das tradierte Schulwesen ablösen sollte, in dem die Schullaufbahn eines Kindes durch das Herkunftsmilieu bestimmt wurde. Die wissenschaftliche Begründung dieser Neustrukturierung betrachtete Stern als wesentliche Aufgabe der psychologischen Begabungsforschung und der Pädagogischen Diagnostik.

Außerdem stellt dieses Kapitel einen Schwerpunkt der Hamburger Institutsarbeit von Stern und seinen Mitarbeitenden vor: die Konzeption und Unterstützung sogenannter „Schülerauslesen", die begabten Volksschülerinnen und -schülern 1918 erstmals den Zugang zur höheren Schulbildung ermöglichen sollten (Q 14). Die Erarbeitung und Durchführung von Schülerauswahlverfahren fand ihre Fortsetzung als „Übergangsauslese" in den 1920er Jahren: Nach Einführung der gemeinsamen Grundschule im Jahr 1920 verlangte die nun drängende Frage der Regelung des Übertritts auf eine höhere Schule nach wissenschaftlichen Lösungen.

Die wissenschaftstheoretische Konzeption der von Stern verantworteten Auswahlverfahren war am Personalismus orientiert, weshalb diese begabungspsychologische Testverfahren und sorgfältige Lehrerbeobachtung in signifikanter Weise kombinierten. Dieses integrative Konzept hielt er in den 1920er Jahren anderen Verfahren entgegen, die in seinen Augen einseitig auf die Aussagekraft experimenteller Tests setzten und das Lehrerurteil auf ein Minimum zu reduzieren suchten bzw. die Beobachtungsmethode ausklammerten – was zu einer heftigen wissenschaftlichen Kontroverse zwischen Stern und seinen früheren Mitarbeitern Otto Bobertag und Erich Hylla führte (Q 15). In diesem Disput unterstrich Stern die Notwendigkeit der konstruktiven Zusammenarbeit von psychologischen Expertinnen und Experten einerseits und Lehrkräften andererseits, die in seinen Augen zwingende Voraussetzung für eine verantwortungsbewusste Schülerauslese war. Außerdem sollten diese beiden Gruppen durch die Arbeit hauptamtlicher Schulpsychologinnen und -psychologen unterstützt werden, der Stern eine Schlüsselfunktion insbesondere bei der Begabtenauslese zuwies (Q 16).

Durch den personalistischen Ansatz unterschied sich Stern zudem signifikant von anderen Vertreterinnen und Vertretern der zeitgenössischen Psychotechnik. Angesichts der Konjunktur, die die Psychotechnik in der Weimarer Republik erfuhr, betonte er die Notwendigkeit, die Psychologie konsequent mit wissenschaftssystematischen Fragestellungen zu verbinden (Q 17). Psychologinnen und Psychologen dürften keine „Behelfsarbeit" leisten und müssten die methodischen Grundlagen ihrer Arbeit reflektieren, forderte er insbesondere mit Blick auf die starke Nachfrage nach psychotechnischen Arbeiten durch Wirtschaftsunternehmen und staatliche Behörden. Seine Kritik richtete sich vornehmlich gegen die im industriellen Bereich eingesetzten psychotechnischen Verfahren, die das spontane, subjektive Erleben ausklammern würden, und gegen den damit verbundenen reduktionistischen Blick auf den Menschen sowie dessen Verzweckung für ökonomische Ziele.

1 Die Entwicklungstagebücher von Clara und William Stern[15] – Kinderpsychologie als Quelle der frühen Begabungsforschung

*„Und wer ein Kind will recht verstehen,
der muss in Kindes Lande gehen."*[16]

Die historischen Anfänge der empirischen Begabungsforschung sind eng mit der systematischen Erforschung von Kindheit und kindlicher Entwicklung verbunden, mit denen sich Wissenschaftlerinnen und Wissenschaftler seit dem späten 19. Jahrhundert befassten, denn die ersten auf Beobachtung[17] beruhenden kinderpsychologischen Studien lieferten der jungen Begabungsforschung wichtiges Untersuchungsmaterial. Auch William Stern eröffnete die Kinderforschung den Zugang zu den Phänomenen Intelligenz und Begabung. Deren wissenschaftliche Bearbeitung verstand er als Kernaufgabe der von ihm begründeten Differentiellen Psychologie, deren begriffliche und methodologische Grundlagen er nach der Jahrhundertwende legte.

Den Rahmen für das neue Forschungsgebiet steckte er erstmals 1899 ab (Stern 1899). Sein richtungsweisendes Werk *Die differentielle Psychologie in ihren methodischen Grundlagen* (Stern 1911a) integriert die aktuelle Intelligenzforschung sowie eine umfassende Bibliografie zum Thema. Mit seinem Forschungsprogramm grenzte sich Stern von der zeitgenössisch dominierenden, auf allgemeingültige Gesetzmäßigkeiten konzentrierte experimentellen Allgemeinen Psychologie ab,[18] die die interindividuellen Unterschiede zwischen den Menschen und auch die

---

15 Die Originale der Entwicklungstagebücher befinden sich im Jerusalemer Nachlass von William Stern in der *Jewish National and University Library* (Dept. ARC, Ms. Var., Series 1, 431 01 19/20/21). Auf Initiative von Werner Deutsch wurden die Tagebücher transkribiert und sind digital im Archiv des *Max Planck Institute for Psycholinguistics* in Nijmegen abrufbar (www.mpi.nl/page/mpi-archives-databases, Abruf am 15.10.2022).

16 Eintrag vom 23.2.1904 im Entwicklungstagebuch für Günther, Buch 1 (ETB Günther, 1). Für jedes Kind wurde ein eigenes Tagebuch geführt; die anschließende Zahl gibt die Nummer des Buches an, dem das Zitat entnommen ist. Eventuelle Rechtschreibfehler und ungewöhnliche Schreibweisen in Zitaten aus den Entwicklungstagebüchern sind auf Handschriftlichkeit zurückzuführen und im Folgenden nicht gesondert gekennzeichnet.

17 Häufig beobachteten und untersuchten die Forschenden ihre eigenen Kinder. Die Dokumentation kindlicher Entwicklungsverläufe in Tagebüchern war die charakteristische Methode der frühen Kinderforschung (vgl. u. a. Deutsch 2001), die sich in Deutschland als interdisziplinäre Bewegung außerhalb der Universitäten formierte.

18 In frühen experimentellen Arbeiten hatte sich Stern mit Themen der Allgemeinen Psychologie befasst. So hatte er die Wahrnehmung von Bewegungen sowie Helligkeits- und Tonveränderungen untersucht.

große Vielfalt menschlicher Begabungen nicht oder zu wenig beachte. Bei der Erschließung der neuen Forschungsfelder war er von dem Glauben an die emanzipatorische Kraft der jungen Disziplin Psychologie geleitet, die er als angewandte Psychologie verstand. „Anwendung" sollte die Psychologie in unterschiedlichen Gesellschaftsbereichen finden; Reformen sollten vor allem auf dem Gebiet der Erziehung, der Schule und der Rechtspflege angestoßen und begleitet werden. Sterns Begabungsforschung schöpfte besonders aus seinen eigenen Kinderstudien, die die entstehende Kinderpsychologie maßgeblich prägen sollten und anhand derer er den Entwicklungsbegriff und weitere Grundbegriffe seines theoretischen Begabungskonzepts gewann (vgl. Kapitel 2.2). Das Forschungsprojekt, das ihm als empirische Basis diente, führte er gemeinsam mit seiner Frau Clara durch, mit der er seit 1898 verheiratet war: Über fast zwei Jahrzehnte hinweg beobachtete und dokumentierte das Ehepaar Stern die Entwicklung der gemeinsamen Kinder Hilde, Günther und Eva, geboren 1900, 1902 und 1904.[19]

Ein Charakteristikum dieses exzeptionellen Unternehmens war die teilnehmende verdeckte Beobachtung durch die Eltern in alltäglichen Lebenszusammenhängen, die Aufschluss über komplexe Zusammenhänge und Entwicklungsverläufe ermöglichte. Hinzu kamen der weitgehende Verzicht auf experimentelle Verfahren, wodurch ein Zugang zu den spontanen Verhaltensweisen des Kindes ermöglicht werden sollte (Stern 1914a, S. 11 f.)[20], und die erhebliche Erweiterung des Beobachtungszeitraums weit über das sonst übliche dritte Lebensjahr hinaus.

Die genaue und zugleich lebendige und plastische Darstellung führte William Stern auf die besonderen Fähigkeiten seiner Frau zurück. Clara fertigte nicht nur den größten Teil der umfassenden Aufzeichnungen an, sondern diskutierte auch aktuelle Fragestellungen der internationalen kinderpsychologischen Forschung in eigenen Artikeln (z. B. C. Stern 1900), so dass ihr Anteil als bedeutend einzuschätzen ist. Ohne sie wäre diese Längsschnittuntersuchung, die mit der Geburt des ersten Kindes Hilde am 7. April 1900 begann, nicht möglich gewesen.

Neben Beschreibungen und Deutungen aus Erwachsenensicht stehen Lebensäußerungen, Reflexionen und Interpretationen, die die Perspektive der Kinder spiegeln sollen. Die Wiedergabe des genauen Wortlauts kindlicher Äußerungen entspricht dem besonderen Forschungsinteresse von Clara und William Stern, die ihre erste in gemeinsamer Autorenschaft verfasste kinderpsychologische Monografie (Stern/Stern 1907) dem Spracherwerb des Kindes widmeten.

---

19 Auch ein anderer Pionier der Intelligenzforschung, Alfred Binet (1857–1911), stellte Beobachtungen an seinen Kindern an. Binets erste „Testpersonen" waren seine Töchter Madeleine und Alice, deren kognitive Fähigkeiten er seit 1890 untersuchte. In den auf diesen Studien beruhenden Publikationen, in denen Binet Pseudonyme verwendete, betonte er, wie unterschiedlich die Fähigkeiten der beiden Kinder waren (Funke 2006, S. 27 f.).

20 Im Kontext der Begabungsforschung maß William Stern insbesondere den spontanen, d. h. von den Eltern „unbeeinflussten" Interessen des Kindes eine wichtige Bedeutung bei.

Darüber hinaus geben die häufig von William mitstenografierten Gespräche zwischen Eltern und Kindern, aber auch der Kinder untereinander einen Einblick in die Lebenswelt der Familie. Dabei wird deutlich, dass die Eltern interessierte und aufmerksame Gesprächspartner der Kinder waren und deren „Weltanschauung" (20.9.1905, ETB Hilde, 9) nicht nur psychologisch deuteten, sondern auch ernst nahmen. So wurden Erzählungen, Erklärungen und Reflexionen der Kinder wörtlich aufgezeichnet.[21] Die Intensität des Familienlebens und die vertrauensvolle Eltern-Kind-Beziehung, die als bedeutsam für die Identitätsentwicklung erachtet wurde, dürfen als außergewöhnlich gelten.[22] Bei zwanglosen Tischgesprächen und abendlichem Vorlesen, beim Erzählen biblischer Geschichten und gemeinsamem Musizieren, beim Beten und Philosophieren standen die Belange und aktuellen Themen der Kinder im Vordergrund. Zugleich spiegeln sich in den Aufzeichnungen die normativen Bewertungsmaßstäbe der Eltern, zuweilen auch deren eigene Kindheitserfahrungen und Vorstellungen einer „glücklichen Kindheit".[23]

Die Tagebuchaufzeichnungen vermitteln – neben interessanten familiengeschichtlichen Zusammenhängen – einen Eindruck vom Facettenreichtum der Stern'schen Kinderpsychologie. Zur Betrachtung der Sprachentwicklung, des Spielens, Gestaltens, Forschens und Entdeckens treten Untersuchungen zu Fantasie, Gefühlen, Erinnerung, Aussagen, Ästhetik, Wertvorstellungen, Ethik und Sozialverhalten der Kinder hinzu. Einen besonderen Stellenwert nehmen außerdem die zahlreichen Passagen über geistige Interessen, Intelligenz und Begabungen ein. Seit ca. 1905 befasste sich das Ehepaar Stern intensiv mit der intellektuellen Entwicklung, dem Denken und Lernen. Clara Stern vermerkte z. B. „Denkleistungen", eigene Begriffsbildungen und -erklärungen[24], „intelligente" Gleichnisse oder logisches Schlussfolgern gesondert. Notiert wurden „Proben" komplizierter Denkprozesse, „besonders intelligente […] Aussprüche" (4.4.1906, ETB Hilde, 9) und „scharf logische Äußerungen" (11.9.1908, ETB Eva, 2).

Elemente der ersten in Frankreich entwickelten Intelligenztests wie Begriffserklärungen, Definitionen, Rätsel, Bildbeschreibungen oder Aufgaben zum Beobachten und Erinnern fanden Eingang in die Tagebücher und wurden dort

---

21 „Heut Nachm. zeichnete G. an der Tafel, wobei die Genesis seiner Elaborate und seine Begleitreden aufnotiert wurden" (17.7.1906, ETB Günther, 3).

22 Dem entspricht, dass William Stern die schützende und zu schützende Familiengemeinschaft als wichtigsten Faktor für die kindliche Individualitätsentwicklung ansah.

23 Diese Vorstellungen kommen vereinzelt zum Ausdruck, z.B. bei einem Gespräch zwischen Mutter und Sohn:
„Da wurde er stutzig: ‚Hast Du denn keine schöne Kindheit gehabt?' ‚Nein, Du weisst doch, mein Vater war immer krank, und darum hat sich die Mutter wenig um uns gekümmert. Ich würde glücklich sein, mich an frohe Kindheit erinnern zu können.' Dann erklärte ich energisch, es sei Zeit, das Gespräch zu enden und ging hinaus" (19.5.1916, ETB Günther, 8).

24 So wurden Hildes „Definitionen" vom Vater mitstenografiert (z. B. 5.8.1906, ETB Hilde, 10) und mit dem Kind geübt (1.2.1907, ETB Hilde, 10).

ausführlich behandelt. Clara setzte sich kritisch mit Binets Intelligenzforschung auseinander und ersann auf der Grundlage ihrer eigenen Beobachtungen kindlichen Denkens neue Testelemente. William experimentierte mit dem von Alfred Binet (1857–1911) und Théodore Simon (1873–1961) vorgestellten Intelligenztest und entwickelte diesen weiter (vgl. Kapitel 3.1). In den Tagebüchern findet sich ein Hinweis, dass die Mutter ihren Sohn mit dem Binet-Test untersuchte.[25] Die Eltern stellten den Kindern Intelligenzaufgaben, z. B. in Form von Rätseln. Aus Kinderbüchern entwickelte Clara neue „Intelligenzproben", die sie als „sehr geeignet" erachtete, „in den Binet-Test aufgenommen zu werden" (7.2.1913, ETB Eva, 3), und spielerisch an ihrer Tochter Eva anwendete:

„Mir ging dabei durch den Kopf, dass diese Bildzuordnung, in rechter Weise ausgearbeitet und angewandt, als Intelligenzprüfung dienen könnte. Der Modus, dass Kinder eine eben gehörte Erzählung wiederzugeben haben, wäre derart auszugestalten, dass die Hauptmomente der Erzählung nach deren sprachlicher Wiedergabe, dem Kinde in Bildern vorgelegt werden. Es soll nun zeigen, ob es die einzelnen Bilder richtig identifiziert" (14.1.1911, ETB Eva, 2).

Im Unterschied zu Ernst Meumann, der im Rahmen der experimentellen Pädagogik die Begabung des Schulkindes in den Blick nahm, richtete William Stern seine Aufmerksamkeit auf die Intelligenzentwicklung in der frühen Kindheit. Aus psychologischer Sicht akzentuierte er die kindlichen Eigenaktivitäten, die er als bedeutsam für Entwicklungsprozesse erachtete. Am Beispiel der Sprachentwicklung legte er dar, wie das kleine Kind „ein dunkles Bewußtsein von der Bedeutung der Sprache" gewinne und in ihm „der Wille, sie sich zu erobern" (Stern 1914a, S. 108), erwache. Damit seien erste wichtige Denkleistungen verbunden, die sich im plötzlichen „Fragedrang des Kindes nach dem Namen der Dinge" und dem starken Anwachsen des Wortschatzes ausdrückten.

„[...] die Forderung, daß zu jedem Gegenstand, welcher Art er auch sei, ein Name gehören müsse, darf man wohl als einen wirklichen – vielleicht den ersten – allgemeinen Gedanken des Kindes ansehen" (Stern 1914a, S. 110).

„Die Formen des kindlichen Denkens" behandelte Stern erstmals 1914 in seinem Buch *Psychologie der frühen Kindheit bis zum sechsten Lebensjahre* (Stern 1914a, S. 245 ff.), das auf den Tagebuchaufzeichnungen basierte und bald zu ei-

---

25 Die Lektüre einer Untersuchung von Alfred Binet und Théodore Simon habe sie bewogen, „die Intelligenzprobe an 6-jährigen Kindern bei Günther anzuwenden." (23.7.1908, ETB Günther, 5). Clara Stern bezieht sich hier auf den in der Zeitschrift *L'Année psychologique* veröffentlichten Beitrag *Le développement de l'intelligence chez les enfants* (Binet/Simon 1908), in dem Aufgaben zur Messung der kognitiven Fähigkeiten von normalen und geistig beeinträchtigten Kindern vorgestellt werden.

nem kinderpsychologischen Klassiker avancierte (zur zeitgenössischen Rezeption vgl. Deutsch 2018). Eine geplante Monografie zum Thema „Denken und Weltanschauung" kam nicht zustande, aber in der dritten Auflage der *Psychologie der frühen Kindheit* (Stern 1923) behandelte er „Das Denken und die Intelligenz" von Kindern in einem eigenen Schwerpunktkapitel. Die frühe Kindheit erachtete Stern als die entscheidende Phase der Begabungsentwicklung, deren Prozesse durch die Familie und eine das Kind anregende Umwelt beeinflusst würden. Genetischen Faktoren maß er ein erhebliches Gewicht bei, wenngleich sie – wie Stern betonte – die Entwicklung nicht determinierten.

In den Tagebüchern werden Ähnlichkeiten der Kinder mit den Eltern und Großeltern mütter- wie väterlicherseits als genetische Einflüsse hervorgehoben. Interessiert notierte Clara die individuellen Unterschiede im Verhalten der drei Geschwister. „Erziehung und Milieu ist bei den Kindern ganz gleich – hier liegen also sicherlich angeborene Eigenschaften vor" (29.5.1911, ETB Eva, 2). Die Bedeutung erblicher Anlagen („Dispositionen") lasse sich etwa an Günthers ausgeprägter Zeichenbegabung erkennen, der in dieser Hinsicht eine große Ähnlichkeit mit dem Großvater väterlicherseits aufweise, der ein Zeichenatelier betrieben hatte:

> „Morgens ist G.'s erster Gang zur Tafel. […] Ist diese plötzlich über den Jungen gekommene Zeichenlust Beweis für eine Anlage? Wir möchten es glauben" (17.7.1906, ETB Günther, 3).

> „Ob hier vielleicht das zeichnerische Talent seines Grossvaters väterlicherseits durchbrechen will?" (27.11.1906, ETB Günther, 3).

Als weiteres Beispiel wurden die große musikalische Begabung und „Kompositionslust" des Sohnes angeführt, die ihn mit dem Vater verbanden:

> „Seine Lust zur Musik ist so gross, dass er, um nur einen Vergleich zu bringen, ebenso spontan an den Flügel läuft wie an die Tafel. […] Auch hier sieht man eine deutliche Vererbung: Der Vater war in seiner Jugend ebenso heisshungrig nach Musik" (31.1.1911, ETB Günther, 7).[26]

Clara Stern konstatierte außerdem eine große Ähnlichkeit zwischen sich und ihrer Tochter Hilde. Eine Gemeinsamkeit seien die „logische Veranlagung" und die „Freude an der Lösung schwieriger ‚Probleme'". „Vielleicht verrät sich hier nicht nur allgemeine Intelligenz, sondern ein spezifisch sprachlich-logisches Talent"

---

26 Auch Günthers Ähnlichkeiten mit der Mutter wurden festgehalten:
> „Diese Turnlust- und Fähigkeit hat G. – bei seiner sonstigen Aehnlichkeit mit dem Vater –, nicht von diesem, sondern von der Mutter ererbt" (24.10.1909, ETB Günther, 6).

(20.2.1911, ETB Hilde, 12). Hildes Freude an der intellektuellen Herausforderung wurde hervorgehoben: „Gerade das Intellektuelle daran reizt sie" (27.4.1909, ETB Hilde, 11). Die „Neigung, ‚philosophisch' zu denken" (10.1.1911, ETB Hilde, 12), teile ihre Tochter mit ihrer Großmutter mütterlicherseits.

Mit ihren Beobachtungen verbanden Clara und William Stern eine Fülle von Überlegungen zur Begabungsförderung in der Frühpädagogik, die die Stärken und Entwicklungsmöglichkeiten des Kindes ins Zentrum stellten. Ausgangspunkt war die mit Sterns Konzept der Individualität verknüpfte ethische Forderung, die singuläre Besonderheit kindlicher Begabungen zu achten und entsprechend zu fördern. Die Tagebuchaufzeichnungen unterstreichen die individuellen Unterschiede der Begabungen der drei Kinder. „Wie gross sind [...] hier die individuellen Verschiedenheiten" (15.5.1908, ETB Eva, 1). Für jedes Kind wurde ein eigenes Tagebuch geführt und ein Gesamtporträt entworfen, das die jeweils unterschiedlichen Begabungen, Interessens- und Tätigkeitsschwerpunkte herausarbeitete.

Erklärtes Erziehungsziel war, dass das Kind „Mut zu sich selber" (10.5.1916, ETB Günther, 8) finde. Diese Orientierung verdeutlicht die Nähe der Familie Stern zur Reformpädagogik des Kaiserreichs. Leitbegriffen der zeitgenössischen reformpädagogischen Diskurse, die unter Berücksichtigung der unterschiedlichen und widersprüchlichen anthropologischen, weltanschaulichen und politischen Bezüge der Reformpädagogik ausgemacht werden können – so die „Individualität" und „Selbsttätigkeit" des Kindes sowie die Forderung nach „Entwicklungsgemäßheit" und „Differenzierung" von Erziehung und Unterricht – kommt ein zentraler Stellenwert in den Tagebuchaufzeichnungen zu.

Das Leitbild des Kindes, dessen individuelle Subjektivität zu stärken und dessen Begabungen, geistige Interessen[27], Spontaneität und Ausdrucksfähigkeit zu fördern waren, kann auch als Antwort auf das gesellschaftliche Krisenbewusstsein begriffen werden, das die Anfänge der Begabungsforschung (Wollersheim 2014) und die Reformpädagogik begleitete. Dem Zeitgefühl der Entfremdung und Entsubjektivierung, das angesichts rapide beschleunigter Modernisierungsprozesse, starken Bevölkerungswachstums sowie der Urbanisierung und Technisierung des Lebens verbreitet war, setzte die Stern'sche Psychologie das Motiv des begabten Kindes entgegen.

Sich durch eigenständiges rationales Denken und den selbstverantwortlichen Umgang mit den eigenen Begabungen von der anonymen „Masse" abzuheben war zugleich ein zentrales Erziehungsziel, das den Stern'schen Ansatz von den oft stark irrationalen Zügen der zeitgenössischen Reformpädagogik unterschied. So

---

27 Den Interessen und Neigungen von Schulkindern widmete Stern (1905) eine eigene Untersuchung.

fragte Clara Stern ihre Tochter Hilde: „H., bist Du ein ‚Massenmensch' oder ein selbständig Denkender?" (25.5.1911, ETB Hilde, 12).[28]
Ein verbindendes Element zur Reformpädagogik stellt die positive Anthropologie des Kindes dar, durch die sich die Stern'sche Psychologie deutlich von historisch wirkmächtigen negativen Kindheitsdeutungen und Bildern von Kindern als „böse", „amoralisch", „egoistisch" oder „grausam" unterschied (Heinemann 2016, S. 189 ff.). So unterstrichen Clara und William Stern auf der Grundlage ihrer Längsschnittstudie, dass bereits das kleine Kind mitfühlendes und prosoziales Verhalten zeige.[29] Die in reformpädagogischen Schriften verbreitete Mythisierung des zur Erlöserfigur stilisierten und mit göttlichen Attributen ausgestatteten Kindes teilten sie indes nicht.
Breiten Raum in den Stern'schen Aufzeichnungen nahm das in der Kunsterziehungsbewegung prominent vertretene Motiv des „schöpferischen Kindes"[30] und die Topoi der ästhetischen Erziehung, der Förderung der künstlerischen Ausdrucksfähigkeit und des kreativen Gestaltens ein. So brachten die Eltern der ausgeprägten zeichnerischen und musikalischen Begabung von Günther, der malte, komponierte und dichtete, besonderes Interesse entgegen. Einflüsse der Kunsterziehungsbewegung sind in der Betonung der „ästhetische[n] Natur" (15.8.1911, ETB Günther, 7) und der Beschreibung der „Schaffensperiode" (15.3.1911, ETB Günther, 7) sowie „phantastischer Produkte" (2.2.1909, ETB Günther, 5) des Kindes erkennbar.
Günthers zeichnerische Entwicklung war Gegenstand der ersten gemeinsamen Publikation zum Thema Begabung (Stern/Stern 1910). Einzelne Bilder wurden von den Eltern fotografiert und in ihren kinderpsychologischen Monografien abgedruckt (9.6.1909, ETB Günther, 6). Häufig wurden Günthers außerordentliche Fantasiebegabung und Originalität,[31] sein Ideenreichtum und seine hohe

---

28 Dieser Anspruch schien Günther auch unter Druck zu setzen:
„Vor dem Untertauchen in der Masse hat er geradezu Angst. Sogar, wenn er an Beruf und Zukunft denkt, macht er sich Sorgen darüber, ob er auch etwas ‚Besonderes' werden wird. Er fürchtet, in nichts etwas Tüchtiges erreichen zu können – tüchtig im Sinne von das Mittelmaß überragend. Er verweist immer auf den Vater, – der so hoch über dem Durchschnittsmenschen stände und – an diesem Punkte erwacht sein Ehrgeiz. Er würde – das äussert er häufig bei unsern abendlichen Gesprächen, nie zufrieden sein, ‚bloss so zu werden, wie alle sind', ‚so ein normaler Mensch'" (23.1.1917, ETB Günther, 8).

29 Dem „Fühlen und Handeln für Andere" ist ein eigenes Kapitel in der *Psychologie der frühen Kindheit* gewidmet (Stern 1914a, S. 331–344). In diesem Aspekt unterschied sich William Stern von Sigmund Freud, dem zufolge die Voraussetzungen zu prosozialem Verhalten erst mit fünf bis sechs Jahren gegeben seien.

30 Allerdings stieß die Vorstellung vom „Kind als Künstler" bei William Stern auf Kritik (Stern 1914a, S. 237).

31 „[…] eine echte Günther-Erfindung. Er braut sich ja von jeher die seltsamsten Mischungen zusammen" (13.11.1911, ETB Günther, 7).

Sensitivität thematisiert:[32] „Bei Günther ist und bleibt der hervorstechendste Zug seines Wesens die Phantasie" (20.3.1906, ETB Günther, 3). Die ausgeprägte Visualität des Sohnes – der im Unterschied zu den Schwestern[33] wenig Interesse am Lesen zeigte – bewirke, dass sein „Lernen [...] bisher ganz mühelos von statten" gehe (16.5.1909, ETB Günther, 6).

Breiten Raum in den Schriften von Clara und William Stern nahm die allen Reformpädagogiken gemeinsame Kritik an der „alten Schule" ein. Mit der Ablehnung der Schule des Kaiserreichs und deren Beurteilung als „Massenbetrieb" kam eine deutliche Kultur- und Zivilisationskritik zum Tragen.[34] Zusammen mit anderen Reformpädagoginnen und -pädagogen artikulierten die Sterns vehemente Kritik an der einseitig kognitiv und rezeptiv orientierten, autoritären und „lebensfernen" Schule des Kaiserreichs und an ihrer lehrerzentrierten und rein belehrenden Didaktik. Sie forderten einen Perspektivenwechsel weg von der Zentrierung des Unterrichts auf die Sachlogik von Schulstoff und Lehrplan hin zur Person des Kindes.

Clara Sterns Aufzeichnungen bringen zum Ausdruck, dass das Kind frei von den Zwängen der „überkommenen" Schule, unhinterfragten Konventionen und einem autoritären familiären Erziehungsstil aufwachsen solle.[35] In der Schule werde vieles vermittelt, „was unserer Art nicht zusagt" (24.2.1909, ETB Hilde, 11). Clara machte deutlich, dass sich die im Haus Stern geltenden Erziehungsgrundsätze, die die Freiheit, das Entwicklungsrecht und die spezifischen Bedürfnisse der Kinder ins Zentrum stellten, markant von der üblichen, oft rigiden, an Unterordnung und Gehorsam orientierten Familienerziehung der Kaiserzeit unterschied.

Eingehend schildert sie „die gänzlich andere Behandlung", die Günther im Haus ihrer Schwester erfahren hatte, als sie selbst ein halbes Jahr erkrankt war und ihr Sohn vorübergehend in deren Obhut gegeben wurde. Sie beschreibt den – erfolglosen – Versuch, „aus einem eigenwilligen und eigenartigen Knaben einen folgsamen, sich unterordnenden bequemen Jungen [zu] machen" (13.8.1910, ETB

---

32 Auch hier werden genetische Einflüsse betont:
„Er hat diesen Schönheitssinn mit in die Wiege gelegt bekommen; er ist ihm angeboren, nicht anerzogen. Er wächst doch unter genau den gleichen Verhältnissen auf wie Hilde und Eva – seine Schwestern sind aber nicht so eindrucksempfänglich" (30.6.1908, ETB Günther, 5).

33 Obgleich die Eltern die Kritik des Sohnes an den weniger gelungenen Zeichnungen der Schwester mäßigten, wird deutlich, dass auch sie den Maßstab der Abbildungsfähigkeit anlegten und das unterschiedliche „Talent" der Geschwister bewerteten:
„An Hilde's Zeichnungen bemängelt er fast Alles und lacht über ihre merkwürdigen Menschen und Tiere. Wenn man allerdings eine Kuh von Günther mit einer von Hilde vergleicht, dann hat man den krassen Gegensatz von Talent und Talentlosigkeit" (10.3.1908, ETB Günther, 4).

34 Die Schule wolle nicht „Qualitätsware" liefern, sondern Massenbetrieb sei ihr eigen. Oft könne man sich des Eindrucks nicht erwehren, als arbeiteten zumindest die Lehrenden „auf Akkord" (21.1.1914, ETB Günther, 6).

35 Auch in Aufsätzen, die Clara Stern ohne ihren Mann publizierte, legte sie ihre Positionen einer reformpädagogisch orientierten Erziehung dar (C. Stern 1906, 1908 und 1910).

Günther, 6). Der Verzicht auf „Individualisierung in der Erziehung" und die Anwendung der „alten" Erziehung, die „Forderung unbedingten Gehorsams, öfteren Schlägen, Gängelung des Spieltriebs", hätten sich außerordentlich ungünstig auf das feinfühlige Kind ausgewirkt (ebd.). In einem Eintrag im Entwicklungstagebuch ihrer jüngsten Tochter Eva schreibt Clara Stern, dass

> „Ungezwungenheit und Ungebundenheit, dieses Freisein von stetig bewachenden und bekrittelnden Menschen [...] wohl mindestens ebenso wichtig für das physische und psychische Gedeihen des Kindes [seien] wie Luft und Nahrung" (27.6.1908, ETB Eva, 1).

Hilde besuchte erst ab dem elften Lebensjahr eine private Mädchenschule, vorher erhielt sie einen – im Vergleich zur regulären Schule zeitlich reduzierten – Privatunterricht durch ihre Mutter und eine Privatlehrerin.[36] Clara Stern kritisierte den herkömmlichen Schulunterricht, der auf mechanisches „Pauken", das Auswendiglernen von Detailwissen und die „Bewältigung" eines größtmöglichen Stoffpensums ausgerichtet war, die „verfehlte [...] Rigorosität" (10.5.1908, ETB Hilde, 11) und mangelnde Aufmunterung durch Lehrkräfte, die die Lernmotivation und „ursprüngliche" Freude am Lernen bremsten und das Kind demotivierten.

> „Man darf einem lernlustigen Kinde doch nicht die Lust wegdisputieren. Und auf die Gefahr hin, selbst etwas unpädagogisch zu sein, suchte ich wenigstens für den Rest der Stunde die ‚Lust' zu erhalten" (23.6.1908, ETB Hilde, 11).

Sie selbst wolle ein „Gegengewicht gegen die Schulpedanterie bilden" (6.5.1909, ETB Hilde, 11). So befasste sich Clara Stern über einen langen Zeitraum hinweg mit dem Lernen von Hilde. Die Grundlage ihrer Förderung bildeten die kontinuierlich beobachteten individuellen Lernbedürfnisse des Kindes. Selbstgesteuertes und angeleitetes Lernen wurden miteinander verbunden. Einer ihrer Grundsätze war, die Neugierde und Lernfreude des Kindes anzuregen, seine Impulse aufzunehmen und die Lernumgebung entsprechend zu variieren. Die Förderung der kognitiven Fähigkeiten, die Anregung zum selbständigen Denken und Lernen sowie die Aufforderung zum Fragen und Hinterfragen standen im Zentrum:

> „Hilde ging von jeher den Dingen auf den Grund, Unverstandenes in der Unterhaltung nahm sie niemals hin, sondern fragte immer gleich" (10.9.1908, ETB Hilde, 11).

---

36 Vor der Einschulung notiert Clara Stern sorgenvoll in Hildes Entwicklungstagebuch:
> „Leider werden nun bald die neun fetten Jahre beendet sein und die neun mageren beginnen. Die Schule lauert im Hintergrunde, nach Ostern muss Hilde der Freiheit Valet sagen. Wird sie sich ihre köstliche Naivität, ihre glückliche Sorglosigkeit, ihre herzige Einfachheit bewahren?" (24.2.1909, ETB Hilde, 11).

Das gemeinsame Lernen mit Hilde begann schon vor dem sechsten Lebensjahr. Für ihre vierjährige Tochter gestaltete die Mutter einen spielerischen „lebensnahen" „Anschauungsunterricht" als fröhliche ungezwungene „Plauderei" (5.7.1904, ETB Hilde, 7). Diese stimulierte die Fantasie des Kindes, ließ es „Beziehungen zwischen Bildern herstellen" und weckte Fragen nach der „Construction" der Dinge (28.7.1904, ETB Hilde, 7). Durch das Spielen mit Klötzchen und Puzzleteilen hatte Hilde Gelegenheit, Gedächtnis und „Combination" zu trainieren (ebd.). Bedeutsam für die Förderung war die positive, bestärkende soziale Interaktion zwischen Mutter und Kind. Clara nahm ein ausgeprägtes „naturwissenschaftliches Interesse" bei Hilde wahr (1.6.1904, ETB Hilde, 7), die besonders gerne Tiere beobachtete,[37] und erklärte ihr am Beispiel einer Löwenmutter „das große Wunder der Lebenswerdung" (15.7.1904, ETB Hilde, 7). In ihren Aufzeichnungen stellte sie heraus, dass das spontane selbsttätige Lernen vom Kind als lustvoll erlebt wird. Hilde stellte sich auch selbst Aufgaben:

> „Woher ihr das so angeflogen ist, können wir nicht recht sagen. Oftmals stellt sie sich auf eigene Faust vor derartige Aufgaben – so z. B. zählt sie Spielkugeln am Kindertisch, je 10, und rechnet sie zusammen. Dann sagt sie mir: ‚Zwei Mal Zehn ist eben so viel wie Ein Mal Zwanzig.'" (22.11.1905, ETB Hilde, 9).

Im Alter von sechs Jahren besuchte Hilde keine Schule, sondern erhielt Privatunterricht von ihrer Mutter. Dieser war nicht auf die Aneignung schulischen Wissens ausgerichtet und setzte in hohem Maß auf die Freiwilligkeit und Initiative des Kindes zum Lernen: „Hilde meldet sich selbst zur Stunde" (23.6.1906, ETB Hilde, 9). Das freie Spielen in der Natur hat dabei häufig Vorrang: „Ich hab sie mir doch nicht umsonst vom Schulunterricht befreit – sie soll ja noch ‚frei' sein" (ebd.). Die Form des Unterrichtens schloss die Akzeptanz von Fehlern mit ein und verzichtete auf „Tadel für Leistungen" (ETB Hilde 13, erster Eintrag, ohne Datumsangabe).[38]

Als Schlüssel für die Intelligenzentwicklung betrachtete Clara Stern die Sprache und maß daher dem Lesen- und Schreibenlernen und der Förderung der sprachlichen Ausdrucksfähigkeit großen Stellenwert bei. Das Lesen erlernte Hilde spie-

---

37 Die häufige Bezugnahme auf Tiere, die die Kinder z. B. beim Besuch im Zoologischen Garten beobachten konnten, zeigt den starken Einfluss von Charles Darwin auf die entstehende Kinderpsychologie.

38 In der Retrospektive beschrieb Hilde Stern die Folgen dieses Unterrichts allerdings negativ. Dies geht aus einem autobiografischen Manuskript hervor, das sie als Emigrantin im Rahmen eines Preisausschreibens der *Harvard University* im Jahr 1939 verfasst hatte.
> „Zur Schule wurde ich die ersten Jahre nicht geschickt – um mir die Kinderwelt zu erhalten. Ich lernte unregelmäßig bei meiner Mutter – später bei einer Privatlehrerin. Und als ich, 10jährig, endlich zur Schule kam, hatte ich bitter zu büßen: keine Anpassungsfähigkeit, Lücken, keine schulmäßige Schönschrift, miserable Orthographie" (zit. nach Garz 2021, S. 84).

lerisch von der Mutter: Als sie den Wunsch äußerte, Buchstaben zu lernen, kaufte die Mutter eine Fibel. Das „Spiel" wurde immer dann beendet, wenn das Kind keine Lust mehr am „Lesenlernen" zeigte.

„Hilde ist soweit gekommen, dass sie von Lust gepackt viel für sich allein in der Fibel studiert, es fehlen noch manche Buchstaben – es handelt sich ja bis jetzt überhaupt nur um ‚Geschriebene' – aber der Schlüssel ist gefunden und die Liebe auch. Hilde probiert selber, die ersten gedruckten Zeichen zu enträtseln und es gelingt ihr schon. Was für seltsame Ideen durch diese neue freudige Erregung in ihr ausgelöst werden, möge folgendes Beispiel illustrieren. Bei Tisch sagte sie ungefähr folgendes: Sie wolle, wenn sie erst auch alles schreiben könne, mal eine Zeitung schreiben, die könnten wir dann zum Drucken schicken, und die gedruckte Zeitung würde sie dann der Thea[39] senden." (11.12.1905, ETB Hilde, 9)

Fünf Jahre später erhielt Hilde ein „Geschichtenbuch" als Weihnachtsgeschenk, in dem sie ihre selbst erdachten Geschichten aufschreiben konnte. Dies sei eine „Gabe", die dem Kind „die grösste Freude bereitete" (10.1.1911, ETB Hilde, 12).
An der Förderung der Kinder war nicht nur Clara, sondern in außergewöhnlich intensiver Weise auch William Stern beteiligt. Vor allem das gemeinsame Essen, sonntägliches Musizieren, Reisen und Wanderungen in der Natur boten hierzu Gelegenheit. Ihre pädagogische Praxis orientierten Clara und William Stern an der Neugierde, „Lernlust" und „Selbsttätigkeit" des Kindes. Tägliche Tischgespräche, bei denen die Eltern zum Fragen anregten und auf Initiativen der Kinder eingingen – häufig initiierten die Kinder solche Gespräche –, boten spontane abwechslungsreiche Lerngelegenheiten. Die Erklärungen der Eltern sollten „so kindgemäss wie möglich" sein (4.12.1911, ETB Günther, 7), „alles Lehrhafte" sollte vermieden werden (19.9.1910, ETB Hilde, 12).

„Das Mittagessen ist täglich eine wunderschöne Gelegenheit, alle möglichen Unterhaltungen sich abspielen zu lassen. Hilde fragt und beobachtet unermüdlich und wir suchen, so viel in unseren Kräften steht, zu beantworten und zu erklären. Meist liefert das Essen mit all seinem Drum und Dran die Anregung; vom Zaune brechen wir nie etwas und meist ist es überhaupt das Kind, das beginnt. So sieht es z. B. in der Wasserpflanze lauter bunte Farben und will wissen, woher die kommen; dann fragt sie mal nach der Herkunft des Bratens, ob der von diesem oder jenem Tier sei, worauf sich nicht selten eine zoologisch-biologische Unterhaltung gründet; das Gemüse muss die Art seines Wachsens ausweisen können, ob es als Wurzel aus der Erde geholt wird, ob es als Blätter über der Erde gedeiht u. s. w.

---

39 Hildes Cousine, die bereits lesen konnte.

> Natürlich kommen auch die mannichfaltigsten anderen Gespräche auf; man vergleicht nur alles, was beginnt: ‚Heut Mittag.'" (22.2.1905, ETB Hilde, 8)

> „Es kommt eigentlich so gut wie nie vor, dass wir Eltern im Beisein der Kinder Sondergespräche führen. Aber wir führen, bei den Mahlzeiten z. B. immer Gespräche, die das lernbegierige Kind anregen und fördern, ohne dass es, wie beim Lernen, Zwang zum Aufhorchen und Anstrengung fühlt. Hilde kann nicht genug von ‚ernsten Gesprächen' bekommen; kürzlich fragte sie uns etwas, was sie nicht kapiert hatte und Günther wies sie naseweiss zurecht, sie solle nicht so neugierig sein. H. wies diesen Vorwurf entrüstet zurück, erklärte, was neugierig sei und umschrieb dann recht gut jene Eigenschaft, die sie äusserte, und die wir wissbegierig nennen." (31.5.1908, ETB Hilde, 11)

Die Stern'sche Kinderpsychologie unterstrich – etwa am Beispiel der Sprachentwicklung –, dass sich Kinder in der Entwicklung auswählend verhalten (Stern 1914a, S. 103). Auch als Eltern schufen Clara und William Stern ein breites Angebot an Lernreizen, aus denen die Kinder auswählen konnten. Sie boten ihnen zahlreiche Bildungsmedien, Bilderbücher, Märchenbücher, Lesefibeln und Kinderbibeln, die sie gemeinsam mit den Eltern oder selbständig bearbeiteten. Auf Veränderungen reagierten die Eltern mit der Neugestaltung der Lernumgebung. Einen herausragenden Stellenwert in der Frühförderung maßen sie dem freien Spielen des Kindes zu:[40]

> „Wenn nur wir Grossen nicht so oft täppisch in des Kindes Verfassung hineingriffen. Wir müssen seine Spiele lenken, aber ihm keine aufoktroieren! Wie oft kommt es vor, dass ich den Kindern einen Vorschlag mache, sie ihn aber mit der Motivation zurückweisen ‚Ich hab' keine Lust dazu'. Gut, ich mache einen andern, auf den sie vielleicht begeistert eingehen. Hätte ich sie nun gezwungen, z. B. trotz Unlust Stäbchen zu legen – nach drei Minuten würden diese ärgerlich zur Seite geschoben werden, ein neues Spiel verlangt und vielleicht wieder voller Unlust in Angriff genommen werden, und so weiter in infinitum. Umgekehrt aber – hat man des Kindes ‚Aufgelegtsein' Rechnung getragen, dann kann man es erleben, wie ich es oft erlebe, dass ein- und dasselbe Spiel den kleinen Spieler stundenlang fesselt. Wer das als Laune bezeichnen wollte, was des Kindes ureigenstes Recht ist – zu wählen unter seinen Beschäftigungsmöglichkeiten – der thäte dem Kinde hartes Unrecht. Pädagogischer Takt eignet leider so Wenigen,

---

40 William Stern unterstützte die Fröbel-Pädagogik und stellte dieser die Montessori-Pädagogik gegenüber. Er kritisierte, dass Maria Montessori dem freien Spiel und der Kreativität der Kinder lediglich einen nachgeordneten Stellenwert beimesse und einseitig das „Lernkind" fokussiere. Eine Fortsetzung fand die Auseinandersetzung um die Montessori-Pädagogik in den 1920er Jahren durch Martha Muchow (1931).

die mit Kindern umzugehen haben; und doch gründet sich auf ihn das Wohl und Wehe der ganzen Kindheit" (21.1.1907, ETB Hilde, 10).

Dem entdeckenden Lernen in der Natur, das Sinne und Wahrnehmung des Kindes anregt und auf diese Weise Lernen und Fühlen miteinander verbindet, kam ein besonderer Stellenwert zu. So heißt es in Günthers Entwicklungstagebuch, er eigne sich durch das freie Spielen in der Natur, seine Entdecker- und „Sammelleidenschaft" „spielend" viele naturwissenschaftliche Kenntnisse an (4.12.1911, ETB Günther, 7). Er lerne

„ganz *Rousseau'sch* aus dem *Buch der Natur*, einfach in dem er mit immer wacher Aufmerksamkeit durch's Leben geht. Sein täglicher ‚Schulgang', besser seine ‚Schulfahrt' bringt ihm unzählige Eindrücke" (ebd.).

„[…] kürzlich trieben wir […] Botanik an einem Primel- und einem Tulpentopf. Ich liess sie die Primelblätter und Stiele befühlen, liess sie diese beschreiben, nach Gesichts- und Tasteindruck, zeigte ihr den langen Primelkelch, zugleich erinnernd, wie geeignet der Bienenstachel ist, um aus solchem Kelch den Saft zu holen, liess sie die Unterscheidungsmerkmale zwischen Primel- und Tulpenblättern finden, zeigte ihr, wie die Tulpe kelchlos sei und sie tief in ihrer Blüte um den Fruchtknoten herum die Staubgefässe ständen – H. war mit Freude und Eifer bei der Sache und wollte nicht aufhören. Um ihre Lernfreude zu erhöhen – verquickte ich den Unterricht mit Spiel. Ich habe ihr ein Buchstabenspiel gekauft, aus dem sie sich Worte zusammenlegen kann, und den höchsten Jubel erregte eine Puppenschulmappe mit richtiger Fibel, Puppentafel- und heften, Atlas, Federkasten etc. Sie spielte gestern von Morgen bis Abend damit" (19.3.1906, ETB Hilde, 9).

„Hier in Krummhübel[41] kristallisiert sich das Sammelinteresse um die Bergkristalle und die Schwester wirkte hier mit. Auf Spaziergängen richtete er sein Blick fast zu sehr auf den Boden, um Schätze zu finden; und in der Tat schiesst er mit hübschen Kristallstückchen den Vogel ab. Die verschiedenen Färbungen und die verschiedenen Möglichkeiten, ob es einfacher Quarz oder Amethyst sei, beschäftigen ihn aufs intensivste. Auch sogenanntes Katzensilber sammelt er. Gestern erfuhren wir, dass in einem nahen Steinbruch Steine mit Farnabdrücken zu finden seien; heute Vormittag zog ich mit den körbebeladenen Kindern dorthin, und reich beladen mit der Beute kehrten wir heim. Es gab dort zu aller Freude so reiche Auslese, dass wir uns nur auf die schönsten Stücke beschränken konnten" (13.8.1910, ETB Günther, 6).

---

41 Ort in Niederschlesien, an dem die Familie oft ihren Urlaub verbrachte.

Günthers Entdeckerdrang wurde eingehend beobachtet und erhielt vielfältige Anregungen aus William Sterns intellektueller Welt. Notiert wurde sein Interesse an Buchtiteln, Korrekturbögen und Probetitelblättern, die er im Arbeitszimmer des Vaters fand. Durch die „allsonntägliche Bereicherung aus Vaters Sammlung" wurde Günthers „Sammelleidenschaft" unterstützt (15.8.1911, ETB Günther, 7). Hervorgehoben wurde seine rasche Auffassungsgabe und das ungewöhnlich hohe, altersuntypische intellektuelle Niveau des sechsjährigen Sohnes, der selbständig Briefe an den Vater verfasste, „die ebensogut von einem 8-jährigen stammen können" (5.12.1908, ETB Günther, 5).

Anregungen der Kinder wurden in den Familienalltag integriert. So brachte Hilde das gemeinsame Theaterspielen ein, bei dem die Geschwister Alltagssituationen nachspielen und in Erwachsenenrollen schlüpfen konnten. Bei einer sonntäglichen Theaterszene, der die Eltern als „Publikum" beiwohnten, setzten sich die Kinder fantasievoll mit der Gelehrtenwelt des Vaters auseinander:

> „Eine Anregung Hildes war das gemeinsame Theaterspielen der Kinder. Ich glaube, dieses Spiel hat sich aus der Verkleidungslust entwickelt. Sich zu verkleiden als Vater, Mutter oder sonst eine Persönlichkeit, ist ja wohl fast für ein jedes Kind eine Freudenquelle! Sind nun die Kinder erst einmal verkleidet, so versuchen sie auch ihrer Rolle gerecht zu werden, und die durch Verkleidung dargestellte Persönlichkeit auch sprachlich und mimisch zu kopieren. […] Unsere Kinder wählen mit Vorliebe Realistisches. […] Letzten Sonntag, als G. mitspielte und er wohl die geistige Leitung übernommen hatte, ward bezeichnender Weise ein Stück aufgeführt mit dem Titel ‚Herr Professor bekommt Besuch'. Dieser Titel stand an der Tafel, quasi als Theaterzettel. Der Besuch war natürlich Dr. Lipmann. G. stellte den Herrn Professor dar, Evchen war Dr. Lipmann und Hilde ein sehr zur Familie gehörendes Dienstmädchen, das dauernd zu den beiden Herren hineinging. Natürlich musste etwas gereicht werden, in diesem Falle Obst, und als die beiden Herren schmausten, ging das dem Dienstmädchen doch sehr zu Herzen. Auf seine verlangenden Blicke nach dem Tisch hin, ertönte eine Stimme aus dem Publikum, sie dürfe sich auch einen Apfel nehmen. Hilde holte sich nun harmlos naiv von Herrn Prof.'s Schreibtisch das ihr Zugedachte. G., alias der Herr Professor, schlug einen so entzückenden liebenswürdigen Ton dem Dienstmädchen gegenüber an, dass die Hälfte der Liebenswürdigkeit für den Alltag mehr als ausreichend wäre. Dem Dr. Lipmann empfahl er immer Bücher als ‚sehr interessant'. Er solle nur mal das ‚übernormale Kind' und ‚die angewandte Psychologie' lesen, er habe ihm das gerade schicken wollen. Evchen, Dr. Lipmann, war nie um eine Antwort verlegen. Beide fingen auch emsig an, Briefe zu schreiben; die Scene war ja der getreulich nachgeahmte Schreibtisch des wirklichen Herrn Professors" (31.1.1911, ETB Günther, 7).

2 Die Bedeutung des Personalismus für die wissenschaftliche Begabungskonzeption und Begabungsethik

2.1 Entstehungshintergrund und wissenschaftstheoretische Einordnung

Als theoretischer Bezugsrahmen für die Psychologie William Sterns diente die von ihm erarbeitete und in drei Bänden dargestellte Philosophie des Kritischen Personalismus (Stern 1906b, 1918d und 1924), aus der er die Leitbegriffe seines Individualitäts- und Begabungskonzept gewann. Im Personalismus kommt die große Bedeutung zum Ausdruck, die die Philosophie für Sterns wissenschaftliches Selbstverständnis hatte. Die Genese dieses Wissenschaftssystems ist vor dem Hintergrund seiner Grundsatzkritik am „Impersonalismus" zu betrachten, der in Sterns Augen die Kehrseite der immensen Erfolge der Naturwissenschaften seit der zweiten Hälfte des 19. Jahrhunderts war. Aus dieser Perspektive heraus hatte die Dominanz des naturwissenschaftlichen Paradigmas gravierende Folgen für alle Disziplinen.

Als Psychologe kritisierte Stern den materialistischen Wissenschaftsbegriff der experimentellen Psychologie, die Reiz-Wirkungs-Relationen betrachtete und das Psychische analog zu den Naturwissenschaften durch Gesetze erklärte. Die Einseitigkeit dieser „positivistischen" und „mechanistischen" Psychologie, die sich auf die Akkumulation empirischer Daten konzentrierte und dabei den Blick für die menschliche Individualität verlor, hatte Stern zufolge zu einem wissenschaftlich verfehlten und reduktionistischen Menschenbild geführt, das den Menschen verdinglicht und seine personale Dignität missachtet. Die Psychologie und Physiologie des 19. Jahrhunderts, die „das Ich für ein Bündel von Vorstellungen" bzw. den „Organismus als eine Maschine" betrachteten, hätten ein „Sachsystem" (Stern 1918c, S. 9) vertreten. Wissenschaftler hätten – so Stern – aus einem prinzipiell fruchtbaren Forschungsansatz fälschlicherweise ein Seinsprinzip gemacht (Stern 1927, S. 141).

Dabei ist hervorzuheben, dass William Stern selbst aus der experimentellen Psychologie kam und als versierter Experimentator die Wahrnehmung von Helligkeits- und Tonhöhenveränderungen untersucht hatte. Sein Mentor Hermann Ebbinghaus (1850–1909) war als Begründer der experimentellen Psychologie auf dem Gebiet der Sinnesempfindungen bekannt geworden und stand für eine naturwissenschaftliche Psychologie. Diese hatte er im Disput mit Wilhelm Dilthey

(1833–1911) verfochten, der 1894 in seiner programmatischen Schrift *Ideen über eine beschreibende und zergliedernde Psychologie* (Dilthey 1894) für eine verstehende Psychologie eingetreten war.[42] Während Sterns Habilitationsschrift *Theorie der Veränderungsauffassung* (Stern 1897) noch einem Thema der experimentellen Psychologie gewidmet war, spielte diese Ausrichtung wenige Jahre später und in der Folgezeit kaum noch eine Rolle. Die Hinwendung zu neuen Forschungsinhalten, vor allem aus dem Bereich der Kinder- und der Differentiellen Psychologie, war verknüpft mit der Entwicklung eines Denksystems, das eine „Subjekts-Psychologie" (Stern 1927, S. 141) begründete.

Die Entstehung des personalistischen Systems ist aufs Engste mit Sterns Kinderbeobachtungen verbunden, aus denen er die Grundbegriffe des Personalismus gewann (Heinemann 2016, S. 149 f.). Dessen „eigentliche Geburtszeit" (Stern 1927, S. 145) datierte er auf die Zeit vom Sommer 1900 bis 1901. Maßgeblich für die Entwicklung seiner Philosophie des Personalismus war der wissenschaftliche Austausch mit Freunden, Weggefährten und ehemaligen Studierenden. Lange bevor Stern die Grundaussagen des Personalismus publizierte, wurden sie in einem privaten „colloquium metaphysicum" intensiv diskutiert. Dabei wurde „heiß gerungen mit sieben, acht jungen Leuten, die es mir und sich nicht leicht machten", wie Stern in einem unveröffentlichten Vortrag hervorhob.[43] Namentlich erwähnte er den Breslauer Psychiater und Philosophen Georg Moskiewicz (1878–1918), Otto Lipmann und den Chemiker Otto Sackur (1880–1914).

Mit dem Personalismus legte Stern ein Denksystem vor, das den Dualismus von Geist und Materie sowie von Teleologie und Mechanik überwand. Beide Polaritäten wurden jeweils integriert (Stern 1927, S. 147), was in den Begriffen „psychophysische Neutralität" und „Teleomechanik" zum Ausdruck kam. Gegenüber der „mechanistischen" experimentellen Psychologie betonte er die Unmöglichkeit, ein System nur aus seinen Teilen und deren gegenseitigen Beziehungen zu begreifen. Psychische und körperliche Prozesse wurden als Einheit aufgefasst – als Person agiert und reagiert der Mensch stets als Ganzheit.

Im Zentrum dieses Konzepts steht die als irreduzible „unitas multiplex"[44] definierte *Person*,[45] die „Individualität" in der ursprünglichen Wortbedeutung, also

---

42 Der nach der Jahrhundertwende von Stern entwickelte Personalismus stand dem Ansatz Diltheys nahe. In einer Selbstdarstellung drückt William Stern (1927, S. 132) sein Bedauern darüber aus, dass er während seiner Berliner Studienzeit keinen Kontakt zu Dilthey aufgenommen hatte.
43 Abschiedsworte von William Stern, gesprochen am 19. Februar 1916 im eigenen Hause zu einem kleinen Kreise vertrauter Schüler und Schülerinnen aus dem psychologischen Seminar und der pädagogischen Gruppe. Jewish National and University Library, William Stern Archive, Dept. ARC, Ms. Var., 4310579, Bl. 3.
44 Übersetzbar als „Ganzheitlichkeit in der Vielfalt".
45 Der Personbegriff ist ontologisch konzipiert und nicht beschränkt auf die menschliche Person, der sich Stern in seinem Band *Die menschliche Persönlichkeit* widmete (Stern 1918d). Wissenschaftlich ist nur eine Annäherung möglich:

"unteilbar" und "eigen-artig" ist und einen Selbstwert[46] besitzt. Charakteristisch für die Person sind Zielgerichtetheit und Sinnhaftigkeit von Entwicklungsprozessen sowie Selbsttätigkeit und Proaktivität im Hinblick auf die Ziele, auf die die Person ausgerichtet ist, nämlich die "eigene Erhaltung, Entfaltung und Gestaltung" (Stern 1918c, S. 14). Der Person wird die *Sache* gegenübergestellt, die keinen Selbstwert und keine Zielstrebigkeit aufweist, austauschbar und auf ihre Bestandteile reduzierbar ist. Im Unterschied zur Person ist die Sache die Summe ihrer Teile, passiv und vergleichbar:

> "Jedes lebende Wesen, und so auch das heranwachsende Menschenkind, ist eine ,Person' und keine ,Sache'" (Stern 1914a, S. 20).

In seinem unveröffentlichten Redebeitrag *Die moderne Psychologie, ihre Gebiete, Methoden und Aufgaben,*[47] der im Folgenden auszugsweise abgedruckt ist (Q 1), unterstreicht Stern, dass das personalistische System den Dualismus zwischen naturwissenschaftlicher Psychologie und Philosophie überwinde. Der Personalismus stehe nicht im Gegensatz zum "empirischen Tatsachenbestand" der Psychologie, sondern führe "zu dessen gedanklicher Bewältigung, Durchdringung und Weiterführung".[48] Durch die Verbindung empirisch-experimenteller und philosophischer Perspektiven erwies sich William Stern auch in wissenschaftstheoretischer Hinsicht als Brückenbauer (Heinemann 2020). Sein Hamburger Kollege Ernst Cassirer (1874–1945) erinnert sich, wie konsequent William Stern die Position verteidigt hatte, naturwissenschaftliche und geisteswissenschaftliche Methoden zu verknüpfen (Cassirer 1950).

An den anthropologischen Begriff der Person, der sowohl die biologische Dimension und Dependenz als auch Selbstursächlichkeit und Selbsttätigkeit zum Ausdruck brachte, schloss Stern die Forderung nach einem methodenpluralistischen Konzept an, das nomothetische Verfahren und ideographische Methoden miteinander verband (vgl. auch Seichter 2016, S. 413).[49] Diese seien nicht nur

---

> "Die unitas multiplex ist ein letztes Geheimnis, das wir weder erklären noch aus der Welt schaffen können, sondern anerkennen müssen als die Grundlage unseres gesamten Weltdenkens." (ebd., S. 6)

Durch den Zusatz "kritisch" grenzte sich Stern sowohl vom "naiven" Personalismus ab, der von einem "einfachen Seelending" (Stern 1927, S. 165) ausgehe, als auch vom "Impersonalismus".

46 Damit bringt Sterns Personalismus in Anlehnung an Kant die "Würde" des Menschen zum Ausdruck.
47 Die moderne Psychologie, ihre Gebiete, Methoden und Aufgaben. Unveröffentlichtes Manuskript über "Psychologie und Schule". Jewish National and University Library, William Stern Archive, Dept. ARC, Ms. Var., Series 3, 431 03 50.
48 Ebd., Bl. 16.
49 Hinderlich für die Einlösung dieses methodischen Anspruchs waren Stern zufolge innerdisziplinäre Forderungen nach einer rein naturwissenschaftlich basierten Psychologie, aber auch Abwehrbestrebungen innerhalb der Geisteswissenschaften:

kompatibel, „sondern sogar innerlich zusammengehörig und notwendig aufeinander angewiesen" (Stern 1921a, S. 319). Diesem integrativen Ansatz trug Stern in seinen kinder- und begabungspsychologischen Arbeiten Rechnung, indem er experimentelle Verfahren wie Intelligenztests durch individualisierende Methoden ergänzte. So bot der „Intelligenzquotient" einen wichtigen Anhaltspunkt für das geistige Gesamtniveau eines Kindes. Aufschluss über die Zielgerichtetheit von Entwicklungsprozessen, z. B. die Entwicklung einer kindlichen Begabung, konnten z. B. „Talentproben" wie Zeichnungen, Plastiken, Gedichte und Kompositionen geben, die von der (Hoch-)Begabtenforschung angeregt und analysiert werden sollten.[50]

Erkenntnisse darüber, *wie* ein Ergebnis zustande gekommen und dann im Kontext der kindlichen Gesamtstruktur zu deuten war, ließen sich laut Stern durch Beobachtungsverfahren gewinnen. Nicht die nomothetische Forschung an sich, sondern die Ausklammerung personaler Sinnzusammenhänge in den Naturwissenschaften stand im Zentrum seiner Methodenkritik. Experimentelle Verfahren und Tests, statistische Erhebungen und Umfragen erachtete er als unverzichtbar, doch sie bedürften zwingend der Ergänzung durch geistes- und kulturwissenschaftliche Methoden. Beobachtung und die korrekte Deutung des Beobachteten – etwa der „Begabungen anderer Menschen" – seien allerdings „eine schwere Kunst, die in gründlicher psychologischer Schulung erst langsam erworben werden" müsse.[51]

„Denn das Dogma von dem rein naturwissenschaftlichen Habitus der Psychologie wird einerseits von manchen Psychologen selbst vertreten, die von Physik, Physiologie, Anthropologie her ihre Hauptanregung empfangen haben, andererseits aber von vielen Geisteswissenschaftlern, welche ihr eigenes Gebiet gegen den Einbruch der ‚naturwissenschaftlichen' Betrachtungsweise sichern wollen." (Stern 1921a, S. 320)

Geisteswissenschaftliche Abgrenzungsversuche aus der Erziehungswissenschaft, die sich in den 1920er Jahren als eigenständige universitäre Disziplin etablierte, behinderten die Rezeption Sterns in dem neuen Fach, weil Vertreter der Geisteswissenschaftlichen Pädagogik, die für die Eigenständigkeit und philosophische Fundamentierung ihres Fachs gegenüber der experimentellen Pädagogik und der Psychologie eintraten, in ihm fälschlicherweise einen „empirischen" Forscher sahen (Seichter 2009, S. 179).

50 Die Erhebung und Sammlung von „Kinderzeugnissen" war charakteristisch für die entstehende Kinder- und Jugendforschung. So enthielt das Archiv des Stern-Lipmann-Instituts (vgl. den Einleitungstext zu Kapitel 4) unter anderem Sammlungen von Kinderzeichnungen, die nicht nur aus eigenen, sondern auch aus den Schulversuchen von Georg Kerschensteiner (1854–1932) stammten.

51 Die moderne Psychologie, ihre Gebiete, Methoden und Aufgaben. JNUL, William Stern Archive, Bl. 9.

> # Q1 William Stern (1921):
> **Die moderne Psychologie, ihre Gebiete, Methoden und Aufgaben (Auszug)**
> Unveröffentlichtes Manuskript über „Psychologie und Schule". Jewish National and University Library, William Stern Archive, Dept. ARC. Ms. Var., Series 3, 431 03 50, Bl. 6 f.

Der Umschwung, den das experimentelle Verfahren mit sich brachte, war so gross und auch äusserlich so augenfällig, dass für viele, namentlich für Fernerstehende, die Ausdrücke „moderne Psychologie" und „experimentelle Psychologie" fast gleichbedeutend scheinen. Und doch wäre nichts ungerechter als diese Gleichsetzung. Methoden sind immer nur Mittel zu Zwecken; ist es schon an sich unzulässig, eine Wissenschaft nach den blossen Untersuchungsmitteln zu benennen, so ist dies bei der Psychologie doppelt verkehrt, da die ständig zunehmende Fülle der Forschungsaufgaben eine möglichste Vielseitigkeit und elastische Anpassung der Forschungsverfahren unbedingt erfordert. Und so ist das Experiment zwar *eine* [handschriftlich unterstrichen] unentbehrliche und in ihrer Bedeutung noch lange nicht ausgeschöpfte Methode, aber durchaus nicht die einzige; andere stehen ihr gleichgeordnet zur Seite. Eine ganze Reihe von Seelenerscheinungen – und es sind oft die zentralsten – lassen sich grundsätzlich nicht mit Apparaten und Reizgebungen erzielen, sondern haben ihr Wesen in dem spontanen und freien Hervorquellen aus den Tiefen der Persönlichkeit: man denke an Neigungen, Interessen, Ideale, an religiöse, ästhetische, ethische Erlebensweisen, an die Psychologie des Traumes, des Spiels, des wissenschaftlichen Arbeitens, des künstlerischen Schaffens. In anderen Fällen liegt uns gerade daran, das seelische Funktionieren nicht unter gewissen künstlichen Isolierungen, sondern im Strom der natürlichen Lebensbedingungen oder in seiner unbeeinflussten Entwicklungsfolge kennen zu lernen. Dann wieder stellen wir uns psychologische Aufgaben, die nicht an gegenwärtigen, sondern abwesenden oder an schon verstorbenen Individuen gelöst werden sollen; oder wir brauchen zu gruppenpsychologischen und massenstatistischen Feststellungen ein Menschenmaterial[52], das viel zu umfangreich ist, als

---

52 Der aus heutiger Sicht fragwürdige Ausdruck „Menschenmaterial" wurde bereits im 19. Jahrhundert vorwiegend im militärischen Bereich verwendet. Zur Zeit des Ersten Weltkriegs wurde der Begriff oft in Verbindung mit den hohen Verlusten an Menschenleben verwendet. Beim damaligen Gebrauch ist der jeweilige Sinnzusammenhang zu beachten: In William Sterns Werk zeigen die Begriffe „Material", „Kraft" und „Rohstoff" die Möglichkeit der „plastischen Formung" des Menschen an. Dass damit keinesfalls eine Verdinglichung des Individuums verbunden ist, machen die ethischen Grundsätze des Personalismus deutlich. Ähnliches gilt für die von Stern geprägten Begriffe der „Psychotechnik" und der „Anthropotechnik", die er 1903 und 1918 einführte (Stern 1903 und 1918d). Mit dem Gebrauch dieser Termini rückte Stern den einzelnen Menschen in

dass jedes dazugehörige Individuum dem Experiment unterworfen werden könnte usw. So stellte sich gerade mit dem Fortschritt der Psychologie immer mehr die Notwendigkeit heraus, nichtexperimentelle Methoden in gleicher Exaktheit auszubilden; an dieser Entwicklung ist es bemerkenswert, dass die ursprüngliche Anlehnung an die naturwissenschaftliche Untersuchungstechnik nicht mehr in ihrer Ausschliesslichkeit bestehen blieb, sondern durch eine Annäherung an die Forschungsmethoden der Geisteswissenschaften ergänzt wurde, sodass auch hierdurch die Psychologie ihre eigentümliche Stellung als Bindeglied der natur- und kulturwissenschaftlichen Forschungsgebiete bekundete.

2.2 Grundlagen der personalistischen Begabungskonzeption und Prinzipien der Förderung

Der von Stern entfaltete Person- und Entwicklungsbegriff bildet den zentralen Bezugspunkt für die personalistische Begabungskonzeption. Diese verbindet den Begabungsbegriff der klassischen Bildungstheorie, die Begabung als *Potential* auffasst und die Bildsamkeit des Menschen in den Vordergrund rückt (Weigand 2011, S. 48), mit der neuen empirischen Begabungsforschung, die die Begriffe *Anlage* und *Umwelt* einführt (Heinemann 2021, S. 120). Begabungsentwicklung versteht Stern als die Summe der dynamischen Prozesse der sich entfaltenden Person, der Begabungspotential als Wert sinnhaft zu eigen ist. Wie in allen Entwicklungsprozessen (und Handlungsakten) kommt hierbei das enge Wechselspiel zwischen innerer Anlage und Umweltfaktoren zum Tragen, das auch vom Individuum beeinflusst wird, das seinem Selbstzweck entsprechend handelt. Solche dreigliedrigen Prozesse, in denen die biologische Bedingtheit und die Spontaneität der Person zum Ausdruck kommen und äußere Einflüsse wirksam werden, kennzeichnet Stern mit dem zentralen Terminus der *Konvergenz*. Individualität und Differenzierung entwickeln sich im Verlauf der Selbstentfaltung, die von der Person mitgestaltet wird (siehe den Abschnitt „Konvergenz" unten).

Aus dem Konvergenzmodell lässt sich zudem der Stellenwert der Erziehung ersehen, die – wie andere Außeneinflüsse auch – ein wirksamer und unentbehrlicher Faktor in Entwicklungsprozessen ist. Sterns Ziel war es, seine „besonderen Arbeitsgebiete, die Psychologie und die Pädagogik", vom Personalismus her eingehend zu begründen (Stern 1924, S. VIII), denn das personalistische Konzept biete wichtige „Leitgesichtspunkte für die auf Menschenbehandlung gerichtete kulturelle Arbeit" (Stern 1918d, S. VII). Folglich besaß es hohe Relevanz auch für die Begabtenförderung.

---

den Mittelpunkt; es ging ihm gerade nicht um einen „technischen" Eingriff, der den Menschen als Objekt oder „Sache" behandelt (vgl. auch Liggieri 2020, S. 252 f.).

Im Folgenden erhellen drei Auszüge aus Texten von William Stern die Grundlagen seines Begabungskonzepts: Den Begriff der „Anlage" erläutert er in seinem unveröffentlichten Vortrag *Das Problem der kindlichen Begabung*[53] (Q 2), den er 1910 vor Mitgliedern des *Bundes für Schulreform*[54] hielt. Zwei weitere Grundbegriffe seines Begabungskonzepts, „Konvergenz" und „Bildsamkeit", stellt er in einem eigenen Kapitel seiner Schrift *Grundgedanken der personalistischen Philosophie* vor (Stern 1918c / Q 3). Diese ist aus einem Vortrag hervorgegangen, den Stern am 19. Oktober 1917 vor der Berliner Kant-Gesellschaft hielt. Schließlich ist das personalistische Begabungskonzept auch der Dreh- und Angelpunkt für Begabtenförderung, Lehrerbildung und personalistische Pädagogik, deren Prinzipien Stern in seinem Aufsatz *Psychologie und Schule* aus dem Jahr 1920 darstellt (Q 4). Nachfolgend werden die genannten Grundbegriffe in ihrem Kontext erläutert und mit den pädagogischen Konsequenzen und Forderungen verknüpft, die Stern an Lehrerbildung und Begabtenförderung stellt.

Anlage

Durch den für Psychologie und Begabungskonzept insgesamt zentralen Begriff der *Anlage* grenzte sich Stern von der allgemeinen experimentellen Psychologie und der bis in die 1890er Jahre einflussreichen Psychologie Johann Friedrich Herbarts (1776–1841) ab.[55] Herbart hatte die ältere Vermögenslehre und die damit verbundene Ansicht bekämpft, Aufgabe der Erziehung sei die Stärkung seelischer Kräfte (Hoyer/Weigand/Müller-Oppliger 2013, S. 59; auch für das Folgende). Herbart, der dem Erzieher einen vergleichsweise großen Spielraum einräumte, ging nicht von „Kräften", sondern von „Vorstellungen" als elementarer kognitiver Einheit und von deren Bildung aus. Der Psychologe Richard Baerwald (1867–1929) wiederum, auf den sich Stern (1916e, S. 120) bezog, hatte in seiner Schrift *Theorie der Begabung* (Baerwald 1896) den Einfluss Herbarts dafür verantwortlich

---

53 Vortrag über „Das Problem der kindlichen Begabung". JNUL, William Stern Archive.
54 Zum *Bund für Schulreform* vgl. Kapitel 4.1.
55 „Gerade dadurch unterscheidet sich die moderne Kindespsychologie von der allgemeinen Psychologie, daß es ihr nicht auf die Bewußtseinsphänomene als solche, sondern vielmehr auf die dauernden im Kinde vorhandenen und durch den Unterricht zu beeinflussenden Dispositionen ankommt. Und sehr merkwürdig sticht die heutige Kindespsychologie durch diesen Gesichtspunkt auch ab von jener Richtung, die bisher ganz überwiegend die pädagogische Anwendung der Psychologie bestimmt hat, nämlich vom Herbartianismus; denn Herbarts Hauptkampf galt den ‚Seelenvermögen', die jetzt im Begriff der Anlagen oder Dispositionen eine wenn auch veränderte und geläuterte Wiedergeburt erleben; und wenn Herbart glaubte, daß das ganze Seelenleben von außen komme, also vom Pädagogen bestimmt werden könne, während wir den Anteil des Angeborenen an Begabungen, Interessen usw. recht hoch einschätzen" (Stern 1910c, S. 108).
Diese Position einschränkend ist zu konstatieren, dass Herbart die Einflussmöglichkeiten von Erziehenden nicht derart hoch veranschlagte und die Eigenaktivität von Kindern und Jugendlichen nicht derart geringschätzte, wie es Stern hier darstellt.

gemacht, dass die Psychologie lange Zeit wenig Bewusstsein für die Notwendigkeit der Förderung herausragender Begabungen besaß.
Durch den Anlagebegriff, den Stern „als Zentralbegriff aller genetischen Ursprungsprobleme" definiert (Stern 1908, S. 29), weist das personalistische Begabungskonzept genetischen Faktoren eine wichtige Rolle zu. Einseitig nativistische Begabungsvorstellungen lehnt Stern jedoch ab und betont die Umwelteinflüsse, die die Begabungsentfaltung entscheidend fördern oder behindern können. Falsche Erziehung, harte Lebensumstände oder politischer Zwang könnten dazu führen, dass sich selbst die „wertvollsten Anlagen" (Stern 1918d, S. 171) nicht entwickeln, denn Anlagen seien entwickelbares Potential, ergänzungsbedürftige und vieldeutige „Potentialitäten" und „Kausalität mit Spielraum" (Stern 1918c, S. 40 f.).
Der Grundbegriff der Anlage ist laut Stern kein ausschließlich naturwissenschaftlicher Terminus (Heinemann 2021, S. 128); wie auch „Individualität"[56] sei „Anlage" ein wissenschaftlicher Grenzbegriff, an den immer nur eine Annäherung möglich sei. Vor diesem Hintergrund müssten Wissenschaftlerinnen und Wissenschaftler „Prognosen" vorsichtig handhaben und das „Anlagemysterium" (Stern 1928a, S. 14) berücksichtigen, das sich wissenschaftlicher Begrifflichkeit entziehe.

Konvergenz

Eine Schlüsselstellung für das Verständnis von Entwicklungsprozessen kommt nach Stern dem Begriff der *Konvergenz* zu, der die Interaktion zwischen Person und Umwelt beschreibt. Dabei versteht er Konvergenzvorgänge nicht als bloße Verschmelzung endogener und exogener Faktoren, sondern als dynamische Beziehung zwischen Person und Welt, wobei die Person, die im Sinne der Verwirklichung ihrer personalen Ziele *agiert,* der eigentliche Urheber von Entwicklungsprozessen ist.
Stern geht davon aus, dass sowohl die Annahme einer rein kausalen Relation zwischen Anlage und Umwelt als auch Versuche, das Verhältnis beider Größen zu quantifizieren, grundsätzlich fehlgingen. Stattdessen müsse eine qualitative Analyse versucht werden, die nach dem qualitativen Verhältnis endogener und exogener Anteile fragte. Dabei unterstreicht Stern die *Dreigliedrigkeit* von Entwicklungsprozessen, die im Spannungsfeld der drei Faktoren Umwelt, Person und personale Aktivitäten stehen, und hebt die eigenaktiven Anteile der die Entwicklung initiierenden „Persönlichkeit" heraus.[57] Diese sei nicht nur „der passive Rahmen für die Akte, sondern […] deren eigentlicher ‚Akteur'" (Stern 1918d, S. 123). Der Mensch reagiere zwar auf Umweltreize, aber sein Leben erschöpfe sich nicht in dieser „Antwort". Zugleich sei er spontaner „Urheber" und gestalte die Welt.

---

56 Auszugehen sei von einer „letzten und irreduziblen Individualitätsanlage" (Stern 1908, S. 43).
57 Dies verdeutlicht Stern anschaulich am Beispiel der kindlichen Sprachentwicklung (Heinemann 2016, S. 159–161).

Stern setzte der experimentellen Psychologie, der experimentellen Pädagogik[58] und der behavioristischen Psychologie sein Konvergenzmodell entgegen und kritisierte die naturwissenschaftliche Orientierung dieser Strömungen als einseitig. Ihm zufolge fokussierten sie die Reiz-Reaktions-Beziehungen und betrachteten die „Educanden" als passive Wesen zwischen innerer „Anlage" und äußerer Steuerung, ohne ihre „Persönlichkeit" im Blick zu haben. Aber selbst wenn der Mensch reagiere, verhalte er sich nicht bloß passiv, sondern wähle „spontan" aus den Umweltreizen aus (Stern 1918c, S. 44).

Zwischen Nativismus und Empirismus

Diese Grundpositionen verknüpfte Stern mit einem differenzierten Blick auch auf andere Wissenschafts- und Begabungskonzeptionen, wobei er in erster Linie zeitgenössische Erb- und Milieutheorien problematisierte. Mit dem Konvergenzmodell wies er die Einseitigkeiten nativistischer und milieutheoretischer Begabungskonzepte zurück und suchte deren Synthese. Weder der Nativismus, der sich auf die Erbforschung bezog, noch der Empirismus, der auf die Erkenntnisse der Milieuforschung rekurrierte, erfassten Stern zufolge das Phänomen Begabung zutreffend.

Laut Stern sahen die Extreme Nativismus und Empirismus die Aufgaben und Einflussmöglichkeiten von Erziehenden entweder als viel zu gering an oder maßen ihnen eine viel zu große Bedeutung zu. Dem liege eine falsche Auffassung von *Bildsamkeit* zugrunde, die sich nur im Zwecksystem der Person als Disposition verstehen lässt. In diesem Rahmen ist Bildsamkeit als zentrales Wesensmerkmal der persönlichen *Entelechie* zu sehen, d. h. der (unbewussten) „Tendenz und Fähigkeit der Person, sich selbst […] zu verwirklichen" (Stern 1918d, S. 68). Der Nativismus reduziere Bildsamkeit auf die Entwicklung genetischer Anlagen, „denn für ihn ist die angeborene Entelechie der Person etwas Starres, das für

---

58 Sterns Positionierung gegenüber der experimentellen Pädagogik war durch inhaltliche Nähe einerseits und methodische Abgrenzung andererseits geprägt. Das emanzipatorische Motiv, Schülerinnen und Schüler als Persönlichkeit zu „verstehen" und ihre Entwicklung pädagogisch gezielt zu fördern, verband ihn mit diesem Ansatz der Kinderforschung, die das Schulkind fokussierte und auf der Grundlage experimenteller Verfahren wissenschaftlich gesicherte Erkenntnisse über Lernen, „Memorieren", Ermüdung und Intelligenz von Schulkindern zu gewinnen suchte. Stern favorisierte allerdings den Begriff der „Pädagogischen Psychologie" gegenüber der in seinen Augen unzutreffenden Bezeichnung „experimentelle Pädagogik", da diese den Eindruck einer Verabsolutierung des Experiments als Methode erwecke. Daher verband er mit seinem methodenpluralistischem Jugendkundekonzept eine massive Kritik am Begriff der „experimentellen Pädagogik":
„Ich halte diese Bezeichnung für unzweckmäßig und irreführend und warne daher ihre Anwendung. Es ist unzweckmäßig, ein Forschungsgebiet nach einer Methode zu nennen, irreführend, das Experiment durch jene Bezeichnung als einziges Verfahren der neuen Jugendkunde hinstellen zu wollen" (Stern 1916c, S. 277 f.).
Zudem bremste Stern zu hohe Erwartungen und die unter Volksschullehrern – einer in der experimentellen Pädagogik besonders aktiven Gruppe – verbreitete Annahme, Erziehungsprozesse auf der Basis naturwissenschaftlicher Experimente optimieren und perfektionieren zu können.

Umformung keinen Raum bietet" (ebd., S. 158). Mit dieser Position wandte sich Stern gegen den „psychogenetische[n] Nativismus", der die Wirkungsmöglichkeiten von Erziehenden drastisch beschränke (Stern 1908, S. 28). Erbtheorien, die erbbiologische Anlagen als statische und die Entwicklung determinierende Größen darstellten, ließen Stern zufolge die dynamischen Entwicklungsmöglichkeiten von Begabungen außer Acht. Gegen den Determinismus erbbiologischer Konzepte wandte er ein, dass sich Begabungen nicht „züchten" ließen:[59]

> „Die Vererbungsbetrachtung muß nun einmal – mag sie im übrigen quantitativ oder qualitativ gerichtet sein – grundsätzlich im Schematischen stecken bleiben; *der Besonderheit einer Individualität wird sie nie gerecht*" (Stern 1918d, S. 115; Hervorhebung im Original).

Mit Blick auf Fritz Lenz[60] und Wilhelm Hartnacke[61] unterstrich Stern Ende der 1920er Jahre nochmals die Unvereinbarkeit seines personalistischen Begabungskonzepts mit einseitig erbbiologischen Auffassungen von Begabung,[62] die häufig mit antidemokratischen, elitaristischen Positionen einhergingen (Stern 1930c; Geißler 2011, S. 375). Umgekehrt kritisiert er auch den Begabungsbegriff von Milieutheorien, die statischen erbtheoretischen Begabungsvorstellungen den Gedanken einer unbeschränkten Formbarkeit menschlicher Begabung entgegensetzten und Stern zufolge die Möglichkeiten von Erziehung stark überschätzten. Die Milieutheorie habe zwar, so Stern in der *Differentiellen Psychologie*, „in höchst verdienstvoller Weise" auf die Bedeutung von Umwelteinflüssen auf die Persönlichkeitsentwicklung hingewiesen, aber die „Milieuformel als das erlösende Zauberwort für alle Rätsel der Individualität" zu verwenden, führe in die Irre (Stern 1921a, S. 324).

---

59 Bemerkenswert ist jedoch Sterns Stellungnahme zu eugenischen Konzepten in der Schrift *Jugendkunde als Kulturforderung*, die im Kontrast zu seinen kritischen Positionierungen steht. Es mag dem wachsenden Einfluss der Eugenik im Krieg geschuldet sein, dass er 1916 schrieb:
„Wir sind geneigt, es [eugenisches Denken] als Utopie zu belächeln – aber kann nicht vielleicht die ungeheure Umwälzung unseres Denkens und Wertens, die uns die Zeit aufzwängt, auch hier aus der Utopie unerwartet schnell eine ernsthaft zu erörternde Forderung machen?" (Stern 1916c, S. 292).
Allerdings sollte hier zwischen radikaler „Rassenhygiene" und einer als positiv verstandenen Eugenik differenziert werden, wie sie in den 1920er Jahren z. B. auch von katholischen Autorinnen und Autoren vertreten wurden.

60 Der Mediziner Fritz Lenz (1887–1976) verfasste zusammen mit Eugen Fischer und Erwin Baur das einflussreiche Werk *Grundriss der menschlichen Erblichkeitslehre und Rassenhygiene*, das erstmals 1921 erschien. 1923 übernahm Lenz als außerordentlicher Professor den ersten Lehrstuhl Deutschlands für „Rassenhygiene" an der Universität München.

61 Wilhelm Hartnacke (1878–1952) war zunächst Lehrer, dann Schulinspektor in Bremen. Seit 1919 war er als Stadtschulrat in Dresden tätig, von 1933 bis 1935 Volksbildungsminister in Sachsen.

62 Dass der Personalismus im Widerspruch zu rassenideologischen Konzepten stehe, hatte Stern bereits um 1900 herausgearbeitet (Heinemann 2021, S. 127).

Gegenüber solchen Konzepten hebt Stern die Wahl-, Lenkungs- und Gestaltungsmöglichkeiten der Person hervor, die selbst bei permanenter äußerer Beeinflussung ihren inneren Wesenskern bewahre (Stern 1918d, S. 157 f.). Dabei unterstreicht er nicht nur biologische, sondern auch ethische Grenzen. Das personalistische Begabungsmodell setzte auch den günstigsten Umwelteinflüssen Grenzen und stand überdies im Widerspruch zu dem Anspruch, durch Erziehung „die Menschen beliebig zurechtkneten zu können" (ebd., S. XI). Diese Position Sterns lässt eine deutliche Stoßrichtung gegen den „Sozialismus" erkennen,[63] dessen politische Vertreterinnen und Vertreter die Person zu Passivität herabdrücken und zur „Sache" machen würden, „um desto schrankenloser auf sie wirken zu können" (ebd., S. 99). Hier werden die engen Bezüge von Sterns Begabungsforschung zur Pädagogik sichtbar.

Konsequenzen für Pädagogik und Begabtenförderung

Sterns Psychologie war von einer prononciert pädagogischen Grundhaltung geprägt, die mit einem entsprechenden bildungspolitischen Engagement verbunden war.[64] In außergewöhnlicher Weise engagierte er sich für die Professionalisierung der Lehrerbildung und die akademische Pädagogik. Schon 1916 schrieb Stern, es gelte das Dasein der wissenschaftlichen Pädagogik als „Aschenbrödel auf den Universitäten" zu beenden (Stern 1916d, S. 407). Unmittelbar nach dem Ersten Weltkrieg trat er an der neu gegründeten Universität Hamburg erfolgreich für die Schaffung zweier Professuren für Pädagogik ein.

Stern zufolge war auch und gerade die Begabtenförderung[65] an den Prinzipien der personalistischen Philosophie zu orientieren und setzte eine entsprechende Aus-

---

63 Umgekehrt wurde Sterns Konvergenzstandpunkt von sowjetischen Psychologen als falsch, reaktionär und schädlich für die sozialistische Erziehung abgelehnt (Bühring 1996, S. 140 f.).

64 In diesem Zusammenhang ist auch ein biografischer Aspekt bedeutsam: Nach dem Abitur hatte Stern zunächst den Plan verfolgt, nach dem Vorbild seines Großvaters selbst den Lehrerberuf zu ergreifen, und 1888 ein Philologiestudium in Berlin aufgenommen. Sein Großvater war der Lehrer, Pädagoge, Historiker und Sprachwissenschaftler Sigismund Stern (1812–1867). Dieser war 1834 mit einer sprachphilosophischen Studie (S. Stern 1835) promoviert worden und stellte eine Gründungsfigur des reformorientierten Judentums dar (Brenner/Jersch-Wenzel/Meyer 1996, S 169 f.). 1855 hatte er die Leitung des *Philanthropins* in Frankfurt übernommen, einer 1804 gegründeten jüdischen Schule, die er modernisierte. Die Erinnerung an Sigismund Stern war in der Familie lebendig und strahlte auf den Enkel aus: William Stern setzte sich intensiv mit dessen von Kant und Schleiermacher geprägten Schriften auseinander. In den 1920er Jahren förderte er eine von Arthur Galliner (1878–1961) verfasste Biografie Sigismund Sterns (Galliner 1930), indem er dem am *Philanthropin* lehrenden Kunstpädagogen, wie dieser in seinem Vorwort betont, alles in seinem Besitz befindliche Material, Dokumente, Briefe sowie handschriftliche und gedruckte Schriften zur Verfügung stellte.

65 Die positive Wortbedeutung von „Förderung" arbeitet Stern in dem Band *Die menschliche Persönlichkeit* heraus. Demnach bestehe „eine ethische Pflicht der Gesamtheit und des Einzelnen, die Anlagen als verborgene Schätze anzusehen, die ans Tageslicht ‚gefördert' werden müssen" (Stern 1918d, S. 172).

bildung von Lehrkräften voraus, die Kenntnisse der Pädagogischen Diagnostik und des Kindes- und Jugendalters zu vermitteln habe. Um Erziehung und Unterricht an den unterschiedlichen Begabungen und Interessen sowie den emotionalen und motivationalen Bedürfnissen von Kindern ausrichten zu können, müssten angehende Lehrkräfte außerdem zur psychologischen Beobachtung der „Educanden" befähigt und zur Deutung des Beobachteten angeleitet werden (Stern 1918a). Derzeit sei dies noch ein gravierendes Defizit, denn viele Erziehende und Lehrkräfte seien nur mangelhaft geschult, um

> „die Sonderart jugendlichen Seelendaseins und die Mannigfaltigkeit jugendlicher Begabungen und Interessen recht zu würdigen. Da kann nun die moderne Psychologie zur Besserung beitragen, indem sie den Wahn von der ‚Normalpsyche', die jeder in seinem eigenen Innern zu tragen vermeint und allen anderen Seelen als Massstab anlegen möchte, gründlich erschüttert, die unendliche Vielheit seelischer Typen und Individualitäten aufzeigt, zu vorsichtigem und mannigfaltigem Beobachten anleitet und die für richtige Deutung des Beobachteten massgebenden Gesichtspunkte darbietet".[66]

Als Voraussetzung für gelingende Begabtenförderung sah Stern, dessen Hamburger Institut schon in der unmittelbaren Nachkriegszeit Eignungsprüfungen für die Teilnehmerinnen eines Lehrerinnenseminars konzipierte, neben der Ausbildung auch die Auswahl geeigneter Lehrkräfte. So umfassten die vom Institut entworfenen eignungspsychologischen Untersuchungen für Lehrkräfte auch „ethische Tests", die berücksichtigen sollten, inwieweit der Kandidat bzw. die Kandidatin „Rücksicht auf die Entwicklung der ihm [bzw. ihr] anvertrauten Kinder" nahm (Penkert 1919, S. 157).
Ein für die Begabtenförderung zentraler pädagogischer Grundsatz Sterns ist die Forderung, sich die „Bildsamkeit und Schmiegsamkeit" der – als Anlagen begriffenen – Intelligenz und Begabung von Kindern und Jugendlichen zunutze zu machen (Stern 1928a, S. 12). Diese Forderung richtet sich damals wie heute an Erziehende und Lehrkräfte, die sich vor Augen führen müssen, dass sich nur vorhandene Anlagen anregen und fördern lassen, die dann zu Eigenschaften werden können. Begabtenförderung setzt ein Bewusstsein für die Kraft des sich entwickelnden Individuums und die „Entwicklungstatsache" (Stern 1908) voraus, dass äußere Einflüsse und auch Erziehung nur dann wirksam werden können, wenn sie den personalen Zwecken der Selbsterhaltung und Selbstentfaltung dienen. Außerdem ist nach dem personalistischen Modell die Eigenaktivität von Schülerinnen und Schülern zu berücksichtigen, denn Bildungsprozesse bewegen sich nicht

---

66 Die moderne Psychologie, ihre Gebiete, Methoden und Aufgaben. JNUL, William Stern Archive, Bl. 10.

nur im Spannungsfeld von Lehren und Lernen (vgl. auch Seichter 2016, S. 414); durch das Konzept der Konvergenz steht bei der Begabungsentfaltung die Selbsttätigkeit des sich bildenden Kindes im Mittelpunkt.

Der Grundsatz der Förderung der Selbsttätigkeit von Schülerinnen und Schülern war eines der zentralen Prinzipien, die Stern mit der zeitgenössischen Reformpädagogik teilte (Heinemann 2016, S. 200 ff.). Mit der Betonung von „Selbstwert" und „Selbstzweck" der Lebensphase Kindheit nimmt sein personalistischer Kindheitsbegriff reformpädagogische Leitbegriffe auf. Zugleich übt Stern auch deutliche Kritik an Vertreterinnen und Vertretern der Reformpädagogik, die in seinen Augen die zentralen Aufgaben von Erziehenden verkannten. Diese Kritik war namentlich gegen die Schwedin Ellen Key (1849–1926) und den deutschen Reformpädagogen Berthold Otto (1859–1933) gerichtet, der in Berlin eine Hauslehrerschule gegründet hatte.

Die von vielen Reformpädagoginnen und -pädagogen verfochtene Maxime des bloßen „Wachsenlassens" kindlicher Anlagen ging in Sterns Augen von einem falschen Begriff der Natur aus, die „nicht gehemmt, verbogen, denaturiert" werden dürfe (Stern 1928b, S. 4).[67] Um sich weiterentwickeln zu können, bedürfe das Kind vielmehr der Unterstützung der Erziehenden, die, „von höherem Niveau her angreifend und doch dem Kinde nahe genug bleibend, sein Aufsteigen" (ebd.) ermöglichten. Diesem Aspekt kommt zentrale Bedeutung für die Begabtenförderung zu, denn im negativen Sinn können Pädagoginnen und Pädagogen die geistige Entwicklung des Kindes auch hemmen; der Verzicht auf Erziehung und Förderung könne bedeuten, dem Kind Entwicklung vorzuenthalten.

Eine Voraussetzung für Begabtenförderung ist Stern zufolge die „Introzeptionsfähigkeit"[68] von Pädagoginnen und Pädagogen (Stern 1924; Heinemann 2021, S. 120), d. h. deren Vermögen zur Einfühlung und zum verstehenden Erkennen der personalen Eigenheit und Wertestruktur von Kindern und Jugendlichen, die in ihrer individuellen Begabungsentwicklung unterstützt werden sollen. Erziehenden sei das Verständnis von Begabungsentfaltung als Persönlichkeitsentwicklung zu vermitteln, damit sie den Wert verschiedener Persönlichkeitsmerkmale von Kindern und Jugendlichen wahrnehmen und in ihrer Einmaligkeit würdigen können.

In seinem Beitrag *Psychologie und Schule,* dem der nachfolgende Textauszug Q 4 entnommen ist, stellt Stern die Bedeutung des Personalismus für Schule und Un-

---

67 Sterns Position ist mit der von Theodor Litt vergleichbar, der sich in seinem Buch „*Führen*" *oder* „*Wachsenlassen*" (Litt 1927) kritisch mit der Absolutsetzung des Prinzips des Wachsenlassens durch zeitgenössische Reformpädagoginnen und -pädagogen auseinandersetzte.

68 „Introzeption" ist neben „Konvergenz" ein weiterer Hauptbegriff des Personalismus. Er beschreibt den Prozess der „inneren Aneignung" von Werten und wird als „Voraussetzung aller konkreten Einzelbeziehungen zwischen den Menschen" aufgefasst (Stern, 1924, S. 358). „Introzeption" setzt die Anerkennung des Selbstwerts des Gegenübers voraus. Zentrale Verhaltensweisen im Introzeptionsakt sind das „Verstehen" und das „Einfühlen" (vgl. auch Kapitel 2.3).

terricht dar. Er unterstreicht das zentrale Ziel, die neuen Erkenntnisse der Pädagogischen Psychologie, die die Psychologie des Schülers *und* des Lehrers in den Mittelpunkt rückt, in der Lehrerausbildung zu vermitteln. Von der Lehrkraft wird eine „personalistische" Einstellung erwartet, die Schülerinnen und Schüler als Erziehungssubjekte stärkt. Ihre Eigenschaft als „Person" hat laut Stern Vorrang vor der Sache – also dem Unterrichtsstoff und den Lernzielen. Erziehende müssten Schülerinnen und Schüler in ihrer jeweiligen Phase der Persönlichkeitsentwicklung achten und ihrer Erziehungsaufgabe gerecht werden, vorhandene wertvolle Anlagen zu „vereindeutigen". Eine personalistische Pädagogik ist Stern zufolge einerseits an der einzelnen „Schülerindividualität" orientiert und andererseits an „Typisierung", d. h. der Herausarbeitung gemeinsamer Merkmale in Bezug auf Geschlecht, Alter und Begabung.

Q2 William Stern (1910):
Das Problem der kindlichen Begabung (Auszug)

Vortrag des Herrn Professor Dr. William Stern, Breslau, im „Bund für Schulreform", am Freitag, den 4. März 1910, abends 8 ½ über „Das Problem der kindlichen Begabung". Unveröffentlichtes Manuskript. Jewish National and University Library, William Stern Archive, Dept. ARC, Ms. Var., Series 2, 431 02 36, Bl. 3–5.

Was heisst ‚Begabung'? Nun, wir können kurz definieren: Begabung ist die Fähigkeit zu geistigen Leistungen. Aber wenn auch nun der Mensch in jeder Altersstufe eine Fähigkeit zu geistigen Leistungen besitzt, so ist doch die Form, die Begabung, die uns beim Kind, die uns beim Erwachsenen gegenübertritt, typisch verschieden. Wenn wir von einem erwachsenen Künstler etwa sagen, er ist ein begabter Landschafter, dann schreiben wir ihm hierdurch schon ziemlich fest umschriebene Eigenschaften zu, die sich nun in ziemlich gleichmässiger Weise immer wieder von neuem betätigen. Dieser selbe Künstler hat sicherlich auch schon als Kind die Begabung gehabt, aber damals war die Begabung noch nicht eine solche feste, in ganz scharfe Linien gebrachte Eigenschaft, sondern sie war nur eine Anlage, etwas Werdendes, etwas noch Unfertiges, eine unbestimmte Anweisung auf die Zukunft. Dass aus jener Anlage des Kindes dann die Fertigkeit des Erwachsenen würde, das liegt dann nicht mehr allein an der Anlage, auch nicht mehr an diesem innerlich gegebenen Teil, sondern das liegt dann auch an den von aussen kommenden Einflüssen, an der Schulung, die er empfing, an den Vorbildern, nach denen er sich richtete, an Reisen, die er gemacht hat. Vielleicht hätte er in einer andern Umgebung seine Anlage mehr nach der des Porträtisten ausgebildet, vielleicht wäre er in einer andern Lage ein Plastiker geworden. – So zeigt sich schon an diesem kleinen Beispiel, dass immer bei der Entwicklung der Begabung zweierlei zusammenkommen muss. Es ist ebenso falsch der Grund, dass alles schon innerlich fix und fertig vorbereitet ist und nur sich von innen heraus zu entwickeln braucht, wie auch falsch ist die entgegensetzte Meinung, dass alles von aussen kommt, wie auch, dass der Mensch durchaus nur ein Spielball des Milieus, ein positiver Empfänger äusserlicher Einwirkungen sei. Die menschliche Seele ist weder ein harter Diamant, der gar keine Einwirkungen von aussen her erträgt, noch ist sie ein Stückchen Wachs, das durch äussern Eindruck beliebig in jede Form geknetet werden kann, sondern sie ist ein Keim in dem Nichts, in dem die Hauptlinien schon vorgebildet sind, was daraus werden soll. Aber von Sonne und Wasser und Erde, von der Stelle am Haus, wo der Keim eingepflanzt wird, davon hängt es doch ab, ob er zur Entfaltung kommen kann oder verkümmert, ob er frühreif sich entwickelt oder spät. Es ist das ein ganz allgemeiner psychologischer Grundsatz, der aber oft genug in der Theorie und Praxis vernachlässigt wird. Es gibt sehr viele psychologische Theoretiker und Praktiker, die viel zu sehr bloss die eine Seite immer betonen, die Angeborenheit und Fertigkeit, und es gibt wieder andere, die viel zu sehr die andere Seite betonen, die Fähigkeit, von aussen her aus dem Menschen alles zu bilden und zu machen. Für die Psychologen ergibt sich daher aus dem bisher schon Gesagtem zweierlei: erstens, gewisse Gesichtspunkte geben für sie die Veranlassung, bilden das Material, an dem der Psychologe zu arbeiten hat, sie geben aber auch die Grenze, die er nicht überschreiten kann. Bei einem unmusikalischen Menschen wird man niemals eine musikalische Begabung entdecken und so ist es bei jeder andern Sache. Aber wenn man das beachtet, so erhält man die Anweisung für das, was die Psychologie soll. Eine jede Anlage ist, wie ich schon sagte, eine Anweisung auf die Zukunft, auf eine innere Bestimmung, eine Sendung, die verwirklicht werden soll. Rückert hat das einmal sehr schön ausgesprochen in dem Wort: ‚Vor jedem steht ein Bild des, was er werden soll; so lang' er das nicht ist, ist nicht sein Friede voll.' Aber aus sich heraus kann niemand allein das werden, was als Bild, als Ideal vor ihm steht, sondern da muss die Psychologie mit helfen, sie muss in jeder Anlage die Pflicht sehen, die Anlage möglichst vollendet zur Verwirklichung zu bringen; sie muss in jeder Begabung, die nicht zur Entwicklung kommt, einen Wertverlust sehen.

PHILOSOPHISCHE VORTRÄGE

VERÖFFENTLICHT VON DER KANT-GESELLSCHAFT.
UNTER MITWIRKUNG VON H. VAIHINGER UND M. FRISCHEISEN-KÖHLER
HERAUSGEGEBEN VON ARTHUR LIEBERT.   Nr. **20.**

Grundgedanken

der

personalistischen Philosophie

von

Dr. **William Stern**

Professor am Allgemeinen Vorlesungswesen zu Hamburg

Berlin
Verlag von Reuther & Reichard
1918

Quelle: Bayerische Staatsbibliothek München (Ph.u. 531 k-17/23)

Q3 William Stern (1918):
Grundgedanken der personalistischen Philosophie (Auszug)

Philosophische Vorträge. Veröffentlicht von der Kant-Gesellschaft. Nr. 20. Berlin, S. 34–45.

Mensch und Welt (Konvergenzlehre).

Die kritische Auffassung der Teleologie, wie sie in den Grundzügen bisher angedeutet wurde, führt nun zu einer *allgemeinen Theorie des Menschen in seinem Verhältnis zur Welt*. Diese Theorie sucht eine Antwort zu geben auf eine Zentralfrage, die ebenso für das theoretische Verständnis wie für die praktisch-kulturelle Behandlung menschlicher Persönlichkeiten von entscheidender Wichtigkeit ist: Wie wird die Person in dem Zusammentreffen und durch das Zusammentreffen mit der Welt bestimmt, beeinflußt, verändert? In der Welt, sofern sie äußerlich zu ihm ist, ist der Mensch Sache unter Sachen und unterliegt den mechanischen Gesetzmäßigkeiten des Sachprinzips. In sich ist er Person und wirkt teleologisch im Sinne seiner eigenen Ziele. Wie vereinigt sich beides? Wir sahen schon oben, daß er gewisse Ziele der ihm fremden, ihm übergeordneten Welt durch Introzeption sich *innerlich* anzueignen und ihre Fremdheit so zu überwinden vermag. Aber das gilt nur für einen Bruchteil der Umweltbedingungen, in denen er steht. Wie verhält sich seine Teleologie zu den Daseinsbedingungen, die *äußerlich* zu ihm sind und bleiben? Das ist die gemeinsame Grundfrage jeder Wissenschaft vom Menschen; der Personalismus sucht in der *„Konvergenzlehre"* eine allgemeine und grundsätzliche Antwort auf diese Frage zu geben. Er nennt diese Theorie Konvergenzlehre, weil sie eine Formulierung darüber gibt, *wie innere und äußere Bedingungen am Zustandekommen alles konkreten persönlichen Lebens zusammenwirken oder „konvergieren"*. In dieser allgemeinen und grundsätzlichen Fassung des Mensch/Welt-Problems liegt, wie mir scheint, vor allem das neue der Konvergenzlehre; denn auf fast allen Einzelgebieten menschlichen Lebens ist die Frage schon längst gestellt und sind die verschiedensten Antworten immer von neuem versucht worden. Um so merkwürdiger aber war es, daß die gemeinsame Formel auch nur für die Frage bisher nicht gefunden worden war. Erkenntnistheorie, Psychologie, Ethik, Geschichte, Pathologie, Pädagogik, Politik, Wirtschafts- und Gesellschaftslehre, sie hatten alle ihr Mensch/Welt-Problem, suchten auf ihrem begrenzten Gebiet festzustellen, wie aus dem Ineinander innerer und äußerer Bedingungen das sie speziell interessierende Sein und Tun der Person hervorspringe – aber sie erkannten nicht, daß all die anderen Gebiete sich an genau derselben Frage abmühten und daß eine grundsätzliche Antwort von philosophischer Allgemeinheit darauf gegeben werden müsse.

Diese Antwort muß aber auch von einem anderen Fehler frei sein, dessen sich fast alle spezialistischen Lösungsversuche des Mensch/Welt-Problems schuldig machten, der Einseitigkeit. Man kannte nur ein Entweder-Oder. Entweder: die menschliche Persönlichkeit ist wesentlich innenbestimmt; oder: sie ist wesentlich außenbestimmt. Jener Standpunkt heiße Nativismus, dieser Empirismus. Der Nativismus betont den Binnenfaktor der Angeborenheit: Werde, was du bist. Der Empirismus hebt einseitig den Außenfaktor des Umwelteinflusses hervor: Empfange, damit du werdest. Der Nativismus beruft sich auf die Ergebnisse der Vererbungsforschung, der Empirismus auf die der Milieuforschung. Dieser Gegensatz zieht sich durch alle Einzelgebiete. Den Erkenntnisvorgang läßt der Nativismus aus der inneren Fähigkeit der Vernunft, der Empirismus aus der Aufnahme äußerer Erfahrungen hervorgehen. Jener glaubt an die Starrheit der erblich überlieferten Charaktereigenschaften, dieser an die Schaffung und Formung der sittlichen Kräfte durch Lehre, Vorbild, Belohnung und Bestrafung. Jener sieht in Verbrechen und Krankheiten vor allem Ergebnisse erblicher Belastung, dieser Ergebnisse sozial ungünstiger Verhältnisse. Jener erklärt das geschichtliche Werden der Völker und die Eigenart der großen historischen Persönlichkeiten aus nationalen und Rasse-Eigenschaften, dieser aus den wirtschaftlichen Umständen und den politischen Konstellationen. Jener weist die Aufgabe des Pädagogen in eng begrenzte Schranken, da ja an den einmal gegebenen Grundformen der Persönlichkeit nichts geändert werden könne; dieser berauscht den Erzieher durch Verkündung seiner Allmacht, da es nur auf die rechte Einwirkung ankomme, um den Menschen wissend und könnend, tugendhaft und glücklich zu machen. Immer derselbe Gegensatz, aber in tausendfacher Verkleidung; und immer die naive Meinung, das Verhältnis des Innen- und Außenfaktors müsse sich durch eine *quantitative* Abstufung, ein Überwiegen des einen oder des anderen aussprechen lassen. Bemerkte man nicht, daß hier für das *allgemeine* Problem Mensch/Welt dieselbe Lage besteht, wie sie ein Kant bezüglich des *Erkenntnisproblems* Mensch/Welt vorfand? Das war ja doch die große Tat Kants, daß er die Einseitigkeiten des Nativismus (hier Rationalismus genannt) und des Empirismus überwand durch *eine qualitative Auffassung des Verhältnisses von Innen und Außen:* das Apriori und das Aposteriori gehören zusammen als Bedingungen alles Erkennens, weil sie qualitativ verschiedene, sich notwendig ergänzende Momente des Erkenntnisprozesses ausmachen; erst durch ihre Gemeinsamkeit kommt Erkennen zustande.

Erkennen aber ist nur *eine* Äußerung persönlichen Lebens; den Schritt, den die kritische Erkenntnistheorie für das begrenzte Gebiet des Erkennens tat, muß der kritische Personalismus für alle Seins- und Tatformen persönlichen Lebens machen: er muß allgemein den Nativismus ebenso wie den Empirismus überwinden durch die Thesen des „*Konvergismus*". Diese lauten [...][69]: 1. An jedem

---

69 Verweis auf Stern 1918d, S. 100 ff.

wirklichen Sein und Tun der Person ist Innen- und Außenfaktor, Vorwelt und Umwelt zugleich beteiligt. Und zwar nicht in Gegensätzlichkeit oder in gleichgültigem, unorganischem Nebeneinanderbestehen, sondern in einem Sich-Bedingen und -Fördern derart, daß das eine ohne das andere gar nicht denkbar wäre. Die irreführende Fragestellung: „Ist dies oder jenes Merkmal der Person angeboren oder erworben?" muß ersetzt werden durch die allein zutreffende Frage: „Was an diesem Merkmal ist angeboren, was an ihm ist erworben?" 2. Bei diesem gegenseitigen Sichbedingen ist es nicht mehr möglich, das Verhältnis beider Faktoren als Rangordnung des mehr oder weniger wichtig anzusprechen. Wir fragen nicht mehr: Von welchem Grad? sondern: Von welcher Art sind die Anteile, welche die innere Bestimmung einerseits, die Umwelt andererseits an dem Zustandekommen persönlicher Taten und Beschaffenheiten haben? 3. Indem wir „Taten" und „Beschaffenheiten" scheiden, ist gesagt, daß die Konvergenz eine akute und eine chronische Wirkungsweise habe. Das, was die Person *in irgendeinem Augenblick* tut, ist niemals reines Schaffen von innen, aber auch niemals reines Empfangen von außen, sondern eine Kundgebung für die Art, wie die inneren Strebungen der Person in eben diesem Moment mit den äußeren Reizungen und Zielobjekten zusammentreffen. Das ist „akute Konvergenz". Aber auch die *Zuständlichkeiten,* die den dauernden Hintergrund des persönlichen Lebens bilden, sind nichts anderes als chronisch gewordene Ergebnisse eines fortwährenden Konvergierens zwischen den in der Person schon vorgebildeten Zustandsformen und den Einwirkungen der Welt. 4. Der Begriff der Konvergenz ist psychophysisch-neutral; er gilt ebenso für die physischen, wie für die psychischen, wie für die ungeschieden psychophysischen Taten und Zustände der Person. 5. An allen Konvergenztatsachen ist die Person als Ganze beteiligt und in ihrer teleologischen Einheit wirksam. Es ist also nicht ein äußeres Einzelgeschehen einem inneren persönlichen Einzelgeschehen eindeutig zuzuordnen; vielmehr steht zwischen ihnen die Person in ihrer Totalität und macht erst die Beziehung zwischen jenen beiden Einzelvorgängen begreiflich. Die Formel der Konvergenz ist dreigliedrig:

Persönliche Entelechie   Umweltbedingungen

Konvergenzergebnis
(Persönliche Tat oder Beschaffenheit).

Diese letzte These gibt den Leitgedanken der weiteren Betrachtung ab: Wie haben wir das zielstrebende Wirken der menschlichen Persönlichkeit aufzufassen, damit Konvergenz überhaupt möglich wird?

Trotz der Mannigfaltigkeit der von der Person ausgehenden Wirkungen ist sie doch als Kausalität ebenso ein einheitliches Ganzes, wie sie es als Zwecksystem ist. Denn alle Einzelprozesse und Tätigkeiten dienen der Tendenz und Fähigkeit der Person, sich selbst (d. h. das System ihrer Eigenzwecke) zu verwirklichen. Diese Tendenz und Fähigkeit – Entelechie genannt – ist auch zeitlich eine einheitliche; sie führt zur allmählichen Entwicklung einer „Lebenslinie", in deren stetigem Zuge erst alle Einzelerlebnisse, Taten und Zustände der Person ihre Stellung und Bedeutung erhalten. „Vor jedem steht ein Bild des, was er soll."

Aus dieser zeitlichen Einheit der Entelechie ergibt sich, daß sie auch dann als vorhanden gedacht werden muß, wenn sie im Augenblick nicht gerade offenkundig in Wirksamkeit tritt. Sie ist somit eine dauernde *„Disposition"*. Dieser Begriff der Disposition wird besonders wichtig, wenn wir ihn als Mehrzahl fassen. Denn als Vieleinheit zerfächert sich die Grunddisposition des Menschen zur Selbstbestimmung und Selbstverwirklichung in eine Anzahl von *Dispositionen,* die den vielen im Zwecksystem enthaltenen Teilzwecken entsprechen. Im Menschen sind lebendig zum Stoffwechsel, zur Atmung, zur Aufbewahrung von Eindrücken, zum Sichanpassen an neue Anforderungen, zu künstlerischem Genießen, zum Handeln usw. usw. – Wir können auf die Annahme dieser potentiellen in der Person dauernd vorhandenen Ursächlichkeiten nicht verzichten, trotz des inneren Widerstrebens, das uns von unserer mechanistischen Denkgewöhnung her beseelen mag. Physiologie wie Psychologie des Menschen haben zwar offiziell stets gegen die Annahme solcher „Lebenskräfte", „Seelenkräfte", „Vermögen" gekämpft, aber sie haben doch nicht vermeiden können, durch Hintertürchen immerfort derartige dispositionelle Ausdrücke und die dazu gehörigen Begriffe einzuführen. Wenn der Biologe von Reizbarkeit, Sensibilität, Motilität spricht, wenn der Psychologe von den Eigenschaften des Gedächtnisses, des Temperaments, des Charakters, von Graden der Intelligenz, den Typen der Begabung handelt, wenn der Jugendpsychologe die allmähliche Entfaltung kindlicher Anlagen verfolgt – so handelt es sich immer um dispositionelle Begriffe; und die Aufgabe der Philosophie kann sein, über sie hinweg zu gehen, als wären sie nicht vorhanden, sondern sie philosophisch rechtfertigen. Die vitalistische Wendung in der Biologie (Driesch, Reinke usw.) und die neuesten Strebungen in der Seelenkunde zur differentiellen Kindes-, Völker-Psychologie hin machen es endgültig nötig, dem Dispositionsbegriff in der Menschenforschung sein Recht einzuräumen. Jene Psychologie, die sich eng an das bloße Beschreiben und Zerlegen der aufzeigbaren seelischen Phänomene und den Nachweis ihrer gesetzmäßigen Verknüpfungen hält, und die aus Angst, in die verpönte „Vermögenslehre" zu verfallen, vermeidet von Fähigkeiten, Begabungen, Charaktereigenschaften, Talenten, Anlagen usw. zu sprechen – geht am Wesentlichsten im Menschen vorbei.

Freilich, so unentbehrlich der Dispositionsbegriff ist, so sehr muß er von den unwissenschaftlichen Schlacken der alten Vermögens- und Lebenskraftlehre gereinigt werden, um einwandfreie Brauchbarkeit zu erhalten. Die Dispositionen sind zunächst nicht selbständige Geheimkräfte, nicht Seelchen innerhalb der Seele; denn sie sind ja nur Teilauswirkungen der einheitlichen Entelechie der Person, und darum ist jede in steter, mehr oder minder enger Wechselbeziehung (Korrelation) mit allen anderen. Wer von dem „Gedächtnis" eines Menschen spricht, darf nie vergessen, daß er damit aus seiner gesamten Entelechie jenen Teilstrahl künstlich herausschneidet, der sich auf einen bestimmten Teilzweck, nämlich das Verwerten früher dagewesener Erlebnisse, bezieht. In Wirklichkeit aber bestehen zwischen dem Gedächtnis, der Phantasie, der Intelligenz usw. eines Menschen Zweckzusammenhänge vielseitigster Art, da sie alle demselben Zweckganzen angehören. Bei diesem Ineinandergreifen der Dispositionen verwaschen sich wiederum die Grenzen zwischen Psychischem und Physischem. Nicht nur daß zwischen vorwiegend seelischen und vorwiegend körperlichen Dispositionsformen engste Korrelationen bestehen, es gibt sogar gewisse Grundformen der Disposition, die ausgesprochen psychophysisch neutral sind. Die „Mneme" ist die Disposition zur Erneuerung und Verwertung nicht nur seelischer, sondern auch körperlicher, kurz jeglicher früher dagewesenen Lebensprozesse. Das Temperament ist eine Disposition, die ebenso die Dynamik der Körperbewegungen wie die der Gemütsbewegungen betrifft usw.

Sodann sind die Dispositionen nicht starre und eindeutige Funktionsrichtungen, die, einmal gegeben, das Tun der Person ein für allemal restlos bestimmen, sondern sie sind *Potentialitäten* und bedürfen, um wirklich zu werden, einer *Ergänzung*. Diese Ergänzung liefert die Welt mit ihren Außenursachen und unpersönlichen Gesetzmäßigkeiten; und damit erst ist der Boden für den Tatbestand der Konvergenz gegeben. Es ist vielleicht eine der stärksten Zumutungen, welche der Personalismus an das Denken stellt, und doch kann sie nicht vermieden werden: jegliche in der Person waltende Disposition ist zwar auf Ziele gerichtet, aber dennoch *vieldeutig;* sie ist genau genommen nicht ein linearer Teilstrahl, sondern ein Lichtkegel, aus dem die äußeren Lebensbedingungen erst den bestimmten Strahl, jene Lebenslinie, herausschneiden, auf dem das persönliche Dasein wirklich verläuft. Die Disposition ist eine Kausalität mit *Spielraum;* innerhalb dieses Spielraums kann sie zu verschiedenen Auswirkungen führen, die ihr entsprechen, verschiedene Mittel verwerten, die ihr genügen. Erst das Zusammentreffen dieser Spielraumkausalität mit der Welt liefert den kausalen Gesamtkomplex der Bedingungen, der nun die persönliche Tat und persönliches Wesen eindeutig hervorspringen läßt. In diesem Sinne kann man die Konvergenz als *Vereindeutigung der persönlichen Entelechie* bezeichnen.

Wird diese Vereindeutigung in einem bestimmten Augenblick vollzogen, so sprechen wir von „akuter" oder *Tat-Konvergenz.* Diese kann in zwei Richtungen verlaufen, und daraus entspringen zwei Grundformen persönlicher Akte. Entweder geht der Prozeß von der Umwelt aus, welche durch ihr Auftreffen auf die

Person die in dieser ruhende Disposition zur Tat weckt; oder der Vorgang hebt damit an, daß die in der Person schlummernde Disposition von sich aus nach Betätigung drängt und sich hierzu der Umwelt bemächtigt. Im ersten Fall stellt sich der Umweltfaktor als „Reiz", die Person als „Reagent", der Akt als *Reaktion* dar. Im zweiten Fall wird die Person zum „Urheber", die Umwelt zum „Material" des Aktes, dieser selbst zur *Spontanaktion*. Indem wir diese beiden Tatformen einander gegenüberstellen, lehnen wir die Auffassung ab, die das ganze Leben des Menschen aus bloßen Reaktionen auf Reize (Selbsterhaltungen, Anpassungen, Einstellungen usw.) erschöpfend begreifen will. Vielmehr überlagert sich dieser bloßen Antworttätigkeit, in welcher der Mensch sein Verhältnis zur Welt zu behaupten sucht, jene von innen her quellende Tätigkeit, in welcher die Persönlichkeit ihr Verhältnis zur Welt zu eigenen Gunsten zu verschieben, der Welt neue Formen aufzuerlegen trachtet. Freilich, in keiner dieser beiden Tatformen herrscht der eine oder andere Faktor (der äußere bzw. der innere) absolut, sondern immer besteht wirkliche Konvergenz beider: auch dort, wo der Mensch reagiert, ist er nicht der Umwelt passiv hingegeben und preisgegeben, sondern er legt sein eigenes Sein in die Reaktion hinein, trifft eine spontane Auslese aus den Reizen, auf welche er reagiert usw. Und auch dort, wo er spontan agiert, ist er nicht selbstherrlicher Schöpfer aus eigenster Machtvollkommenheit, sondern gebunden und mitbestimmt durch den Stoff, an dem sein Tun angreift. Beide Tatformen gliedern sich wieder in mannigfache Unterarten, je nach der besonderen Zweckbeziehung, in welche Person und Welt durch sie gebracht werden; sie können hier nicht im einzelnen besprochen werden. Nur dies sei noch hervorgehoben, daß die höchste Form der Spontaneität die *„freie"* Handlung ist. Freiheit ist für den Personalismus nicht Kausalitätslosigkeit, denn im Augenblick des Geschehens ist *jede* Tat durch die Gesamtheit der Bedingungen eindeutig bestimmt. Frei ist vielmehr diejenige Handlung, bei welcher in diesem Zusammenwirken von inneren und äußeren Faktoren der Anteil der persönlichen Zielstrebigkeit ein Höchstmaß erreicht. Dies ist aber der Fall, wenn die Handlung eine optimale Verwirklichung der Entelechie erstrebt, oder anders ausgedrückt, wenn auch die fremden Ziele und Bedingungen im höchstmöglichen Maße in die eigene innere Zwecksetzung der Person aufgenommen sind. So ist jenes spezifisch menschliche Mysterium der Introzeption, das wir früher besprachen, von der kausalen Seite her gesehen, zugleich das Merkmal wahrer menschlicher Freiheit.

Aber die Konvergenz beschränkt sich nicht nur auf den einzelnen Augenblick der Tat, sondern greift über auf das Dauerwesen der Person. Die Dispositionen des Menschen sind somit nicht nur Bedingungen der Konvergenz, sondern auch deren Objekte; das Zusammentreffen einer Disposition mit Umwelteinflüssen wirkt auf die Disposition selbst zurück („chronische" oder *Beschaffenheits-Konvergenz*). So entsteht der Tatbestand der persönlichen Plastizität oder *Bildsamkeit,* das Betätigungsfeld der bewußten Erziehungs- und unbewußten „Milieu"-Einwirkungen.

Dies Feld ist enger als der Empirismus meint; denn den auf ihn einstürmenden Kräften steht der Mensch nicht nur als empfangender, sondern als antwortender gegenüber. Die Art, wie er sich plastisch gestaltet, ist nicht nur ein Erzeugnis des Meißels, sondern auch der eigenen Strukturbedingungen, die er dem Meißel darbietet. Wieder handelt es sich um ein Vereindeutigen der vieldeutigen Prädispositionen. Aber freilich, in dieser Vieldeutigkeit ist noch der weitere Spielraum der *möglichen* Gestaltungen und der engere Spielraum der *wertvollen* Gestaltungen zu unterscheiden; und so vermag denn der Außeneinfluß nicht nur die Unbestimmtheit der ursprünglichen Anlage zu bestimmter Wirklichkeit zuzuspitzen, sondern er kann auch durch Förderung und Hemmung, durch Beugung und Lenkung in sehr verschiedener Weise den Wertgehalt des schließlichen Ergebnisses determinieren. So gilt letzten Endes für den Menschen eine Konvergenzformel, in der die einseitigen Formeln des Empirismus und Nativismus […][70] zu neuer Einheit verknüpft sind: „Empfange, damit du werdest – was du bist!"

Nach dem Grade, in welchem eine Disposition diesem Vereindeutigungsprozeß schon unterworfen worden ist oder nicht, kann man zwei Dispositionstypen unterscheiden, die in Wirklichkeit allerdings nur die äußersten Grenzphasen eines kontinuierlichen Übergangs darstellen. Eine Disposition, die wesentlich vieldeutige Zukunftsanweisung ist, nennen wir „Anlage", eine Disposition, die durch Konvergenz mit der Welt bereits in festere Bahnen und konstantere Äußerungsweisen überführt ist, „Eigenschaft". Im Wesen der Anlage liegt es, bei ihrem Ins-Leben-Treten schrittweise eine Reihe verschiedener, dem Ziele langsam entgegenstrebender Phasen durchzumachen – deshalb ist der Anlagebegriff insbesondere für alle Jugendkunde eine Grundkategorie. Im Wesen der „Eigenschaft" liegt es dagegen, sich einer dauernden Fixation zu nähern. Nur zu nähern; denn selbst die erstarrte Manier, die eingewurzeltste Gewöhnung, die noch so selbstverständlich gewordene Routine – sie sind doch Teile eines persönlichen Lebens, das, solange es pulsiert, gewisse Reflexe seiner Beweglichkeit und Bildsamkeit auf alle seine Elemente überträgt. –

Ich kann an dieser Stelle nicht auf die praktisch-kulturellen Folgerungen dieser Konvergenztheorie des Näheren eingehen. Soviel versteht sich von selbst, daß sie ebenso die Bestrebungen abweist, die mit vorgefaßten Idealen aus dem Menschen „alles machen" zu können glauben, ohne zu beachten, daß seine Wesenheit und Selbstbestimmung den Resonanzboden für seine Beeinflussung bilden muß – wie jene anderen Bestrebungen, welche mit den angeborenen Eigenschaften als festen Größen rechnen, denen gegenüber eigentlich alles Beeinflussen umsonst ist. Für den Erzieher, den Politiker, den Kulturführer ist der Mensch weder ein Stück Wachs noch ein spröder Diamant, sondern ein Same, der innerhalb der vorbereiteten Entwicklungsmöglichkeiten bestimmt, gefördert, veredelt werden soll.

---

70 Querverweis auf S. 36 desselben Werks.

Darum ist die Behandlung von Menschen eine so ganz andere als die von Sachen, weil man bei jener mit der Konvergenz zu rechnen hat, bei dieser nicht. Und viele, die glänzende Organisatoren und Förderer sächlicher Kultureinrichtungen sind, müssen versagen, wenn sie das mechanische Sachprinzip auf die unmittelbare Personenbehandlung übertragen. „Wirke so auf den Menschen ein, daß nicht nur deine objektiven Ideale ihm aufgeprägt werden, sondern daß seine inneren Entwicklungsanlagen (Fähigkeiten, Willenstendenzen) im Sinne möglichster Wertsteigerung zu Eigenschaften (Fertigkeiten, Leistungsformen) vereindeutigt werden" – so heißt hier der kategorische Imperativ. Eine Reihe ethischer Forderungen, die sich eben jetzt im Bewußtsein der Menschheit geltend zu machen beginnen, erhalten so vom Personalismus her ihre philosophische Begründung: die Auffassung, daß vorhandene Anlagen eine Verpflichtung der Allgemeinheit bedeuten, daß geistige Schatzhebung getrieben und dem Tüchtigen freie Bahn gewährt werden müsse, daß jeder Mensch in Schule und Beruf an die Stelle zu führen sei, die seinen Dispositions-Richtungen und -Rüstungen entspricht.

Q4 William Stern (1920):
Psychologie und Schule (Auszug)

In: Zeitschrift für pädagogische Psychologie und experimentelle Pädagogik, 21, S. 147–152.

Die *Psychologie des Schülers* ist ein Teil der „Jugendkunde". Unter dieser verstehen wir die Wissenschaft von der Jugend in der Gesamtheit ihrer Erscheinungen; sie umfaßt also auch die Erforschung der kindlichen und jugendlichen Körperbeschaffenheit, der Gesundheit und Krankheit, der jugendlichen Kriminalität und Sozialität, der biologischen Erblichkeits- und der sozialen Umweltbedingungen, unter denen die Jugend steht. Aber immerhin bildet doch die Erforschung des jugendlichen *Seelenlebens* das eigentliche Zentralgebiet der Jugendkunde, schon deshalb, weil ja auch alle Einwirkung auf die Jugend den Weg über seelische Bahnen nimmt und seelische Formung zum letzten Ziel hat. Das jugendliche Seelenleben soll uns hier beschäftigen, soweit es das Schülerdasein, also das Jahrzwölft vom 7. bis zum 18. Jahre umfaßt. Man wird hier zunächst an diejenigen seelischen Vorgänge und Inhalte denken, die der Schüler *in seiner Eigenschaft als Schüler* zeigt. In der Tat muß sich ja dem Pädagogen vor allem die Frage aufdrängen, wie das Kind seelisch auf die Anforderungen der Schule reagiert und ihnen gewachsen ist, mit welchen geistigen Mitteln es die gestellten Aufgaben löst (z. B. auffaßt, auswendig lernt usw.), welche Begabungen und Interessen es dem Lehrgut und der Unterrichtsmethode entgegenbringt, mit welchen Regungen des Willens- und Gemütslebens die Schulzucht zu rechnen hat. Das Eingehen auf diese Fragen wird schon sehr dazu beitragen, dem Lehrer innerhalb der Praxis seiner täglichen Schularbeit jene erwünschte psychologische Einstellung zu erleichtern; er erkennt, daß nicht lediglich ein sachliches Objekt, das Lehrgut des Faches, auf den Schüler sachlich übertragen und von diesem rezipiert wird, sondern daß beseelte werdende Persönlichkeiten auf seine Tätigkeit reagieren und in diesen Reaktionen die Eigenart ihrer Entwicklungsstufe, ihres Geschlechts, ihrer Individualität zu bekunden suchen.

Aber immerhin – es sind doch auch nur *Reaktionen,* von denen wir eben sprachen; und es ist eine der Hauptthesen der neuen Persönlichkeitslehre, daß das Reagieren nur die eine Seite persönlichen Tuns und zwar die von außen her bestimmte, darstellt. Daneben und darüber erhebt sich die *Spontaneität,* das von innen quellende Tun; und sie ist noch viel tiefer im Wesenskern des Menschen verankert als das bloße Reagieren; sie steht diesem aber auch nicht schroff gegenüber, sondern durchtränkt es und verflicht sich mit ihm in mannigfacher Weise. Daraus ergibt sich für uns die Folgerung, daß wir das Seelenleben des Schülers nicht nur kennen lernen müssen, sofern es reagierend unter den Schulanforderungen steht, sondern auch in seinen natürlichen, ungezwungenen und unerzwungenen Betätigungen, in den inneren Gesetzmäßigkeiten der geistigen Entwicklung, im freien Spiel der Interessen und in den spontanen Regungen des Gemüts und Willens. Wollten doch die Pädagogen mehr, als es gewöhnlich geschieht, dieser Seite des Jugendlebens ihre Aufmerksamkeit zuwenden! Sie würden bemerken, daß die bloße Reaktion auf die unmittelbare Schuleinwirkung nur einen unvollständigen Ausschnitt aus der Schülerpsyche zur Erscheinung bringt und würden staunend ganz neue Seiten an ihren Schülern entdecken, die auch erst ein tieferes Verständnis für die im Unterricht bemerkten und oft falsch beurteilten Reaktionen vermitteln – so wenn sich zeigt, daß ein als „faul" geltender Schüler in Wirklichkeit mit zähem, unbeirrbarem Fleiß begabt ist, der sich aber nur auf einem Gebiet spontanen Interesses, etwa dem Basteln oder einer Kunstbetätigung oder der Hilfe im väterlichen Geschäft, zu betätigen vermag. Er würde endlich auch bei allen Organisationsfragen, Lehrplanfestsetzungen, Schulreformen usw. Rücksicht nehmen auf die spontanen Lebens- und Entwicklungsbedingungen der jugendlichen Seele und dadurch vermeiden, daß dem Kinde Stoffe und Methoden, die ihm innerlich fremd bleiben müssen, aufgezwungen werden. Damit soll natürlich nicht im entferntesten einem wild wachsenden Aufsprossenlassen der Kinderseele, etwa im Rousseauschen Sinn, das Wort gesprochen werden; Pädagogik darf nicht nur geschehen lassen – nichts wäre unnatürlicher als solche „Rückkehr zur Natur". Aber sie soll, indem sie spendet und fördert, erzieht und belehrt, stets sich dessen bewußt sein, daß sie nicht *gegen* die Schüler, sondern *mit* ihnen und mit den in ihnen ruhenden Kräften arbeiten soll, daß diese spontanen Strebungen und Anlagen nur darnach dürsten, verwertet und veredelt und damit selbst zu den stärksten Hilfsmitteln des pädagogischen Erfolgs erhoben zu werden.

Das Interesse der Schule am jugendlichen Seelenleben ist einerseits individualisierend, andererseits typisierend. Im ersten Falle handelt es sich darum, die einzelnen *Schülerindividualitäten* richtig zu erkennen und auf Grund dieser Erkenntnis richtig zu behandeln, zu würdigen, zu beraten. Eine solche individualisierende „Menschenkenntnis" ist ja auch ohne Wissenschaft möglich und nötig; sie kann aber durch Gesichtspunkte der psychologischen Wissenschaft erheblich vertieft und durch ihre exakten Beobachtungs- und Prüfungsmethoden bedeutend verfeinert werden. Im zweiten Falle gilt es, die für bestimmte Gruppen von Kindern oder Jugendlichen *gemeinsamen* Wesensmerkmale festzustellen, um darauf die für jene Gruppen bestimmten Unterrichts- und Organisationsmaßnahmen gründen zu können. So müssen wir die typischen Seelenbilder der verschiedenen Altersstufen kennen, um den Lehrplan durch die Schuljahre hindurch „entwicklungstreu" aufzubauen. Wir müssen die typischen Unterschiede und Übereinstimmungen der Mädchen- und Knabenpsyche studieren, um die Reform der Mädchenschulbildung nicht in einer geistlosen Nachahmung des Knabenunterrichts verebben zu lassen. Wir müssen die typischen Unterschiede der Begabungen nach Art und Grad untersuchen, um die besonderen Schuleinrichtungen für Unternormale, Normale und Übernormale, sowie für die verschiedenen einseitigen Begabungsrichtungen zweckentsprechend organisieren zu können. [...]

Aber die Psychologie des Schülers und die psychologischen Bedingungen des Unterrichts machen noch nicht das Ganze der seelenkundlichen Probleme aus, die uns die Schule stellt; die *Psyche des Lehrers* ist eine nicht minder wichtige Voraussetzung für das Gedeihen unseres Schulwesens. Merkwürdigerweise hat man bisher kaum bemerkt, daß hier eine Frage verborgen ist, deren Behandlung an Bedeutung der Erforschung der Schülerpsyche ebenbürtig ist. Wir hoffen, daß die Zukunft diese bedauerliche Lücke der pädagogischen Psychologie bald ausfüllen möge; und wir haben ein Recht zu dieser Hoffnung, da jetzt die Frage der psychischen Berufseignung zu einer der dringendsten unseres sozialen Lebens geworden ist.

Es ist eine elementare Forderung der heute unumgänglichen Menschenökonomie[71], daß in der beruflichen Gliederung unseres Volkes überall „der rechte Mann an die rechte Stelle" komme. Wenn jemand in einen Beruf eintritt, in dem er nicht sein Bestes zu leisten vermag oder in den er sich innerlich nicht hineingehörig fühlt, dann ist das nicht nur ein Unglück für das Individuum, sondern auch ein Kraftverlust für die Allgemeinheit und eine jahrzehntelange Schädigung derer,

---

71 Der Begriff der „Menschenökonomie" geht auf den österreichischen Philosophen und Soziologen Rudolf Goldscheid (1870–1931) zurück, der seit 1908/1911 mit seinem Konzept der Menschenökonomie und seiner Lehre vom „organischen Kapital" eine Programmatik vertrat, die er als Voraussetzung für seine Vision einer neuen Gesellschaftsordnung und des „Neuen Menschen" sah (Neef 2018).

die ihm von Berufs wegen anvertraut sind. Wendet man diesen Gesichtspunkt auf den Beruf des Pädagogen an, so entstehen die Fragen: Wer ist zum Lehrer innerlich geeignet? Welche Forderungen müssen an die Psyche desjenigen gestellt werden, der den Unterrichtsberuf ergreifen soll? Ganz befriedigend werden diese Fragen erst beantwortet werden können, wenn die eigentümliche seelische Struktur der pädagogischen Aufgabe und Tätigkeit vielseitig durchforscht sein wird. Aber eines darf schon jetzt hervorgehoben werden. Erziehung und Unterricht sind Tätigkeiten, in denen unmittelbar *Mensch auf Mensch* wirkt. Wenn auch stets ein Sachgebiet (Mathematik, Fremdsprache, Musik usw.) hier mitspielt – nie handelt es sich lediglich um Pflege, Bearbeitung und Übermittlung dieses Sachgebiets, sondern um seine Verwertung im Dienste werdender Persönlichkeiten; nicht die „Sache", sondern diese „Persönlichkeiten" selbst also, ihre geistige Bereicherung, ihre sittliche Vervollkommnung sind die eigentlichen Ziele der pädagogischen Tätigkeit. Daher wird zum Lehrer nur derjenige psychisch geeignet sein, *dem das Interesse am lebendigen Menschen und seiner Entwicklung noch höher als das Interesse an der zu übermittelnden Sache steht.* Damit ist nicht etwa ein Werturteil ausgesprochen, sondern nur eine psychologische Differenzierung festgestellt. Es gibt einen Menschentyp, der durchaus „sachlich" gerichtet ist: sein Interesse geht auf diejenigen Seiten der Welt, die er gegenständlich erforschen und analysieren, logisch bearbeiten, mechanisch beherrschen und organisieren kann. Und es gibt einen anderen Typ, dessen Neigung und Eignung vorwiegend „personalistisch" ist: in lebendige Wechselwirkung mit Menschen zu treten, sie nicht als bloße Objekte nach eigenen Wünschen zurechtzukneten, sondern sie unter Anerkennung ihrer persönlichen Wesenheit zu beeinflussen und zu fördern, ist ihm freudige Lebenserfüllung. Wer vornehmlich zum ersten Typ gehört, kann ein vorzüglicher Fachgelehrter, ein hervorragender Organisator werden – aber zum Lehrer, der zugleich stets ein Erzieher sein muß, wird er weniger geeignet sein.

2.3 „Wertphilosophie" – Leitgedanken der personalistischen Begabungsethik

In der *Wertphilosophie*, dem 1924 erschienenen dritten und letzten Band von *Person und Sache*, entwickelte Stern schließlich eine spezifische Begabungsethik, in deren Zentrum der „Berufungsgedanke" stand. Bereits im zweiten Band *Die menschliche Persönlichkeit* hatte er deutlich gemacht, dass Begabungsentwicklung „sowohl eine individual-ethische wie eine sozial-ethische Forderung ist" (Stern 1918d, S. 180).

Der personalistischen Begabungsethik lag der in der *Wertphilosophie* entfaltete zentrale Begriff der „Introzeption" zugrunde, der den Vorgang der inneren Aneignung von Werten umschreibt, die die Person umgeben. Introzeption obliegt der menschlichen Person als Lebensaufgabe im Sinne selbstverantwortlichen Handelns und verantwortlichen Handelns gegenüber anderen und der Umwelt. Hierdurch erweitert sie ihr Selbst zur je eigenen ideellen Persönlichkeit. Mit personaler Einzigartigkeit ist also eine besondere sittliche Verpflichtung verbunden. Die Person bedarf für ihre Ziele der Außenwelt und trägt umgekehrt Verantwortung für das, was sie von ihr empfangen hat. Dies sollte sich auch in verantwortlichem Handeln anderen Menschen und der Allgemeinheit gegenüber ausdrücken.

Stern zufolge gilt die Relation zwischen Begabung und Begabungsverpflichtung für alle Formen und Grade von Fähigkeiten. Die jeder Person gestellte „Auf-Gabe" ist die Anerkennung der eigenen „Be-Gabung" und deren Entwicklung und Pflege, verstanden als Vereindeutigung und bestmögliche Umsetzung des ihr eigenen Potentials in Wirklichkeiten. Zugleich ergeben sich aus unterschiedlichen „Begabungen" und Fähigkeitsgraden entsprechend zu differenzierende ethische Verpflichtungen und Forderungen. Das Wort „Vermögen" erhielt in diesem Zusammenhang eine doppelte Bedeutung sowohl als materieller als auch als innerer „Reichtum": Beide Formen sollten in entsprechende „Leistung" bzw. in wertvolles „Können" überführt werden.

Das Wirksamwerden innerer Normen wird Stern zufolge durch äußere Faktoren wesentlich bestimmt. Der Leitidee der individuellen Begabungsverpflichtung stellte er die staatlich-gesellschaftliche Pflicht gegenüber, die Heterogenität menschlicher Begabungen anzuerkennen und für deren Pflege und Förderung Sorge zu tragen. Die Allgemeinheit sei zur „geistigen Schatzhebung" verpflichtet. Die von Stern erhobene Forderung einer „Ethisierung" der Begabungen schloss zwei Extreme aus: Zum einen war sie mit einem ausschließlich an den Vorteilen des begabten Individuums ausgerichteten Begabungsverständnis nicht vereinbar; der Einzelne hatte seine Begabungen im Interesse des Allgemeinwohls und des gesellschaftlichen Fortschritts einzusetzen. Zum anderen gehe aber auch eine bloß an zweckhaften ökonomischen Überlegungen orientierte Auslese fehl, die die personale Bedeutung und Sinnhaftigkeit individueller Begabungen missachte. In diesem Zusammenhang übte Stern Kritik an einer Personalauswahl und einem Wissenschafts- und Wirtschaftssystem, die den Selbstzweck der Person außer Acht lassen und diese für fremde Zwecke instrumentalisieren würden. Dies war auch eine deutliche Kritik an den Vertreterinnen und Vertretern der Psychotechnik (vgl. auch Kapitel 5.5).

Q5 William Stern (1924): **Wertphilosophie (Auszug)**

Person und Sache. System des Kritischen Personalismus. Dritter Band: Wertphilosophie. Leipzig, S. 449–457.

Berufung

1. Die idiozentrische Norm.

Wenn noch etwas zu sagen übrig bleibt, so kann es sich lediglich beziehen auf das Ich in der *Besonderheit* seiner Bestimmung. Aber ist darüber denn noch etwas sagbar? „Individuum ineffabile" gilt auch für das *sollende* Individuum. Was es soll, ist die Gestaltung des ganzen Lebens, nicht diese oder jene Verhaltensweise, Handlung, Werkleistung. Die Egozentrik wird also hier zur *Idiozentrik*; d. h.: in der Stellung des Ich zu den Werten bildet nicht nur jedes Ich das Zentrum seines Wertkosmos, sondern es ist zugleich als dieses Zentrum einzig und unvergleichlich und *gibt daher auch seiner sittlichen Selbstbestimmung die Note der Einzigkeit und Unvergleichbarkeit*. Individualität ist nicht nur Tatsache, sondern Verpflichtung. Verpflichtung freilich nicht als enge ver-ichende Selbst-Sonderheit, sondern als mikrokosmische Selbstwertgestaltung.

Aber: Individualität ist eben Tatsache *und* Verpflichtung *zugleich*. Und damit ergibt sich noch einmal *innerhalb* jeder Individualität eine letzte Relation. Auch diese ist als Norm aussprechbar, welche nun durchaus individualisierend ist; sie heiße die „idiozentrische Norm": *Verwirkliche deine Berufung!*

„Berufung" ist die Soll-Struktur eines Ich, wie sie herauswächst aus der Ist-Struktur. Oder auch in umgekehrter Beleuchtung: Berufung ist die Rechtfertigung der tatsächlichen Gegebenheit eines Ich durch die Ziele, die vermittels jener Gegebenheiten erreicht werden können.

Wir hatten oben entwickelt, daß die für ein Ich geltenden normativen Bestimmungen nicht abstrakt in der Luft schweben, sondern mit den formativen Bestimmungen des Ich in Zusammenhang stehen. Betrachten wir diese formativen Bestimmungen näher, so gliedern sie sich in die „Rüstungs"- und „Richtungs"bestimmungen, und jede von diesen wieder in innere und äußere Bestimmungen.

Rüstungsbestimmungen oder *Potenzen* sind solche, welche dem Ich die Ausrüstung geben zu Wirkungsmöglichkeiten; es sind die *Mittel*, durch welche es lebt, handelt und schafft, sich gestaltet. Sie sind, sofern sie von der Umwelt her dem Ich zugetragen werden, äußere Zurüstungen, wie Stand und Besitz; sofern sie im Ich selbst ihre Quelle haben, innere Zurüstungen oder „Rüstungsdispositionen" [...]⁷²: also Fähigkeiten.

Richtungsbestimmungen oder *Tendenzen* sind solche Bestimmungen, die dem Leben des Ich *Ziele* setzen. Sie sind äußere oder Zwangstendenzen, wenn eine Umweltmacht einfach die Richtung des Handelns und Schaffens vorschreibt; sie sind innere Tendenzen oder „Richtungsdispositionen", wenn dem Ich selbst eine *Ziel*gerichtetheit immanent ist.

Diese vier formativen Bestimmungen bilden nun die Ist-Struktur und damit die Keimzelle, aus der sich die Soll-Struktur jedes Ich, seine Berufung, entwickelt. Nicht daß dies idiozentrische Soll als einfache mechanische Folge aus den Formbestimmtheiten hervorginge – das wäre ja ein Müssen und kein Sollen mehr, widerspräche der Freiheit, die im Sollbegriff steckt. Wohl aber kann sich jenes Soll nicht *ohne* Bezugnahme auf die formativen Bestimmungen gestalten. Diese Bezugnahme unter Wahrung der Freiheit ist möglich durch die Vieldeutigkeit der Potenzen und Tendenzen. Ob äußerlich als Wirkungsmittel und Richtungsvorschriften, ob innerlich als Rüstungs- und Richtungsdispositionen – stets lassen diese Bedingungen des tatsächlichen Ich-Seins einen Spielraum des Tuns, innerhalb dessen nun die Freiheit des *Soll* ihre rechtmäßige Stelle hat. Die idiozentrische Berufung erhält wohl ihre Färbung, allgemeine Zielsetzung und Begrenzung von den formativen Bedingungen, unter denen das Ich steht; aber sie vermag innerhalb dieser Grenzen wieder auf jene Bedingungen zurückzuwirken, sie zu vereindeutigen und zu pflegen, zu veredeln und zu läutern, zu betonen oder zu hemmen.

2. Können und Sollen.

a) Allgemeine Beziehung von Können und Sollen. –

Die Relation von *Potenz* und Berufung läßt sich so aussprechen: Jedes Ich ist zu solchen Aufgaben berufen, auf welche seine (äußeren und inneren) Potenzen hinweisen, und hat diese Aufgaben mit dem Maß, der Form und der Akzentuierung seiner Potenzen in Einklang zu bringen. Und umgekehrt: jede (äußere und innere) Potenz, über die ein Ich verfügt, erhält ihre letzte personale Bedeutung erst durch das Sollen, in dessen Dienst sie tritt, und ihre sittliche Rechtfertigung erst dadurch, daß sie im Sinn der Berufung betätigt wird. Der obige Gedanke ist für die *äußerlichen* Potenzen schon früher oft vertreten worden, wenn auch stets in offenem oder ausgesprochenem Gegensatz zur Gleichheitsethik. „Noblesse oblige" bedeutet ja, daß die Vor-Rechte des Adels, auch Vor-Pflichten sind; und fast selbstverständlich erscheint es, daß der *Reichtum* den Reichen besondere Aufgaben

---

72 Verweis auf die Gegenüberstellung von Rüstungs- und Richtungs-Dispositionen in Stern 1918d, S. 83.

auferlegt. „Macht" und „Vermögen" sind ja in der Tat nur verschieden gefärbte Ausdrücke für „Potenz": wer auf Grund von Stand oder Besitz mehr als andere „vermag", soll auch entsprechend mehr leisten.

Die entscheidende Bedeutung gewinnt aber der Gedanke erst durch seine personalistische Innenwendung, die eine Reihe von neuen Gesichtspunkten bringt.

Erstens: Die äußeren Potenzen erhalten ihre ethische Wertigkeit überhaupt erst dadurch, daß sie introzipiert, also zu inneren Bestandteilen der Seinsstruktur der Person werden: nur der, dessen ausgezeichneter Stand oder dessen weitgehende Verfügungsfähigkeit über wirtschaftliche Mittel zu einem Strahlwert der Persönlichkeit geworden ist, kann daraus auch Konsequenzen für seine Norm-Struktur ziehen, vermag sein – nun innerlich gewordenes – Können als Berufung zu erfassen.

Zweitens: Neben diesen ursprünglich äußeren Potenzen gewinnen nun jene Potenzen eine früher kaum bemerkte Bedeutung, die von vornherein innerlich sind – das sind die *Anlagen* der Person, mögen sie nun physische, psychische oder neutrale, mögen sie solche der intellektuellen, der Willens- oder der Gemütssphäre sein. Nicht nur Adel verpflichtet und Reichtum verpflichtet, sondern auch – und vor allem – *Fähigkeit* verpflichtet! *Gaben sind Aufgaben.*

Drittens: Dieser Satz „Gaben sind Aufgaben" erfordert eine doppelte Deutung. Er soll nicht nur ausdrücken, daß jedes Ich diejenigen Aufgaben als die ihm eigenen anzuerkennen habe, für die es durch seine Gaben prädisponiert ist, sondern zugleich, daß eine neue Aufgabe *dieser Gabe selbst* gilt. Die Gabe, die ja zunächst noch Vieldeutigkeit in sich enthält, soll in dem Sinn vereindeutigt werden, daß sie die in ihr liegenden Wertmöglichkeiten optimal in Wertwirklichkeiten umsetzt. Auch hier, bei den innerlich bedingten Begabungen, soll das bloße „Vermögen" zu werthaftem *Können* werden.

Viertens endlich führt diese Innenwendung des Berufungsgedankens dazu, daß die bloß quantitative Verschiedenheit der Berufungen und deren Reduktion auf eine kleine Anzahl (oft nur zwei) Stufen von sittlichen Forderungen ersetzt wird durch die ungeheure qualitative Mannigfaltigkeit idiozentrischer Berufungen, eine Mannigfaltigkeit, die gleicher Größenordnung ist, wie die Mannigfaltigkeit der des Sollens fähigen Personen überhaupt.

b) Differenzierung der Berufungen. – Die personalistische Berufungsethik tritt in anscheinend schroffen Gegensatz zu Kant. Dieser hatte gesagt: „Du kannst; denn du sollst." Hier wird dagegen gesagt: „Du sollst; denn du kannst" – aber zugleich, ergänzend und rechtfertigend: „Du kannst, *damit* du sollst". In Wirklichkeit liegt hier kein Widerspruch vor, sondern nur die Heraushebung verschiedener Seiten der ethischen Forderung.

Kants Ethik gibt, wie wir früher sahen, als Gleichheitsethik die Bestimmung der sittlichen Mindestforderung. „Du kannst, denn du sollst" – nur das allgemein

Menschliche, was du „*als Mensch überhaupt*" können mußt. Wer dies Sollen nicht „kann", hört auf, Mensch zu sein. Dieser Mindestforderung aber überlagert sich die idiozentrische Höchstforderung: Du sollst – über das von jedem zu Fordernde hinaus – das, was du kannst. Du sollst es, *weil* gerade du es kannst, und nicht jeder andere es kann. Aus den unendlich großen und unendlich differenzierten Aufgaben, welche die zu deinem Wertkosmos gehörigen Normanten stellen, gelten dir insbesondere diejenigen, denen keimhafte Möglichkeiten in dir entgegenstreben.

Ähnlich ist das Verhältnis der personalistischen Berufungsethik zu jenen Bestrebungen zu fassen, welche zwar bereits eine Differenzierung der ethischen Verpflichtung nach dem Können anerkennen, diese aber auf eine begrenzte Zahl von Stufen oder Typen bringen. Es werden dann „Moralen" in der Mehrzahl aufgestellt – wobei die Gesichtspunkte der Einteilung ganz heterogene sein können. So ordnet z. B. Platon in seinem Idealstaat den drei Ständen, die ja nach ihren Fähigkeiten geschieden waren, verschiedene sittliche Aufgaben zu. – Eine besondere Art dieser groben Differenzierung besteht darin, daß man die sittliche Minimalforderung und die Maximalforderung auf verschiedene Menschengruppen verteilt: für die *Masse* sollen lediglich die allgemeinen Mindestansprüche gelten, während wenigen *Auserlesenen* auch ungewöhnliche sittliche Pflichten – und meist auch ungewöhnliche Rechte – zugesprochen werden. So schied schon Schopenhauer zwischen der alltäglichen Mitleids- und der, nur seltenen Geistern zugänglichen, Büßer-Moral. Nietzsche hat in der Gegenüberstellung von Sklaven- und Herrenmoral diesen ethischen Aristokratismus am schärfsten ausgebildet. Schließlich klingt in der heute viel erörterten Formel von der Auslese der Tüchtigen oft genug auch der Gedanke an, als ob einer gleichförmigen Masse eine kleine Minderheit gegenüberstehe, welcher die aus der Hochbegabung hervorgehende Sonderverpflichtung und Sonderberechtigung zuzuerteilen sei.

Die personalistische Berufungsethik ist mit diesen Gedanken nicht identisch; sie nimmt sie aber als *Momente* in sich auf. Wir hatten schon früher hervorgehoben, daß jeder Normant infolge seiner inneren Differenziertheit auch differenzierte Aufgaben setzt, mit denen er sich an bestimmte Personengruppen (z. B. diejenigen eines Standes) wendet. Es ist ebenso richtig, daß in den Begabungsstrukturen der Menschen Übereinstimmungen bestehen, durch welche eine Vielheit von Menschen gemeinsam zu gleichförmigen Aufgaben prädestiniert erscheint. Diese Übereinstimmungen aber können den verschiedensten Geltungsumfang haben; und deshalb gibt es nicht nur ein grobes Nebeneinanderbestehen von zwei oder einigen wenigen Berufungsformen („Moralen"), sondern zarteste Abstufungen im Grade der Allgemeinheit. Neben solchen Berufungen, welche den allgemein menschlichen Minimalforderungen noch ganz nahe stehen (etwa die Berufung zu wirtschaftlich fördernder Arbeit der Hände), gibt es solche, die nur für kleinere Kreise gelten (Berufung zur Führerschaft, zur wissenschaftlichen Forschung), und endlich solche, die nur ganz seltenen Individuen zukommen (Berufung zum religiösen Heros, zum künstlerischen Genie, zum sittlichen Märtyrer).

Aber jeder derartige Versuch einer bloßen Gruppen- oder Stufengliederung greift nur gewisse Seiten menschlicher Berufungsmöglichkeiten heraus, in bezug auf welche Gemeinsamkeiten bestehen, übersieht jedoch, daß für das einzelne Ich alle seine Teilberufungen sich doch zur Einzigartigkeit *seiner* Norm-Struktur verdichten und zuspitzen, die idiozentrisch ist und bleibt, unbeschadet der engeren und weiteren Gemeinsamkeiten mit den Berufungen anderer Menschen. Und dies gilt auch unabhängig von dem *Grade* der Begabung. Der gering Begabte darf nicht wegen der Dürftigkeit seines Könnens meinen, daß ihm daraus nicht eigene Pflichten erwachsen; denn es gibt überindividuelle Aufgaben, die nur durch ineinandergreifendes Dienen vieler eng begrenzter Kräfte lösbar sind. Der Mittelbegabte soll jene Wege suchen, wohin ihn seine stärksten und aussichtsreichsten Fähigkeiten weisen, und soll an der Ausbildung dieses seines Könnens arbeiten. Der Hochbegabte darf seine reichen Schätze nicht als Privatbesitz behandeln, den er brachliegen lassen oder verschwenden kann; er darf sich in seinen Fähigkeiten nicht nur spiegeln oder mit ihnen spielen; denn sie sind zugleich eine Schuld an die Allgemeinheit [Fußnote: „Jedes Talent ist ein Eigentum der Nation, das ihr nicht entrissen werden kann" (Fichte).[73]], die für ihre verantwortlichsten Aufgaben, für ihre Fortschritte zu neuen Entwicklungsphasen der Führer und der Schöpfer bedarf. Je höher eine Begabung, je ungewöhnlicher ein Können, um so größer ist *absolut* genommen der Inhalt der Verpflichtung, der mit ihr verbunden ist; aber die *Relation* zwischen Begabung und Berufung bleibt für alle Arten und Grade der Fähigkeiten in gleichem Maße bindend. [...]

Die *Ethisierung der Begabungen* ist ein Problem, das gerade in unserer Zeit eine besondere Bedeutung gewonnen hat; und obige philosophische Betrachtung kann als eine Selbstbesinnung gelten auf die Grundlagen von Bestrebungen, die in der Gegenwart noch verworren und schlagwortartig, dadurch zum Teil auch verzerrt, zum Ausdruck kommen, aber in ihrer Gesamtheit betrachtet doch eine wichtige Wendung in der ethischen Situation ankündigen. Die mannigfachen kulturellen, soziologischen, politischen Auswirkungen jenes Prinzips zu behandeln, ist hier nicht der Ort.

Auf zwei Gesichtspunkte soll aber doch wenigstens in Kürze hingedeutet werden.

Der Zusammenhang von Berufung und *Beruf* wird wieder im Kulturbewußtsein lebendig. Vielleicht gerade deswegen, weil die selbstverständliche formative Beziehung des Berufs zum Ich weithin verlorengegangen ist und nun die Wiederherstellung des Zusammenhangs als *Forderung* um so brennender wird. Jeder soll sich möglichst demjenigen Beruf widmen, zu dem er auf Grund seiner Eignung und Neigung befähigt ist. Je mehr der Beruf zu einer bloßen Erwerbsmöglichkeit wird, deren spezifische Form gar nichts mit den besonderen Potenzen und Tendenzen des

---

73 Das Originalzitat lautet: „und jedes Talent [...] ist ein schäzbares [!] Eigenthum der Nation, das ihr nicht entrissen werden darf" (Fichte 1808, S. 341).

Ichs zu tun hat, um so stärker muß jenes Postulat laut werden, das eines der wichtigsten Momente in der Norm-Struktur jedes Ich darstellt.

Da aber das Wirksamwerden einer Norm nicht nur von den inneren Potenzen – hier also der Berufseignung –, sondern auch von den äußeren mitbestimmt wird, so erwächst hier eine neue und große *sozial-ethische* Aufgabe für die Allgemeinheit. Staat, Volk, Gesellschaft, Wirtschaft haben nicht nur ein Anrecht auf die Begabungen, die in ihren Gliedern vorhanden sind, sondern auch die Pflicht, für deren Pflege, individuelle Ausbildung und optimale Verwertung zu sorgen. Gaben sind Aufgaben nicht nur für die Besitzer der Gaben, sondern auch für die Nutznießer. Die differenzierte Einheitsschule, welche jedem Kind die seinen Neigungen und Fähigkeiten angemessenste Ausbildung gewährleisten soll, die besonderen Einrichtungen für die Sorgenkinder und die Hoffnungskinder, die Berufsberatung, welche den rechten Menschen möglichst auf die rechte Stelle setzen soll, die Beseitigung von Standes-, Konfessions- und anderen Hemmungen, die selbst Hochbegabten den Zugang zu ihren Berufungs-Berufen verwehrt hatten – dies alles sind soziale Veranstaltungen im Sinne der Sozialethik der Begabungen.

Hier ist nun aber noch ein sozial-ethischer Interessenkonflikt möglich, in den wir offenbar durch gewisse Veranstaltungen der Gegenwart hinein gesteuert werden. Die *Nutznießung* der Begabungen für irgend eine überindividuelle Zielsetzung (Heeresdienst, wirtschaftliche Kraftausnutzung usw.) darf nie dazu führen, andere überindividuelle Ziele und vor allem die personale Bedeutung, welche die Begabung für jedes Individuum hat, außer acht zu lassen. Wenn ein industrieller Betrieb, etwa mit Hilfe psychotechnischer Konkurrenzauslese, die für diesen Arbeitszweig Befähigtsten zu erfassen sucht, so ist zwar zunächst eine Interessenharmonie wenigstens zwischen den beiden Nächstbeteiligten, dem Betrieb und dem ausgelesenen Individuum, wahrscheinlich. Aber selbst hier besteht keine volle Gewähr, daß dem Individuum sein Recht wird; denn vielleicht hat es noch ganz andere Gaben, die es zu einer anderen Lebensaufgabe berufen, aber bei jener Prüfung nicht in Betracht kamen. Noch stärker ist die Gefahr der Vernachlässigung anderer Interessen. Wenn ein großer Betrieb sich die für einen bestimmten Beruf Geeignetsten aus einer größeren Bevölkerungsmenge heraushohlt, so kann dabei die *Verteilung* der Tüchtigen auf verschiedene Organe der Wirtschaft und des Berufslebens in einer für das Allgemeinwohl unerträglichen Weise gestört werden. Endlich hat die Konkurrenzauslese lediglich Interesse an den aufzunehmenden Individuen, kümmert sich aber nicht um die Abgewiesenen, deren berufliche Eingliederung in den sozialen Organismus doch für diese selbst wie für die Allgemeinheit nicht minder wichtig ist.

Man darf demnach nicht nur fragen: welche Individuen eignen sich für den Beruf X und den Betrieb Y? – sondern auch: für welchen Beruf oder Tätigkeitszweig eignet sich dies Individuum A und jenes Individuum B? – Nur eine von rein wirtschaftlichen Interessenten unabhängige, psychologisch und soziologisch fundierte Berufs-Beratung und -Zuweisung vermag die so geforderte Verbindung der sozialen, wirtschaftlichen und persönlichen Interessen zu gewährleisten.

3 Die Anfänge der wissenschaftlichen Intelligenzdiagnostik und William Sterns Intelligenzkonzept

Die Entwicklung von Intelligenztests nach 1900 und deren Einsatz an Schulen ist im größeren Kontext der Schulentwicklung zu betrachten, die seit dem letzten Drittel des 19. Jahrhunderts durch eine enorme Expansion gekennzeichnet war. Durch die Ausdehnung des Volksschulwesens infolge der flächendeckenden Durchsetzung der allgemeinen Schulpflicht war die große Bandbreite an Intelligenz und Begabungen von Kindern und Jugendlichen augenscheinlich geworden (Reh et al. 2021, S. 8 ff.). Diese Entwicklungen sind in Deutschland, aber auch in Frankreich, der Schweiz und den USA beobachtbar.

Die inklusive Anstrengung des Staates, *alle* Kinder zu beschulen, stellte Lehrkräfte vor neue Probleme und pädagogische Herausforderungen. Nicht alle Kinder entsprachen den schulischen Anforderungen, wie die beklagten Schulabsenzen und der vorzeitige Schulabgang verdeutlichten. Der Blick von Pädagogen und Medizinern war dabei zunächst auf leistungsschwächere Kinder gerichtet. In diesem Zusammenhang entstanden im späten 19. Jahrhundert Hilfsschulen und die Berufsgruppe der „Hilfsschullehrer" (Moser 2013; Tenorth 2010).

Nach 1900 führte die badische Stadt Mannheim vor Augen, wie ein Schulsystem gestaltet sein konnte, das den unterschiedlichen Fähigkeiten von Schülerinnen und Schülern Rechnung zu tragen suchte. Das differenzierte Fördersystem, das der Gymnasiallehrer und Stadtschulrat Anton Sickinger (1858–1930), unterstützt durch den Mediziner und Heilpädagogen Julius Moses (1869–1945), an den dortigen Volksschulen eingeführt hatte, fand deutschlandweit und international große Beachtung (Reh et al. 2021, S. 14). Schon kurz nach 1900 hatte Sickinger differenzierte Förderklassen für schwächer und höher begabte Schüler eingerichtet. Deutschen Schulreformern galt das „Mannheimer System" als Vorbild, bot es doch ein frühes Beispiel für die geforderte Begabungsdifferenzierung und Individualisierung des Unterrichts, die mit der von zeitgenössischen Reformpädagogen verlangten „Zuwendung zum einzelnen Kind" einherging (Kirchhöfer 2013, S. 478).

Die Realisierung differenzierter schulischer Angebote war auch eine zentrale bildungspolitische Forderung von William Stern, die seine Arbeit an der Entwicklung intelligenzdiagnostischer Verfahren begleitete. Die gemessene kognitive Leistungsfähigkeit sollte die objektivierte Grundlage für Schulwahl und Förderung eines Kindes sein. Zur Verbreitung der neuen Intelligenztests trug insbesondere die Volksschullehrerschaft bei. So war etwa das *Institut für experimentelle Pädagogik und Psychologie* des Leipziger Lehrervereins mit Intelligenzforschung befasst

(Schubeius 1990, S. 123), dessen Tätigkeit durch die Gründung eines „Ausschusses für Begabtenprüfung" im Jahr 1918 auf ein stärkeres öffentliches Interesse traf. In Breslau war es zunächst der experimentelle Psychologe Hermann Ebbinghaus, der das Fundament für die pädagogisch-psychologische Diagnostik legte. Er hatte seit 1894 eine Professur für Philosophie an der Schlesischen Friedrich-Wilhelms-Universität inne und hat auch William Sterns wissenschaftliche Karriere entscheidend gefördert. Die Forschungen von Ebbinghaus im Bereich der Lehr-Lern-Forschung und die von ihm entwickelten Methoden fanden unter Pädagogen große Beachtung. Sein 1885 erschienenes Werk *Über das Gedächtnis. Untersuchungen zur experimentellen Psychologie*, in dem Ebbinghaus Lernen und Gedächtnisleistung erstmals mit experimentellen Methoden untersuchte, regte Wissenschaftler zu weiteren Forschungen an.

Für die Weiterentwicklung von Intelligenztests boten die Studien von Ebbinghaus wichtige Anregungen (Ingenkamp 1990). 1897 hatte er einen ersten Intelligenztest vorgelegt, der von der Stadt Breslau in Auftrag gegeben und an städtischen Schulen eingesetzt worden war. Im Mittelpunkt standen Satzergänzungstests, die die Kombinationsfähigkeit erfassen sollten, weil Ebbinghaus diese als die „eigentliche Intelligenztätigkeit" auffasste. Solche Lückentests gingen in später entwickelte Intelligenztests ein.

In der Folgezeit erhielt die Testentwicklung entscheidende Impulse von der französischen Forschung. Der Veröffentlichung des ersten standardisierten Intelligenztests durch Alfred Binet im Jahr 1905 waren intensive Voruntersuchungen vorangegangen, die Binet unter anderem mit seinen beiden Töchtern Madeleine und Alice durchgeführt hatte (Funke 2006, S. 27 f.). Binet war auch Präsident der Pariser Gesellschaft für Kinderforschung, was einmal mehr den Stellenwert verdeutlicht, den die frühe Kinderforschung für die entstehende Intelligenzdiagnostik hatte.

Der Binet-Skala lag der Gedanke zugrunde, mittels eines standardisierten und normierten Verfahrens eine objektive Grundlage für die an der gemessenen kognitiven Leistungsfähigkeit angepasste Beschulung von Kindern und Jugendlichen zu schaffen. Dabei lag das Augenmerk des ersten Tests auf der Prüfung leistungsschwacher Schülerinnen und Schüler, die laut einer 1904 erlassenen Anordnung des französischen Unterrichtsministeriums erst nach einer wissenschaftlichen Prüfung auf Sonderschulen überwiesen werden durften. Mit der Ausarbeitung der wissenschaftlichen Methodik für ein solches „Examen" war Binet beauftragt worden (Plaum 2018, S. 77 f.). Dabei tritt sein Motiv, den Unterricht für leistungsschwächere Schülerinnen und Schüler maßgeblich zu verbessern, bei der Rezeption Binets zuweilen in den Hintergrund.

3.1 „Die psychologischen Methoden der Intelligenzprüfung" – Sterns Auseinandersetzung mit der internationalen Testforschung und deren Weiterentwicklung

In seiner 1912 veröffentlichten Schrift *Die psychologischen Methoden der Intelligenzprüfung und deren Anwendung an Schulkindern,* aus der im Folgenden ein Auszug präsentiert wird (Q 6), legt Stern sein Intelligenzkonzept dar und diskutiert die Anwendung von Intelligenzprüfungen in der Schule. Diese Monografie war die erste zu dieser Thematik und wurde in der Folgezeit mehrmals überarbeitet und erweitert (Stern 1916a, 1920a und 1928a).

Der von Alfred Binet gemeinsam mit seinem Kollegen Théodore Simon entwickelte Staffeltest, der in den ersten beiden Jahrzehnten den stärksten Einfluss auf die Intelligenzdiagnostik ausübte, wurde auch in Deutschland eingehend rezipiert. Im ersten Jahrzehnt nach der Jahrhundertwende setzte sich Stern intensiv mit der französischen Testforschung auseinander und entwickelte den Binet-Test weiter. Was „Intelligenz" ist und was „intelligentes" Verhalten ausmacht, waren zentrale Fragestellungen, die das Ehepaar Stern seit ca. 1905 in seinen Entwicklungstagebüchern (vgl. Kapitel 1) bearbeitete.

Zunächst stand William Stern den Testverfahren Binets jedoch ablehnend gegenüber. An seinen Berliner Studienfreund, den Freiburger Philosophen Jonas Cohn (1869–1947), schrieb er 1897: „Binet mit seinen ‚mental tests'[74] kommt freilich sehr schlecht bei mir weg" (zit. nach Lück/Löwisch 1994, S. 24). Das Datum des Briefes belegt, dass sich Stern von Anfang an mit Binets Intelligenzuntersuchungen befasste, denn dessen wissenschaftliche Beschäftigung mit Themen des Schulunterrichts begann 1897 (Plaum 2018, S. 77). Bereits 1896 hatten Binet und sein Kollege Victor Henri (1872–1940) Verfahren vorgestellt, mit deren Hilfe Gedächtnisleistungen, Visualität, Vorstellungskraft, Aufmerksamkeit, Verständnis, Suggestibilität, ästhetisches Empfinden, Willenskraft, moralisches Bewusstsein, Motorik und räumliche Vorstellung geprüft werden sollten (Funke/Vaterrodt 2009, S. 18).

Seine Ablehnung der „französischen Methode" brachte Stern noch im Jahr 1906 in der Besprechung einer Untersuchung von Ernst Meumann[75] zur Anwendung von Intelligenzprüfungen in der Volksschule zum Ausdruck (Stern 1906a, S. 387).

---

74 Der Terminus „mental tests" stammt von dem Wundt-Schüler James McKeen Cattell, dem auch Binet kritisch gegenüberstand (Plaum 2018, S. 78).

75 Der Wundt-Schüler Ernst Meumann war der bedeutendste Vertreter der experimentellen Pädagogik und hatte große Bedeutung für die Begabungsforschung in Deutschland. Mit der Begabung von Kindern befassten sich seine *Vorlesungen zur Einführung in die experimentelle Pädagogik* (Meumann 1907). In der zweiten Auflage fand die Begabungsforschung eine noch intensivere Behandlung, stellt Meumann darin doch seine „Begabungslehre" in einem eigenen Band vor (Meumann 1913b; vgl. Drewek 1989, S. 396–400; Ingenkamp 1990, S. 110–115; Hopf 2004, S. 177–180; Drewek 2010, S. 168).

Dabei bezog er sich auf Meumanns Schrift *Intelligenzprüfungen an Kindern der Volksschule* (Meumann 1905). Die bisherigen Versuche, Unterschiede der Intelligenz von Kindern experimentell festzustellen, zeigten laut Stern, „wie unglaublich unklar und verworren bisher die Auffassung des Intelligenzbegriffes, und wie kritiklos die meisten der angewandten Untersuchungsverfahren" seien. Der Einschätzung Meumanns, dem zufolge den Binet-Tests künftig „eine sehr große Bedeutung" zukomme, könne er „nicht beistimmen" (Stern 1906a, S. 387).

Zu einer günstigen Einschätzung der in Frankreich entwickelten Tests gelangte Stern in der *Differentiellen Psychologie,* die einen ausführlichen Abschnitt über die Entwicklung von Intelligenztests enthält (Stern 1911a, S. 92 ff.). In Abgrenzung von den bislang höchst ungenauen und „willkürlichen" Versuchen zur Bestimmung der Leistungsfähigkeit von Kindern durch Ärzte und Pädagogen hob er nun „die unschätzbare Bedeutung" (ebd., S. 101) des Binet'schen Staffeltests hervor. Zugleich kritisierte er aber die zu grobe Angabe des ermittelten Wertes, der durch Subtraktion des Lebensalters vom Intelligenzalter bestimmt wurde, denn in Breslau war nach 1905 eine kritische Überprüfung und Fortentwicklung des Binet-Tests erfolgt.

Retrospektiv betrachtete Stern die Intelligenzforschung als Frucht „einer viel verzweigten Arbeit meiner selbst und meiner Schüler in Breslau und Hamburg" (Stern 1927, S. 155). An der Entwicklung von Intelligenzprüfungen waren Mitglieder der *Psychologischen Arbeitsgemeinschaft des Breslauer Lehrervereins* beteiligt (Stern 1916b, S. 202). In diesem Zusammenhang lernte der gebürtige Breslauer Lehrer Erich Hylla die neuen intelligenzdiagnostischen Verfahren kennen (Wolfradt 2017b). Durch William Stern machte Hylla außerdem die Bekanntschaft mit dem Breslauer Chemiker Otto Bobertag (Wolfradt 2017a), mit dem er in den 1920er Jahren eine Forschungsstelle am Berliner *Zentralinstitut für Erziehung und Unterricht* aufbauen sollte.[76]

Zum engeren Arbeitskreis zählten neben Hylla und Bobertag der Neurologe Joseph Prager (1885–1983), der in Breslau Medizin studierte. Später sollte er anlässlich des 100. Geburtstags von William Stern in einem Brief an dessen Tochter Eva Michaelis-Stern schreiben, dass er selbst „aktive [!] im Seminar an der Geburt des I.Q. mitarbeitete"[77].

---

76 Mit Intelligenz- und Begabungsforschung war Hylla auch in der Weimarer Republik und nach 1945 intensiv befasst (Hylla 1927). Neben seiner Tätigkeit am *Zentralinstitut für Erziehung und Unterricht* war er für das preußische Kultusministerium tätig, in das er 1922 berufen wurde. Nach seiner Entlassung 1933 folgten akademische Stationen in den USA; nach dem Ende des Zweiten Weltkriegs war Hylla im Auftrag der Amerikaner Berater für Erziehungsfragen. 1951 gründete er die *Hochschule für Internationale Pädagogische Forschung* in Frankfurt am Main (heute *Deutsches Institut für Internationale Pädagogische Forschung,* DIPF) und war ihr erster Leiter.

77 Brief von Dr. Joseph Prager an Eva Michaelis-Stern vom 15.5.1972. Jewish National and University Library, William Stern Archive, Dept. ARC, Ms. Var., 431 05 113.

Den bedeutendsten Anteil an der Breslauer Intelligenzforschung hatte Otto Bobertag, der einem 1909 gebildeten, mit Fragen der Differentiellen Psychologie befassten „Arbeitszirkel"[78] angehörte. Auf Anregung Sterns übersetzte er den Binet-Test ins Deutsche (Bobertag 1911b), erarbeitete eine komplette Übersicht der Arbeiten Binets (Bobertag 1909) und stellte mit Hilfe des Binet-Tests eigene Untersuchungen an (Bobertag 1911a). Bevor er in der Nachkriegszeit nach Berlin ans *Zentralinstitut für Erziehung und Unterricht* wechselte, wo er die Abteilung Testpsychologie leitete, war Bobertag auch am Stern-Lipmann-Institut (vgl. den Einleitungstext zu Kapitel 4) sowie kurzzeitig am Hamburger *Psychologischen Laboratorium* tätig.

Auch Stern führte mit dem Binet-Test Intelligenzuntersuchungen an schlesischen Schulen durch; Methodik und Anwendung von Intelligenzprüfungen waren Gegenstand seiner universitären Lehrveranstaltungen (Heinemann 2016, S. 242).[79] Außerdem behandelte er dieses Thema in der Vorkriegszeit auch in zahlreichen Schulungen und Fortbildungskursen für schlesische Lehrerverbände aus dem ländlichen Raum, z. B. in Liegnitz, Görlitz oder Schweidnitz, wo er schwerpunktmäßig Kenntnisse über das Kindes- und Jugendalter sowie Inhalte der Pädagogischen Diagnostik vermittelte.

Sein ausgeprägtes Engagement für die Fortbildung der Volksschullehrerschaft verband sich dabei mit der Aufgeschlossenheit dieser Berufsgruppe gegenüber schulorganisatorischen und pädagogischen Reformen (Geißler 2011, S. 280) und ihrem Interesse an wissenschaftlicher Fortbildung. Insbesondere das Interesse der seminaristisch ausgebildeten Volksschullehrer, die gegenüber den universitär ausgebildeten Lehrkräften höherer Schulen sozial und ökonomisch benachteiligt waren, an der Kinderpsychologie hob Stern hervor – ein Interesse, das im Kontrast zur mangelnden Beteiligung der an höheren Schulen unterrichtenden Lehrkräfte stand, die sich primär als Fachgelehrte verstanden.

Auch das bildungspolitische Ziel der Volksschullehrer nach akademischer Ausbildung unterstützte Stern. Die in Kooperation mit schlesischen Lehrerverbänden organisierten Vorlesungszyklen und Kurse brachten den teilnehmenden Lehrkräften neue wissenschaftliche Erkenntnisse der Kinder- und Jugendpsychologie nahe und ermöglichten ihnen eine intensive Auseinandersetzung mit der Begabungsdiagnostik und den Methoden der Intelligenzprüfung (Heinemann 2016, S. 86). Ein Jahr nach Erscheinen der *Differentiellen Psychologie* (Stern 1911a), die der wissenschaftssystematischen Einordnung des Themas diente, veröffentlichte Stern

---

78 Abschiedsworte von William Stern. JNUL, William Stern Archive, Bl. 5.
79 Neben Breslau gilt auch Hamburg bereits zu diesem frühen Zeitpunkt als Zentrum der Begabungsforschung. Ernst Meumanns damaliger Assistent Georg Anschütz fertigte eine Übersetzung der 1909 von Binet vorgelegten Schrift *Les idées modernes sur les enfants* an (Anschütz/Ruttmann 1912; zu Anschütz vgl. Guhl 2012). Zuvor hatte Anschütz ein Jahr bei Alfred Binet in Paris gearbeitet.

seine Schrift *Die psychologischen Methoden der Intelligenzprüfung und deren Anwendung an Schulkindern* (Stern 1912a / Q 6). Die Monografie war die erheblich erweiterte Fassung eines Sammelreferats, das Stern 1912 auf dem Berliner *Kongreß für experimentelle Psychologie*[80] gehalten hatte, und eine erste Gesamtdarstellung, die dem international kontinuierlich wachsenden Interesse am Thema Rechnung tragen sollte.[81] Stern integrierte auch schwer zugängliche Literatur und unterstrich in seiner Darstellung den Anwendungsbezug differentieller Forschung. Mit eingeflossen waren auch Arbeitsergebnisse aus den „seit einigen Jahren im Gange befindlichen Intelligenzprüfungen in Breslau" (Stern 1912a, S. III), teilweise noch nicht abgeschlossene Studien von Mitarbeitenden und Erfahrungen aus den Übungen des Breslauer psychologischen Seminars.

In seiner Darstellung rückt Stern verschiedene Schwerpunkte ins Blickfeld: Neben der kritischen Diskussion bislang entwickelter Testverfahren zur Feststellung der Intelligenz und ihrer methodischer Mängel stellt er sein eigenes Intelligenzkonzept vor und macht Vorschläge zur Weiterentwicklung von Intelligenzprüfungen, deren sachgemäßen Einsatz an Schulen er als „eines der aussichtsreichsten Gebiete der angewandten Psychologie im eigentlichsten Sinne des Wortes" (ebd., S. IV) betrachtet.

Als wichtige Resultate seiner bisherigen Intelligenzforschung führt er seinen teleologischen Intelligenzbegriff und die Berechnung des Intelligenzquotienten (ebd., S. 55) ein. Diese als „IQ" bekannt gewordene Formel zeigt das Verhältnis des Intelligenzalters eines Kindes zum Lebensalter an und ergibt sich aus der Division des Intelligenzalters durch das Lebensalter. Diese Fortentwicklung des Binet-Tests hielt Stern für erforderlich, um der größeren Bedeutung, die ein Intelligenzvorsprung oder -rückstand bei jüngeren Kindern im Vergleich zu älteren hatte, rechnerisch Ausdruck zu verleihen.[82]

Auch die Entwicklung von Testserien, die die unterschiedlichen Teilfunktionen der Intelligenz berücksichtigen, ist laut Stern eine notwendige Weiterentwicklung der Intelligenztests. Die Prüfungen dürften sich nicht nur auf ein Merkmal beschränken, wie etwa die Lückenergänzungstests von Ebbinghaus, die die Kombinationsfähigkeit in den Blick nahmen. Aus der bestehenden, fast unüberschaubaren Fülle an Aufgaben müsse eine sorgfältige Auswahl getroffen werden, die Tests müssten geeicht werden.

---

80 Die 1904 in Gießen gegründete *Gesellschaft für experimentelle Psychologie* war die Vorläufergesellschaft der *Deutschen Gesellschaft für Psychologie*, die seit 1929 unter diesem Namen firmiert.
81 Zwei Jahre später erschien das Werk auch in einer Übersetzung des amerikanischen Psychologen Guy Montrose Whipple (1876–1941) unter dem Titel *The Psychological Methods of Testing Intelligence* (Stern 1914b) in den USA.
82 Lewis M. Terman übernahm Sterns Konzept des Intelligenzquotienten und stellte 1916 den Stanford-Binet-Test vor, der eine Multiplikation des IQ mit dem Wert 100 vorsah (Terman 1916; vgl. Tschechne 2010, S. 104 f.).

An die Adressatinnen und Adressaten des Buches gewandt – in erster Linie Lehrkräfte, aber auch Angehörige von Schulbehörden, Schul- und Kinderärzte sowie Vertreter der Fürsorge –, macht Stern deutlich, dass die Testforschung noch im Werden begriffen ist. Er betont „die große Wichtigkeit und Fruchtbarkeit" von Intelligenzprüfungen (Stern 1912a, S. IV) und warnt zugleich vor einer voreiligen und unkritischen Anwendung der Tests. In seinem Vorwort stellt er die Relevanz seiner Forschungen für die „Normalpädagogik" heraus und schließt durch diese Schwerpunktsetzung eine Verengung auf die „Hilfs- und Heilpädagogik" aus.

Sterns Intelligenzdefinition in der Einleitung grenzt Intelligenz durch die Formulierung „neue Forderungen" (Stern 1912a, S. 3) vom Gedächtnis ab. Mit dem Begriff der „Anpassung" unterscheidet er Intelligenz von Genialität, die eine „Neuschöpfung" (ebd., S. 4) bewirke. Intelligenz, die sich als Faktor höherer Leistungsfähigkeit auf das Gesamtverhalten des Menschen beziehe, sei außerdem vom Talent bzw. „Spezialtalenten" zu unterscheiden, die sich lediglich auf ein Teilgebiet erstreckten. Damit Intelligenz in Leistung umgesetzt werden könne, seien Willenseigenschaften, Aufmerksamkeit, Anstrengungsbereitschaft und Übung erforderlich. In diesem Zusammenhang kritisiert Stern die Unzulänglichkeiten der psychiatrischen Intelligenzdiagnostik, die Gedächtnis und Intelligenz verwechsle und deren „Prüfungen" in Wirklichkeit Kenntnis- und keine Intelligenzprüfungen seien.

Lehrkräfte neigten laut Stern zu einer Verwechslung von Intelligenz und Talent, indem sie die hohe Leistungsfähigkeit von Schülerinnen und Schülern in einem bestimmten Fach mit allgemeiner hoher Intelligenz gleichsetzten. Im Unterschied zur Schulprüfung, die auf äußere Leistungseffekte setze, bedürfe es eines psychologischen Intelligenzmessverfahrens, das „einen Index der inneren Veranlagung des Kindes, seiner geistigen Reife und Fähigkeit" biete (Stern 1912a, S. 7). Ein solcher Test könne bei Aufnahmeprüfungen und im regulären „differenzierten" Schulunterricht sinnvoll angewandt werden, aber auch im Kontext der von Stern eingebrachten Idee einer nach psychologischen Gesichtspunkten strukturierten Neugliederung des Schulwesens (ebd.). Diese sah z. B. die Schaffung eigener Klassen für „unternormal", „normal" und „übernormal" begabte Schülerinnen und Schüler vor (vgl. Kapitel 4.1).

Die Hoffnungen, die vor allem Pädagoginnen und Pädagogen mit den neuen Tests verbanden, dürften allerdings nicht zu einer Überbewertung und der irrigen Annahme verleiten, „durch die IP [Intelligenzprüfung] die Individualität eines Schülers in ihrer Totalbedeutung" erfassen zu können (Stern 1912a, S. 7). Als Fehlentwicklung beurteilt Stern die Anwendung von Intelligenztests in den USA, die z. B. im Staat New Jersey bei allen Kindern obligatorisch waren, die als geistig retardiert betrachtet wurden. Auch in Frankreich kam es nach 1909 zu einer institutionalisierten Anwendung von Tests an Schulen (Schubeius 1990, S. 122 f.).

In seiner Darstellung unterstreicht Stern auch, dass der verantwortungsvolle Einsatz von Intelligenztests „große Übung, psychologische Schulung, kritischen Geist" erfordere (Stern 1912a, S. 9) und unbedingt in professionelle Hände gehöre. Gegenwärtig bestünden noch völlig falsche Vorstellungen über die angebliche „Leichtigkeit" der Testanwendung. An dieser Stelle führt Stern sein Konzept des Schulpsychologen ein (vgl. ausführlich Kapitel 5.4), der die professionelle Handhabung von Intelligenztests im schulischen Bereich sicherstellen soll. Außerdem warnt Stern vor einer generellen Überschätzung der Testresultate, die „höchstens das psychographische Minimum" darstellten, „das eine erste Orientierung gestattet bei Individuen, die man sonst gar nicht kennt" (Stern 1912a, S. 9), und der Ergänzung durch psychologische, pädagogische und ärztliche Beobachtung bedürften.

Eine vergleichbare Position vertrat auch Alfred Binet, der „Urheber" des ersten Intelligenztests, der einen umsichtigen Umgang mit der Testdiagnostik anmahnte, die eine umfassende Beobachtung der Probandinnen und Probanden integrieren müsse (Plaum 2018, S. 80). Beide Forscher stimmten in der Forderung überein, die individuellen Besonderheiten des zu untersuchenden Kindes zu beachten (zu Binet vgl. Plaum 2018, S. 79). Wie Stern hob auch Binet hervor, dass der Test keine unveränderliche Fähigkeit messe, und ging vorsichtig mit Prognosen um (Lewontin/Rose/Kamin 1988, S. 67). Noch prononcierter als Stern ging Binet von der Beeinflussbarkeit der Intelligenz aus und folgte hierin John Stuart Mill (Freitag 2014, S. 283 f.), der den Einfluss von Umweltbedingungen und den hohen Stellenwert einer anregenden Umwelt für die Entwicklung geistiger Fähigkeiten unterstrichen hatte.

In der Folgezeit wurden die Intelligenzprüfungen auch angewandt, um Ergebnisse von Angehörigen unterschiedlicher sozialer Schichten (vgl. Kapitel 3.2) oder beider Geschlechter miteinander zu vergleichen. Besonderes Augenmerk legte Stern auf Forschungsergebnisse, die lediglich graduelle Intelligenzunterschiede zwischen den Geschlechtern festgestellt hatten. Vergleichende Untersuchungen hätten „keinen eindeutigen Vorsprung eines Geschlechts" ergeben (Stern 1916c, S. 293), so seine wissenschaftliche Positionierung (vgl. auch Stern 1926b). Jedoch seien qualitativ unterschiedliche „Begabungsrichtungen" von Mädchen und Jungen zu konstatieren (Stern 1916c, S. 293). Die daraus abgeleitete Annahme einer stärkeren Begabung von Mädchen für soziale Berufe müsse auch in der der Mädchenbildung Berücksichtigung finden.[83]

---

83 In diesem Zusammenhang kritisierte Stern die preußische Mädchenschulreform von 1907, die das höhere Knabenschulwesen mit der Einführung von Studienanstalten, die zum Abitur führten, lediglich „nachgeahmt" habe. Die Einrichtung von Frauenschulen selbst unterstützte Stern dagegen; ein bekanntes Beispiel ist die von Alice Salomon 1908 in Berlin gegründete *Soziale Frauenschule*. Eine entsprechende Ausbildung absolvierte auch Sterns älteste Tochter Hilde, die die von Gertrud Bäumer (1873–1954) in Hamburg geleitete *Soziale Frauenschule* besuchte, die Sozialpädagoginnen ausbildete.

Q6 William Stern (1912):
Die psychologischen Methoden der Intelligenzprüfung und deren Anwendung an Schulkindern (Auszug)

Sonderabdruck aus: Bericht über den V. Kongreß für experimentelle Psychologie / Berlin 1912. Leipzig, S. 2–10.

Begriff und Aufgabe der Intelligenzprüfung.

1. Intelligenz und Intelligenzprüfung.

Die neuere Experimentalpsychologie, welche anfing mit dem Studium der Sinneswahrnehmungen, dann überging zu dem der Vorstellungen und Gefühle, hat nun im letzten Jahrzehnt auch die eigentlich intellektuellen Funktionen zu bearbeiten begonnen. Und hier ist es bemerkenswert, wie gleichzeitig – wenn auch ziemlich unabhängig voneinander – die allgemeine, theoretische und die differentielle, angewandte Psychologie diesen Schritt taten. Dort entwickelte sich die Psychologie des Denkens, hier die Erforschung der Intelligenzunterschiede.

Mit dem zweiten Problem allein hat es unser Bericht zu tun, und wir müssen uns streng an diese Abgrenzung halten. Die Frage nach dem allgemeinen Wesen der I.-Tätigkeit, die Untersuchung der Phänomene, welche das Denken als solches konstituieren, dürfen wir getrost jenem anderen Zweige der Psychologie überlassen. Uns interessiert die I. nicht als Phänomen, sondern als *Anlage,* und zwar als eine Anlage, durch welche sich Mensch von Mensch *unterscheidet*. Und eine Intelligenz*prüfung* ist die Feststellung des Grades dieser Veranlagung in einem individuellen Falle.

Der hier öfter zu hörende Einwand, daß das Problem der I.-Diagnose überhaupt nicht erfolgreich bearbeitet werden könne, ehe wir nicht das allgemeine Wesen der I. genau kennen, ist meines Erachtens unzutreffend. In der Wissenschaft gibt es nicht ein so sauberes Nacheinander der verschiedenen Forschungsaufgaben. Wir messen elektromotorische Kraft, ohne zu wissen, was Elektrizität ihrem Wesen nach sei; und wir diagnostizieren so manche Krankheit, von deren eigentlicher Natur wir noch nicht viel wissen, mit sehr feinen Prüfungsmethoden. Ja, im Gegenteil: die Fortschritte der I.-Prüfung können ihrerseits von einer neuen Seite her zur Erhellung der theoretischen I.-Forschung beitragen und so die Denkpsychologie wertvoll ergänzen. Wenn sich nämlich zeigt, daß gewisse Symptome relevant, andere irrelevant für die Unterschiede der I. zwischen Mensch und Mensch sind, wenn sich ferner ergibt, daß eine Reihe von I.-Symptomen in enger Korrelation untereinander stehen, andere in weniger enger, so muß dadurch Schritt für Schritt auch unsere Kenntnis von der Struktur der I. im allgemeinen vermehrt werden; und so wird sich hier eine fruchtbare Wechselwirkung des Gebens und Nehmens entwickeln.

Allerdings können wir nicht ohne eine – wenn auch vielleicht nur provisorische – Begriffsbestimmung der I. an die Arbeit gehen. Hierbei müssen wir eine zu vage Fassung des Begriffs ebenso wie eine zu enge vermeiden.

Eine zu weite Bedeutung hat der Ausdruck bei manchen Psychiatern gewonnen. Sie verstehen darunter nämlich den Inbegriff der geistigen Leistungsfähigkeiten überhaupt, also aller derjenigen Eigenschaften, die nicht affekt- oder willensmäßiger Natur sind. Steht man auf diesem Standpunkt, dann sind selbstverständlich die Aufnahmen der Merkfähigkeit und der Lernfähigkeit, der Kenntnisse, der Aussage, der Unterschiedsempfindlichkeit ebenso integrierende Bestandteile einer IP., wie die Aufnahmen der Auffassung und Kombinationsfähigkeit, des Urteilens, Schließens, Definierens, Kritisierens usw.; und eine Frage, die für uns die wichtigste wird: nämlich inwiefern an jenen zuerst genannten Leistungen die eigentliche I. beteiligt sei, und ob und wie sie in ihnen symptomatisch hervortrete, wird dann sinnlos. Aber gerade der Fortschritt der IP. in ihren letzten Phasen gegenüber der wahllosen Aufnahme des psychischen Niveaus durch beliebige Fragen und Tests beruht darauf, daß wir die I. nicht nur gegen die Gemüts- und Willensbeschaffenheit eines Individuums abgrenzen, sondern ihr auch innerhalb der geistigen Funktionen einen deutlich umgrenzten Platz anweisen.

Diese schon jetzt notwendige Abgrenzung kann meines Erachtens nicht nach einem phänomenologischen, sondern nur nach einem teleologischen Gesichtspunkt vor sich gehen. Ich definiere nämlich:

Intelligenz ist die allgemeine Fähigkeit eines Individuums, sein Denken bewußt auf neue Forderungen einzustellen; sie ist allgemeine geistige Anpassungsfähigkeit an neue Aufgaben und Bedingungen des Lebens.

Die Definition scheidet die I. deutlich von anderen geistigen Fähigkeiten.

Das Merkmal des *Neuen,* auf welches die Einstellung erfolgt, trennt die I. vom *Gedächtnis,* dessen teleologisches Grundmerkmal die Bewahrung und Verwertung schon dagewesener Bewußtseinsinhalte ist.

Das Merkmal der *Anpassung* hebt immerhin die Abhängigkeit der Leistungen von äußeren Momenten (der Aufgabe, den Forderungen des Lebens) hervor; hierdurch unterscheidet sich die I. von der *Genialität,* deren Wesen auf spontane Neuschöpfung geht.

Das Merkmal der *Allgemeinheit* der Fähigkeit sondert endlich die I. vom *Talent,* dessen Charakteristikum gerade in der Begrenzung der Leistungsfähigkeit auf ein inhaltliches Gebiet besteht. Intelligent ist dagegen nur derjenige, der unter den verschiedensten Bedingungen und auf den verschiedensten Gebieten sich neuen Anforderungen geistig leicht anzupassen vermag. Ist das Talent eine materiale, so die I. eine formale Leistungsfähigkeit.

Ich hoffe, daß derartige Unterscheidungen dazu beitragen können, Verwechslungen zu verringern, die früher gang und gäbe waren. Noch ist es gar nicht so lange her, daß in der Psychiatrie „Kenntnisprüfungen" als Intelligenzprüfungen vorgenommen wurden – Verwechslung von Gedächtnis und I. Und noch heute findet man oft im Leben, in der Schule usw. die Verwechslung von I. und Talent; so hält ein Fachlehrer, der die spezielle Befähigung eines Schülers auf einem Gebiet (z. B. Mathematik) kennt, ihn leicht ohne weiteres für allgemein befähigt, also intelligent.

Nun möge man aber die Abgrenzung nicht auffassen als Aufstellung von lauter getrennten Vermögen (wie in der alten Vermögenstheorie). Es gibt z. B. nie ein isoliertes Funktionieren der I. für sich und des Gedächtnisses für sich, vielmehr ist jede Gedächtnisleistung mehr oder minder von I.-Funktionen durchsetzt und umgekehrt; über das Mehr oder Minder dieser Zusammenhänge kann nur die Korrelation der geprüften Symptome Auskunft geben. Aber eben wegen dieser Zusammengesetztheit jedes wirklichen seelischen Prozesses scheint mir obige Definition als *regulatives* Prinzip der weiteren Forschung unentbehrlich; irgend eine Wahrnehmungs-, Gedächtnis-, Aufmerksamkeitsleistung usw. ist zugleich eine I.-Leistung *insofern, als sie eine geistige Neueinstellung auf neue Anforderungen enthält.*

Eine letzte Einschränkung müssen wir noch dahin machen, daß wir nur diejenigen IP. behandeln, welche eine *Gradabstufung* zum Gegenstand haben. Dabei sollen die qualitativen Unterschiede der I.-Typen (analytisch-synthetisch, objektiv-subjektiv usw.) durchaus nicht gering eingeschätzt werden; es sei nur darauf hingewiesen, welche Bedeutung der Aufsatz als Prüfungsmittel für derartige Besonderheiten hat [Fußnote: Vgl. zu dieser Seite der I. den Sammelbericht und die Bibliographie […][84]]. An dieser Stelle sollen aber nur solche Verfahrungsweisen besprochen werden, auf Grund deren man von einem bestimmten Menschen sagen kann: seine Intelligenz hat einen solchen und solchen Grad.

Wie schon das Thema bekundet, soll in unserer Darstellung das Methodische durchaus im Vordergrunde stehen, wodurch auch dem gegenwärtigen Stand der Frage am besten Gerechtigkeit widerfährt. Denn auch die Bedeutung der bisher schon vorliegenden Ergebnisse beruht doch vor allem darin, daß sie geeignet sind, Winke für den Ausbau der Methodik zu geben.

2. Praktische Aufgaben der IP.

Da es sich hier nicht um Methoden zu rein theoretischen Untersuchungen handelt, sondern um solche, die auf das praktische Leben angewandt werden sollen, hängt ihre Gestaltung mindestens zum Teil von den *praktischen Bedürfnissen* ab, die durch IP. befriedigt werden sollen. Hier sind vier Gruppen zu unterscheiden, welche durch die Kreuzung der Begriffspaare: abnorme und normale, erwachsene und jugendliche Individuen, zustande kommen [Fußnote: Eine ähnliche Einteilung findet sich bei Meumann […][85], der freilich den Begriff der I. zum Teil viel weiter faßt.].

---

84 Verweis auf Stern 1911a, S. 203–213 und 433 f.
85 Verweis auf Meumann 1910.

a) Erwachsene, nicht normale Individuen bilden das Hauptmaterial[86] der Psychiater, und bei diesen wurde daher auch zuerst das Verlangen nach IP. rege [Fußnote: Einen umfangreichen Sammelbericht über die wichtigsten IP.-Methoden der Psychiater gibt Jaspers [...][87].]. Nicht nur, daß sie viele Einzelmethoden schufen, sie stellten auch ganze Erhebungsserien auf (Rieger, Kraepelin, Sommer, Ziehen, Gregor, Bernstein, Rossolimo u. a.). Der Inhalt dieser Serien gehört nur zu einem Teil hierher. Die weitaus meisten Elemente der Erhebungen haben mehr den Charakter von Fragen und qualitativen Proben als von quantitativ abstufbaren Tests; und wo selbst solche angewandt wurden, fehlte oft genug das Vergleichsmaterial an Normalen. Ob der Ausfall irgend eines solchen Tests schon wirklich das Zeichen einer nicht mehr normalen I.-Schwäche sei, wurde häufig beurteilt auf Grund einer vorgefaßten Meinung darüber, wie wohl *vermutlich* normale Menschen auf diesen Test reagieren dürften. Dies ist in den letzten Jahren anders geworden. Rodenwaldt [...][88] zeigte für die Gruppe der Kenntnisprüfungen, wieviel von dem, was a priori für abnorm gehalten wurde, doch innerhalb der Normalitätsstrecke liege. Manche Psychiater haben durch breiter angelegte Prüfungen an Normalen die Vergleichsmaßstäbe für ihre Methoden zu gewinnen gesucht [...][89]. Andere haben die Tatsache verwertet, daß von Psychologen gewisse Methoden schon in größerem Umfang an Normalen durchgeprüft waren (Ebbinghaus' Ergänzungsmethode, Aussagemethode). Aber wie wenig dies alles dem Bedürfnis der Psychiater selbst genügt, zeigt der Beschluß des internationalen Medizinerkongresses, sich an die Psychologen zu wenden, um Normalserien für die verschiedenen psychiatrischen IP.-Mittel zu schaffen. Diese Aufgabe hat das Institut für angewandte Psychologie übernommen.

b) Jugendliche, nicht normale Individuen sind erst seit wenigen Jahrzehnten ein Mittelpunkt pädagogischen, sozialpolitischen und medizinischen Interesses geworden. Die ganze Heilpädagogik, das Hilfsschulwesen, das Jugendgericht und die Fürsorgeanstalten sind ja junge Organisationen. Sie aber verlangen genaueres Studium der kindlichen Individualitäten, sowohl zu Zwecken der Psychodiagnostik wie zu solchen der Psychotechnik (Einschulung, Behandlung, Bestrafung usw.). Für diese Bedürfnisse ist die Feststellung der I. zwar nicht der einzige, wohl aber einer der wichtigsten Faktoren.

Die Schwächen der psychiatrischen Methoden, die wir oben erwähnten, verdoppelten sich nun diesen neuen Aufgaben gegenüber. Denn wenn schon beim Erwachsenen der Normalmaßstab wenig bekannt war, an dem die Leistungen der Abnormen zu messen wären, so beim Kinde überhaupt nicht. Hier genügt ja auch

---

86 Zum Begriff „Material" siehe Fußnote 52 auf S. 39.
87 Verweis auf Jaspers 1910.
88 Verweis auf Rodenwaldt 1905.
89 Verweis auf Sommer 1912; Ziehen 1908/1911; Rossolimo 1910a, 1910b und 1911; Sante De Sanctis 1905.

nicht ein Normalmaßstab, sondern jede Altersstufe hat ihren eigenen. Die Größe eines I.-Defekts bei einem neunjährigen Kinde kann nur beurteilt werden, wenn man die Normal-I. von Neunjährigen zum Vergleich heranzieht; und so bei den anderen Altersstufen. Die Forderung, die sich hieraus ergab, normale Prüfungsserien für jeden Jahrgang der Jugendzeit zu schaffen, wurde nun nicht mehr von psychiatrischer, sondern von psychologischer Seite in Angriff genommen. Alfred Binet hat, unter Mitwirkung des Arztes Simon, ein solches Staffelsystem von Tests geschaffen; und wenn auch das System zurzeit noch nichts weniger als endgültig sein mag, der Grundgedanke wird seinen unverlierbaren Wert behalten und zweifellos schließlich zu einer vollbefriedigenden Lösung führen. Schon jetzt liegt eine internationale Anwendung der Methode vor, über die im zweiten Hauptteil ausführlich berichtet wird.

c) Normale Kinder und Jugendliche. Man darf jedoch nicht glauben, daß die IP. normaler Kinder nur die sekundäre Bedeutung habe, den Schwachsinnsuntersuchungen die Vergleichsmaßstäbe zu liefern. Vielmehr ist die *I.-Abstufung innerhalb der normalen Breite* ein ganz selbständiges Problem, das ebenfalls stark mit praktisch-pädagogischen Interessen zusammenhängt. Die üblichen pädagogischen Prüfungen geben ein Bild der Kenntnisse und der äußeren Leistungseffekte, aber nicht einen Index der inneren Veranlagung des Kindes, seiner geistigen Reife und Fähigkeit; hier müssen psychologische Prüfungen ergänzend hinzutreten. Dies Bedürfnis drängt sich besonders bei Aufnahmeprüfungen auf, aber es besteht auch innerhalb des regelmäßigen Schulbetriebes; denn das heute so dringlich geäußerte Verlangen, im Unterricht möglichst zu individualisieren, setzt vertiefere Kenntnis der Individualitäten voraus. Ganz neuerdings regen sich sogar ernste Bestrebungen, die Klasseneinheiten nach psychologischen Qualitäten zu gruppieren (Hilfsklassen für unternormal Begabte, Förderklassen für schwachnormal Begabte, Sonderklassen für hervorragend Begabte, Parallelklassen mit Normal- und Mindestlehrstoff für verschiedene Begabungsgrade in einzelnen Fächern) – Bestrebungen, die mit automatischer Notwendigkeit eine exaktere Feststellungsmöglichkeit des tatsächlichen Begabungsgrades fordern [Fußnote: Die Gesamtheit dieser pädagogischen Reformbestrebungen, die mit dem I.-Problem in Beziehung stehen, war Gegenstand der Verhandlungen des I. Deutschen Kongresses für Jugendbildung und Jugendkunde, der vom Bund für Schulreform 1911 in Dresden veranstaltet wurde. Die einschlägigen Vorträge und Diskussionen sind gesondert erschienen [...][90]; das spezielle Problem der IP. kam dort in Vorträgen von Meumann, Kramer und dem Ref. zur Sprache.].

Hierbei muß man sich nun freilich vor der naheliegenden Gefahr hüten, daß man wähnt, durch die IP. die Individualität eines Schülers in ihrer Totalbedeutung erfaßt zu haben; der Umstand, daß wir die I. besser in Grade fassen können als andere individuelle Fähigkeiten, darf keinesfalls zu ihrer Überschätzung führen.

---

90 Verweis auf Bund für Schulreform 1912.

Aber eben die Möglichkeit, die I. zu isolieren, dient dazu, die Struktur der Individualität zu enthüllen; man kann feststellen, ob eine Mehr- oder Minderleistung auf Talent oder Intelligenz beruht; man kann untersuchen, in welchem Maße zwischen den Urteilen der Lehrer über die I. der Schüler und den experimentellen Ergebnissen eine Übereinstimmung besteht; man kann abgrenzen, in welchem Maße die allgemeine schulische Leistungsfähigkeit einerseits von der I. als solcher, andererseits von nichtintellektuellen Faktoren abhängig ist; und gerade diese Grenzfeststellung macht – wie später zu zeigen sein wird – einen Hauptwert der psychologischen Methoden aus.

Untersuchungen an normalen Kindern mit spezieller Rücksicht auf unser Problem sind zuerst mit *Einzeltests* unternommen worden; in Deutschland begonnen, fand diese Methode in Frankreich und besonders in Amerika eine sehr ausgebreitete Verwendung und Fortbildung. In Frankreich entstand dann das schon erwähnte Testsystem mit *Altersstaffeln* von Binet; England hat neuerdings in die Bewegung erfolgreich eingegriffen, indem es die *Korrelationsmethodik* in den Dienst der feineren IP. stellte (Pearson, Spearman u. a.). Die hier gegebenen drei Hauptströmungen werden zugleich das Einteilungsprinzip unserer späteren Betrachtungen bilden.

d) Normale Erwachsene. Hier bewegen wir uns noch durchaus in Zukunftsaussichten. Denn die bisher an normalen Erwachsenen angestellten IP. sind nicht um dieser selbst willen vorgenommen worden, sondern nur um Vergleichsmaßstäbe für abnorme Individuen zu haben. Wohl aber werden jetzt schon Anregungen laut. Münsterberg weist darauf hin, wie wichtig für die Beratung der Berufswahl die genaue Kenntnis der Individualität wäre, und er macht bereits Vorschläge, wie die „Vocation Bureaux", die es in Amerika gibt, psychologische Tests anstellen könnten [...][91]. Und Hauptmann Meyer [...][92] sieht in der IP. eine Methode, welche das Rekrutenaushebungsgeschäft begleiten sollte, um ungeeignete Elemente auszuschalten.

Die letzten Betrachtungen zeigen, dass sich in Zukunft das Schwergewicht der IP., welches bisher durchaus innerhalb der Psychopathologie lag, merklich nach der Normalpsychologie hin verschieben dürfte; und die Arbeit der Psychologie in der Gewinnung einer zuverlässigen Methodik wird daher nicht nur den Ärzten und Heilpädagogen, sondern auch dem Normalpädagogen, dem Juristen, dem Militär und anderen zugutekommen.

Aber gerade diese zu erwartende Ausdehnung der Intelligenzprüfungspraxis muß zu einer *Warnung* führen nach mehreren Richtungen.

---

91 Verweis auf Münsterberg 1910 und 1912.
92 Verweis auf Meyer 1911 und 1912.

a) Wir sind noch mitten in den methodologischen *Vorarbeiten*. Die jetzt vorhandenen Methoden – das gilt auch vom BS.-System – sind noch nicht als diagnostische Kanons anzusehen, die eine offizielle Festlegung erlauben. Die Gesetzgebung des Staates New Jersey, welche die Anwendung von I.-Tests bei allen der Rückständigkeit verdächtigen Kindern anordnet, scheint daher sehr verfrüht. Ebenso wird noch viel, sehr viel Zeit vergehen, ehe die optimistische Hoffnung sich verwirklichen wird, die Spearman an die Korr.-Methode der IP. knüpft: „Es scheint sogar möglich, den Tag vorauszusehen, da eine jährliche offizielle Feststellung des ‚intellektuellen Index' für jedes Kind des Königreichs stattfinden wird" […]⁹³.

b) Die Anstellung der Tests soll man *nicht zu leicht* nehmen. Sie erfordert große Übung, psychologische Schulung, kritischen Geist. Der durchschnittliche Lehrer z. B. der von den ganz anderen Methoden des pädagogischen Frage- und Prüfungswesens herkommt, läuft Gefahr, die Tests in jenen Formen anzuwenden, wodurch ihr Wert geradezu illusorisch würde. Sollte daher die Benutzung von Tests zu praktischen Zwecken größeren Umfang gewinnen, so ist die Ausbildung eines besonderen psychologisch geschulten Personals hierfür erforderlich. (Den Schulärzten würden sich dann die *Schulpsychologen* zur Seite stellen [Fußnote: Über die Forderung von Schulpsychologen vgl. […]⁹⁴.].

Welche irrigen Meinungen bezüglich der Leichtigkeit der Testanstellung bestehen, erhellt z. B. aus der Äußerung von Hauptmann Meyer, die IP. bei der militärischen Aushebung könnte dereinst von subalternen Organen ganz mechanisch vorgenommen werden. Psychologische Prüfungen sind denn doch etwas anderes, als etwa die Feststellung der Körperlänge oder des Gewichts, die allenfalls von Unteroffizieren ausgeführt werden kann.

c) Man darf die Tests *nicht überschätzen,* als seien sie automatisch wirkende allein genügende Geistesproben. Sie sind höchstens das psychographische Minimum, das eine erste Orientierung gestattet bei Individuen, die man sonst gar nicht kennt; und sie sind geeignet, die anderweitige Beobachtung psychologischer, pädagogischer, ärztlicher Art zu ergänzen und sie vergleichbar und objektiv graduierbar zu machen, nicht aber sie zu ersetzen [Fußnote: Ähnliche Warnungen vor einer Übertreibung, Mechanisierung und Dilettantisierung finden sich bei Myers […]⁹⁵ und Bobertag […]⁹⁶ wie auch in Binets letztem Werk […]⁹⁷.].

---

93 Verweis auf Hart/Spearman 1912, S. 78.
94 Verweis auf Bund für Schulreform 1912, S. 19.
95 Verweis auf Myers 1911 (in deutscher Übersetzung von Otto Bobertag).
96 Verweis auf Bobertag 1911c und 1912.
97 Verweis auf Binet 1912 (bearbeitet von Georg Anschütz und W. J. Ruttmann), S. 115 f.

3.2 „Die Intelligenzprüfung an Kindern und Jugendlichen" – Sterns Positionierung zum Verhältnis von sozialer Lage und Intelligenzentwicklung und zur „Einheitsschule"

Eine zentrale Fragestellung Sterns war der Zusammenhang zwischen sozialer Herkunft und Intelligenzentwicklung. In seinem 1916 in zweiter Auflage erschienenen Buch *Die Intelligenzprüfung an Kindern und Jugendlichen* (Stern 1916a), aus dem im Folgenden ein Auszug (Q7) abgedruckt ist, stellt er hierzu eigene Forschungsergebnisse vor und diskutiert weitere nationale und internationale Studien, die seit der Erstveröffentlichung des Werks 1912 publiziert worden waren.

Aus den Resultaten der international angewandten Binet-Tests hatten Forschende geschlossen, dass die intellektuelle Entwicklung von Kindern in hohem Maße mit der sozialen Lage der Familie korrelierte. Kontrovers diskutiert wurde die Frage nach den Ursachen für die festgestellten Intelligenzunterschiede: Kinder ärmerer Bevölkerungsgruppen, die in Deutschland „Volksschulen" besuchten, schnitten in den Tests durchschnittlich schlechter ab als gleichaltrige Kinder privilegierter bürgerlicher Schichten, denen eine höhere Schulbildung zuteilwurde. Die Forschungsdebatte nahm die Frage in den Blick, welcher Anteil hier genetischen Faktoren, Familie, Umwelt und Schulbildung beizumessen sei. Ob sich die Unterschiede kompensieren ließen und welche Maßnahmen hierfür gegebenenfalls geeignet seien, wurde unterschiedlich beantwortet.

Die in verschiedenen Tests festgestellten Intelligenzunterschiede zwischen ärmeren und privilegierten Kindern sah Stern durch eigene, mit Breslauer Vor- und Volksschülern durchgeführte Untersuchungen bestätigt (Stern 1913b), auf die er sich im folgenden Quellentext bezieht. Als wichtigste Ursache hierfür nannte er die Einflüsse des familiären Umfelds,[98] merkte jedoch an, dass die von ihm und anderen Forschenden festgestellten „Niveauunterschiede" zwischen beiden Gruppierungen auf einer schmalen Datenlage beruhten und weiterer Forschungen bedurften.

Im hier ausgewählten Quellentext konstatiert Stern, dass die vielfältigen geistigen Anregungen, die Kinder aus privilegierten Schichten durch Gespräche, Bücher, Spiele oder Familienreisen erhielten, ihre geistige Entwicklung und intellektuelle Leistungsfähigkeit entscheidend förderten. Dadurch hätten sie in vielen Fällen einen deutlichen Vorsprung jenen Kindern gegenüber, die über ein ähnliches intellektuelles Potential verfügten, aber solcher Anregungen entbehrten. Den Grund dafür, dass sich vorhandene Potentiale unter Umständen nicht entwickeln, sieht Stern in einem niedrigen Anregungsgehalt insbesondere in der frühen Kindheit.[99]

---

98 Daneben verknüpfte Stern die soziologische Schichtung der Bevölkerung auch mit biologischen Faktoren. Seiner Vorstellung zufolge beruhte der Aufbau der Gesellschaftsschichten *zu einem Teil* auch auf erblicher Selektion.

99 Auch Sterns französischer Kollege Alfred Binet betonte die negativen Auswirkungen, die Armut und fehlende Anregung auf die Begabungsentwicklung von Kindern haben (Tschechne 2010,

Daher bedürfe auch die Intelligenzforschung einer Ergänzung durch sozialwissenschaftliche Studien, die Aufschluss darüber geben sollten, wie Kinder aus sozial schwachen Schichten aufwachsen. Die wissenschaftliche Untersuchung von Arbeiterkindheiten sei ein gravierendes Desiderat, weil sich die zeitgenössische Kinderforschung auf die Erforschung bürgerlicher Kindheiten beschränke. Um Einblick in das Aufwachsen von Arbeiterkindern zu erhalten, sei die Wissenschaft bislang auf vereinzelte Beobachtungen aus Kindergärten und Horten angewiesen (Stern 1914a, S. 9).

Ein zentrales Ergebnis der Forschungen Sterns war, dass die Unterschiede auch der Intelligenzentwicklung „namentlich in den zeitlichen Verhältnissen der Entwicklung und in der Bedeutung gewisser Milieubedingungen" begründet lägen (ebd., S. VII). Prinzipiell ließen sich milieubedingte Entwicklungsrückstände sozial benachteiligter Kinder ausgleichen – eine Position Meumanns (1913a), die Stern im folgenden Quellentext unterstützt. Allerdings komme der Schule gegenüber den prägenden Einflüssen des familiären Umfelds lediglich eine nachgeordnete Bedeutung zu, weil die zum Zeitpunkt des Schuleintritts auszugleichenden Defizite erheblich seien und die geistige Entwicklung des Kindes bereits eine bestimmte Prägung erhalten habe. Eine bloße Schulreform greife daher zu kurz und verstelle den Blick auf die umfassenden sozialen Reformen, die nötig seien, um die gravierende Benachteiligung auszugleichen. – In diesem Zusammenhang sind drei Punkte hervorzuheben:

- Stern hat die Benachteiligung von Schülerinnen und Schülern aus sozial schwachen Familien durchaus im Blick.
- Dennoch tastet er die Frage nach grundlegenden Schulreformen kaum an.
- Die zentrale Frage der „Förderung" von Kindern aus benachteiligten Milieus beschränkt Stern auf die als „begabt" identifizierten Schülerinnen und Schüler.

Damit positionierte sich Stern gegen die „Schulreformer", die den Gedanken der „Einheitsschule" vertraten, der zum Zeitpunkt der Veröffentlichung des vorliegenden Quellentextes während des Ersten Weltkriegs neue Aktualität erfuhr (vgl. Kapitel 5.2). Schon in der Vorkriegszeit hatten sich Volkschullehrer unter dem Schlagwort der „Einheitsschule" im *Deutschen Lehrerverein* organisiert (Bölling 1978) und – zusammen mit sozialdemokratischen Bildungspolitikern – die gemeinsame Beschulung von Kindern verfochten.

Voraussetzung für die zu schaffende „Einheitsschule", die in der Weimarer Verfassung als vierjährige Grundschule eingeführt wurde, war die Abschaffung der dreijährigen Gymnasialvorschulen, die im Kaiserreich vorwiegend in Preußen bestanden. Diese ermöglichten einen automatischen Übertritt auf eine höhere

---

S. 103), und sah in der Feststellung des Förderbedarfs eines Kindes eine wesentliche Aufgabe der Intelligenzdiagnostik (Baudson 2014, S. 67 f.).

Schule und wurden ganz überwiegend von Kindern bildungsbürgerlicher Schichten besucht. Die übergroße Mehrheit – vor allem Kinder von Bauern, Arbeitern und Handwerkern – war auf den Volksschulbereich beschränkt. Nach den Vorstellungen der Befürworter der „Einheitsschule", die die rigide Trennung zwischen niederer und höherer Schulbildung überwinden wollten, sollten alle Elementarschüler zumindest zeitweise eine gemeinsame Schule besuchen.

In der Vorkriegszeit führte Stern eine Auseinandersetzung über die „Einheitsschule" mit Otto Karstädt (1876–1947), der Volksschullehrer und später SPD-Bildungspolitiker sowie Ministerialrat im Preußischen Ministerium für Wissenschaft, Kunst und Volksbildung war (Hilker 1966; Keim/Schwerdt 2013, S. 732). In dieser Kontroverse kamen die bildungspolitischen Divergenzen zwischen bürgerlich und sozialistisch orientierten Reformpädagogen (Kirchhöfer 2013, S. 479) deutlich zum Tragen. Zugleich zeigt sich die Bedeutung, die der empirischen Begabungsforschung bereits zu diesem Zeitpunkt in den bildungspolitischen Debatten beigemessen wurde. Karstädt reagierte empfindlich auf das Verdikt von Stern, dessen Stimme in den wissenschaftlichen Begabungsdiskursen das größte Gewicht zukam (Heinemann 2016, S. 254). 1913 wies Stern auf die Nachteile des Einheitsschulkonzepts hin, das in seinen Augen zur Folge hätte, dass die sogenannten Vorschüler, die die Gymnasialvorschule besuchten, ein Jahr verlören (Stern 1913b).

Im Unterschied zum reformpädagogischen *Bund für Schulreform,* dem auch Stern angehörte (vgl. Kapitel 4.1) und der sich für die Realisierung der „Einheitsschule" und die Einführung der akademischen Volksschullehrerausbildung einsetzte, zählte die „Einheitsschule" nicht zu seinen Zielen – was in der Stern-Rezeption bislang übersehen wird (Schmidt 1994). Während Stern mit seinem Engagement für die wissenschaftliche Ausbildung der Volksschullehrer eine progressive bildungspolitische Forderung vertrat, unterstützte er in der schulpolitischen Kontroverse um die Einheitsschule (Geißler 2011, S. 251) konservative bildungspolitische Positionen.

In diesem Zusammenhang verweist Stern im nachfolgenden Quellentext auf Ergebnisse der empirischen Begabungsforschung, auch wenn er diese als vorläufig und ergänzungsbedürftig bewertet. Hiervon zu unterscheiden ist jedoch die für ihn zentrale Frage der Förderung *(hoch-)begabter* Kinder aus sozial benachteiligten Schichten. Diesen Volksschulkindern eine höhere Ausbildung zu ermöglichen, befürwortet er ohne jede Einschränkung. Sie könnten – so Sterns Vorschlag – durch besondere Kurse darauf vorbereitet werden, wie die Vorschüler nach drei Jahren auf die höhere Schule zu wechseln.

Q7 William Stern (1916): Die Intelligenzprüfung an Kindern und Jugendlichen (Auszug)

Methoden, Ergebnisse, Ausblicke, zweite Auflage. Erweitert um: Fortschritte auf dem Gebiet der Intelligenzprüfung 1912–1915. Leipzig, S. 125–133.

Die soziale Bedeutung der IP.
Die im Hauptbericht [...][100] besprochene Tatsache, daß der Ausfall der Testprüfung in hohem Maße von der sozialen Schicht der geprüften Kinder abhängt, wird auch von Meumann stark betont; dieser gewinnt durch einen internationalen Vergleich das Ergebnis, daß überall, wo die Kinder höherer Stände oder bessergestellter Volksschichten geprüft wurden, weit günstigere Ergebnisse erzielt wurden als bei den Kindern der unteren Volksschichten [...][101].

Exaktere Angaben über diese Beziehungen sind aber doch erst möglich, seitdem Forschungen veröffentlicht wurden, die eigens der *Vergleichung sozialer Schichten* galten. Es sind dies vor allem die Breslauer Untersuchungen an Schülern der Vorschule und der Volksschule, über welche der Hauptbericht [...][102] bereits einige vorläufige Angaben machen konnte. Die nunmehr vorliegende endgültige Publikation von A. Hoffmann [...][103] ermöglicht es uns, zum Teil mit Hilfe von Umrechnungen und Andersgruppierungen der Ergebnisse, die intellektuelle Verschiedenheit der beiden geprüften Gruppen genauer zu spezialisieren. In Tab. V sind die Gesamtwerte der IA. vereint und zugleich von uns in IQ. umgesetzt.[104]

Tab. V*.
Vergleich von Kindern verschiedener sozialer Schichten. (Nach A. Hoffmann.)

	7jähr.		9jähr.		10jähr.		Alle	
	Volksschüler	Vorschüler	Volksschüler	Vorschüler	Volksschüler	Vorschüler	Volksschüler	Vorschüler
Anzahl	37	33	25	32	29		91	65
Durchschnittliches IA.	8	8,5	10,3	10,8	10,9			
Durchschnittlicher IQ.	1,14	1,21	1,13	1,20	1,09		**1,12**	**1,20**

---

100 Querverweis auf S. 34 ff. desselben Werks.
101 Verweis auf Meumann 1913a und Meumann 1913b, S. 764 ff.
102 Querverweis auf S. 37–39 desselben Werks.
103 Verweis auf Hoffmann 1913.
104 IA. – Intelligenzalter; IQ. – Intelligenzquotient(en).

Dem IA. nach sind sowohl die 7jährigen wie die 9jährigen Volksschüler durchschnittlich um ein halbes Intelligenzjahr im Rückstand hinter den Vorschülern gleichen Alters; die 10jährigen Volksschüler haben ungefähr das gleiche IA. wie die um ein Lebensjahr jüngeren Vorschüler.

Das Maß des IQ. bewährt sich auch hier; liefert es doch typische, vom Alter fast unabhängige Werte für die beiden sozialen Schichten. Die drei Altersgruppen der Volksschüler haben IQ. um 1,1, die beiden Vorschulgruppen um 1,2. Innerhalb jeder Altersgruppe beträgt der Rückstand der Volksschüler 0,07, d. h. 1/13 der Normalintelligenz [Fußnote: Daß die Durchschnitts-IQ. sämtlicher fünf Gruppen mehr als 1 betragen, liegt wohl vornehmlich an der Auswahl der Schüler; es waren nämlich nur solche Schüler geprüft worden, deren Alter mit dem Klassenalter übereinstimmte; Sitzenbleiber, verspätet Eingeschulte und Umgeschulte waren fortgelassen worden. Außerdem mögen auch in der benutzten Staffelordnung nach Bobertag die Testsätze der jüngeren Kinder noch etwas zu leicht sein. Dadurch wird aber das Ergebnis der *Vergleichung* in keiner Weise berührt.].

In Wirklichkeit ist der Unterschied noch größer als diese Ziffern ausdrücken. Denn der Vorsprung der Vorschüler besteht gerade in Leistungen aus den höheren Altersstaffeln, deren Tests bei der Abmessung des IA. eigentlich mit einer höheren Wertziffer in Anrechnung gebracht werden müßten als die Tests aus den niedrigeren Staffeln; in der (von Hoffmann übernommenen) Berechnung nach Binet-Bobertag wird aber bekanntlich jeder überschüssige Test mit gleicher Wertziffer bedacht.

Ein stärkeres Maß des Unterschiedes tritt hervor bei Untersuchungen, welche Yerkes und Anderson in zwei Schulen von Cambridge (Mass.) angestellt haben [...][105]. Sie wählten solche städtische Schulen aus, die auf Grund ihrer Lage ein sozial sehr verschiedenartiges Schülermaterial[106] hatten; die eine bezeichneten sie als die „günstig gestellte", die andere als „ungünstige" Schule. In jeder Schule wurden 54 Kinder beiderlei Geschlechts aus der Kindergartenklasse und dem ersten Schuljahr (im Alter von 4–9 Jahren) geprüft, wobei möglichst für die gleichmäßige Heranziehung entsprechender Altersstufen gesorgt wurde. Der Altersdurchschnitt betrug in beiden Gruppen rund 6 Jahre. Die Anwendung der „Punkt-Skala-Methode" [...][107] ergab nun, daß die begünstigten Knaben 37 Punkte, die anderen 29, die begünstigten Mädchen 41, die anderen 33 Punkte im Durchschnitt erhielten. Beschränkt man sich auf die am stärksten vertretenen 6jährigen, so war der Unterschied noch größer: bei den Knaben „günstig" 40 gegen „ungünstig" 29, bei den Mädchen 40 gegen 30 Punkte. Die Volksschulkinder aus einer sozial bessergestellten Gegend übertreffen also die aus dem ärmeren Stadtviertel an intellektueller Leistungsfähigkeit um 20 % bis 30 %.

---

105 Verweis auf Yerkes/Anderson 1915.
106 Zum Begriff „Material" siehe Fußnote 52 auf S. 39.
107 Querverweis auf S. 113 desselben Werks.

Die kurze Mitteilung zum gleichen Thema, die J. und R. Weintrob […][108] über vergleichende Testuntersuchungen an mehreren Neuyorker Schulen machen, ist ohne wissenschaftliche Bedeutung. Die Verfasser wollen zwischen Schulen, die sich aus ganz verschiedenen sozialen Schichten rekrutierten, keinen intellektuellen Niveauunterschied gefunden haben. Nun ist zunächst, wie schon Bobertag bemerkte, die Berechnungsmethode durchaus willkürlich; vor allem aber sind die geprüften Schulen nicht nur sozial, sondern auch rassenmäßig geschieden. Die Schule aus der sozialen Unterschicht war zugleich eine rein jüdische, die Schülerschaft der anderen stammte größtenteils aus der rein amerikanischen Mittelschicht. Hier kann also leicht die intellektuelle Frühreife der jüdischen Rasse[109] den sozial bedingten Niveauunterschied ausgeglichen haben [Fußnote: Im Anschluss hieran sei noch ein weiteres Beispiel von Rassenvergleichung erwähnt. Nach der Yerksschen Punktzählmethode sind je 45 jüdische und nichtjüdische (irische) Schüler […][110], die dem Schülermaterial *einer* Schule entstammten, verglichen worden. Das Ergebnis war, daß der I.-Unterschied auf allen Altersstufen von 5–15 nur ganz geringfügig war. Yerkes weist allerdings darauf hin, daß die Juden infolge der geringeren Beherrschung der englischen Sprache unter weniger günstigen Versuchsbedingungen standen, als die Iren.].

Um festzustellen, *welche psychischen Fähigkeiten es im speziellen* sind, in denen die Leistungen beider sozialer Schichten weit voneinander abweichen, stellte ich aus den Tabellen Hoffmanns alle diejenigen Proben zusammen, in welchen die Häufigkeit richtiger Lösungen bei den Vorschülern mindestens um die Hälfte die Häufigkeit bei den gleichaltrigen Volksschülern übertraf. Die so gewonnene Liste (Tab. VI) ist nach dem steigenden Wert dieses Häufigkeitsverhältnisses geordnet.

Der eingeklammerte Test ist nicht zu berücksichtigen, weil der Ausfall durch schulische Bedingungen herbeigeführt ist [Fußnote: Im ersten Schuljahr der Volksschule wird der Zahlenkreis nur bis 20 durchgenommen; die Aufgabe überschreitet diese Grenze.]; im übrigen kann nur bei dem Aufsagen der Monate eine direktere Unterrichtswirkung mitgespielt haben. Alle sonstigen Tests betreffen entweder den Umfang der Merkfähigkeit oder eigentliche Denkleistungen, insbesondere solche, die auch eine gewisse Beherrschung der Sprache voraussetzten: Erklärung von Begriffen und Bildern, Sätze ordnen und ergänzen, Verstandesfragen, Kritik von Absurditäten. (Aber auch der stumme Denktest „5 Gewichte ordnen" ist dabei.) Da zudem die Merkfähigkeitsproben zweifellos nicht sowohl das mechanische Gedächtnis prüfen, sondern die Fähigkeit der Erfassung und Verknüpfung einer Inhaltsreihe mit

---

108 Verweis auf Weintrob/Weintrob 1912.
109 Die Verwendung des Rassebegriffs ist in der zeitgenössischen Forschungsliteratur gängig und im jeweiligen Kontext zu betrachten. In Sterns Werk ist damit keine Wertung in positiver oder negativer Hinsicht verbunden und es wird nicht über Zusammenhänge zwischen „Rasse" und „Intelligenz" reflektiert. Zeitgenössische vergleichende Untersuchungen jüdischer und nichtjüdischer Schülerinnen und Schüler ergaben meist einen leichten Intelligenzvorsprung der jüdischen Gruppe. In manchen Studien finden sich auch Erklärungsversuche für die „Frühreife" jüdischer Kinder, allerdings werden dabei soziokulturelle Faktoren wie z. B. das jüdische Bildungswesen oder jüdische Lerntraditionen kaum berücksichtigt (Geisthövel 2013, S. 143 f.)
110 Verweis auf Yerkes/Bridges/Hardwick 1915.

der Aufmerksamkeit und (bei den Erinnerungen an Gelesenes und den 26silbigen Sätzen) das Sinnverständnis, so können wir sagen, daß es fast durchweg *formale Leistungen der eigentlichen Denkfähigkeit sind, in welchen die Kinder gehobener Stände die gleichaltrigen Kinder des Volkes übertreffen.* Es ist wohl kein Zufall, daß fast alle Tests des BS.-Systems, die als besonders wertvoll gelten, in der Liste stehen [Fußnote: Ein vorläufig nicht verständliches Paradoxon bildet der Test der „schweren Verstandesfragen"; in ihm zeigen die 9jährigen Volksschüler mit einer Häufigkeit von 32 % sogar eine kleine Überlegenheit gegenüber den 25 % der Vorschüler.], die minderwertigen dagegen fehlen.

Tab. VI*.
Tests mit den größten Leistungsunterschieden bei Kindern verschiedener sozialer Schichten.

Test	Häufigkeit richtiger Lösungen bei 7jährigen		Bei den Vorschülern wievielmal so häufig?
	Volkssch.	Vorsch.	
5 Gewichte ordnen	31½ %	50 %	1,6
6 Erinnerungen an Gelesenes wiedergeben .	37 „	56 „	1,6
3 leichte Verstandesfragen	51½ „	87½ „	1,7
6 Ziffern nachsprechen	30 „	62 „	2,1
Bildertest, Stufe der Erklärung	8 „	18,2 „	2,3
Begriffserklärung über Zweckangaben hinaus	18 „	56 „	3,1
(80 Pf. auf 1 Mark herausgeben	16½ „	59½ „	3,6)
	bei 9jährigen		
3 Reime finden	54 %	81 %	1,5
6 Ziffern nachsprechen	56 „	84 „	1,5
26-silb. Sätze nachsprechen	48 „	75 „	1,6
Monate aufsagen	58 „	96 „	1,7
Lücken eines Textes ergänzen	32 „	59 „	1,8
60 Worte in 3 Minuten nennen	20 „	40 „	2,0
Abstrakte Begriffe erklären	25 „	62½ „	2,5
Kritik absurder Sätze	28 „	75 „	2,7
Durcheinandergemischte Worte zu einem Satz ordnen	16 „	48 „	3,0

Diese Analyse wird uns nützlich sein, wenn es sich nun um die Frage handelt, welche *Bedeutung* die gefundenen Intelligenzdifferenzen der sozialen Schichten besitzen. Daß hier Anwendungen der wissenschaftlichen Ergebnisse auf praktische Fragen von großer Wichtigkeit, besonders auf die Forderung der *Einheits-*

schule, möglich sein könnten, wurde schon im Hauptbericht angedeutet und von mir [...][111] im Anschluß an die Hoffmannsche Veröffentlichung nochmals betont. Auch Meumann bespricht mehrfach solche sozialpädagogischen Folgerungen. Da ist es denn verständlich, daß sich eine lebhafte, zum Teil geradezu heftige Diskussion erhob, die vor allem in Lehrerzeitungen von Anhängern der Einheitsschulidee geführt wurde [Fußnote: In der Schlesischen Schulzeitung von Gramatte;[112] in der Pädagogischen Zeitung von Karstädt[113] (hierauf Erwiderung von Hoffmann[114] und mir[115]), nochmals von Karstädt und von Schmidt[116].]. Unter Verwertung der hierbei zutage geförderten Ergebnisse läßt sich zurzeit folgendes sagen:

Zunächst ist ohne weiteres zuzugeben, daß ein Material von 156 Kindern zu endgültigen Schlußfolgerungen absolut nicht berechtigt. Aber da die hier gewonnenen Ergebnisse mit denen anderer Forscher in Einklang stehen, so darf es doch nicht verwehrt sein, über die möglichen Ursachen des gefundenen Unterschiedes Vermutungen aufzustellen. Solche Diskussionen werden denn auch am ehesten die so dringend nötige Nachprüfung aus größerem Menschenmaterial[117] herbeiführen.

Sodann haben die Untersuchungen jedenfalls schon jetzt das Verdienst gehabt, zu zeigen, daß die Frage der Einheitsschule neben der sozialpädagogischen, bisher fast allein betonten, Seite auch eine sehr wichtige *psychologische* Seite hat: man muß wissen, wie die Kinder, deren gemeinsamen Unterricht man wünscht, sich psychisch zueinander verhalten, ob sie genügend homogen sind, um ein gemeinsames Unterrichtstempo ohne Schädigung der einen oder anderen Gruppe zu ertragen, welche Ursachen ein etwa festgestellter geistiger Unterschied hat, und ob dieser Unterschied durch Reformmaßnahmen in der pädagogisch zu wünschenden Weise verringert werden kann.

Von diesen Fragen ist die erste zum mindesten für die bereits geprüften Kinder eindeutig zu beantworten. Es ist hier die Tatsache eines geistigen Niveauunterschiedes zwischen gleichaltrigen Kindern der gebildeten und der einfachen Schichten festgestellt. Der Unterschied war um so größer, je schwierigere intellektuelle Anforderungen gestellt wurden. Diese Tatsache hat freilich nur *Durchschnittsbedeutung;* im einzelnen gab es selbstverständlich Volksschüler, die den Vorschülern geistig überlegen waren.

Verwickelter liegt die Frage nach den *Ursachen* dieses Niveauunterschiedes. Daß er *lediglich* auf angeborenen Begabungsdifferenzen der beiden Schichten beruhe,

---

111 Verweis auf Stern 1913b.
112 Gramatte 1913.
113 Karstädt 1913.
114 Hoffmann 1913.
115 Stern 1913b.
116 Karstädt/Schmidt 1913.
117 Zum Begriff „Menschenmaterial" siehe Fußnote 52 auf S. 39.

ist meines Wissens von keiner Seite behauptet worden. Daß eine solche angeborene Verschiedenheit *mitspiele*, ist eine aus den Gesetzen des sozialen Aufstiegs sich ergebende Möglichkeit [...][118]; denn da sich die höheren Schichten ständig aus den niederen durch Auslese der Tüchtigeren – auch der geistig besser Veranlagten – erneuern, so ist es denkbar, daß diese höhere Intellektualität durch Erbgang auch den Nachkommen der Emporgestiegenen zukomme. Über die Größe dieses Anteils an dem Niveauunterschied sind zurzeit keine Angaben möglich.

Meumann weist [...][119] mit Recht darauf hin, daß, soweit überhaupt der Unterschied innerlich bedingt ist, weniger die absolute Begabungshöhe als das *Entwicklungstempo* der Intelligenz daran schuld sein mag; das Kind der unteren Schichten entwickelt sich intellektuell langsamer – womit aber nicht gesagt ist, ob es nicht schließlich zu der gleichen Höhe der Begabung aufsteigen kann, wie das Kind der gehobenen Schichten.

Darin sind sich wiederum alle Beurteiler einig, daß den *äußeren* Bedingungen an dem Prüfungsausfall ein nicht geringer Anteil beizumessen ist. Aber wenn Karstädt glaubt, diese bloß in der Verschiedenheit der *Schul*verhältnisse (den „Schulsystemen, Lehr- und Stundenplänen und Besuchsziffern" [...][120]) sehen zu dürfen, so liegt ein entschiedener Irrtum vor. Die durchschnittlichen Klassenfrequenzen betrugen in den untersuchten parallelen Klassen der Volksschule 58, der Vorschule 48 – der Unterschied ist nicht besonders groß. Die Abhängigkeit vom Lehrplan ist ganz geringfügig; denn gerade die in Tabelle VI zusammengestellten Tests, welche die deutlichsten Leistungsunterschiede bewirkten, haben [...][121] nichts mit Schulkenntnissen und Gedächtnisstoffen, sondern mit formalen Denkfähigkeiten zu tun. Es würde schließlich nur der Unterschied der Unterrichts*methode* übrigbleiben, die nach Karstädt in der Vorschule größeren Wert auf sprachliche Formulierung der Denkinhalte legt und dadurch die Lösung der Denktests erleichtert hat.

Aber gerade in der letztgenannten Hinsicht ist die Schule nicht als selbständiger Einfluß, sondern nur als Teil des kindlichen Gesamt-„Milieus" zu werten. Wie schon im Hauptbericht [...][122] erwähnt, muß die Fülle geistiger Anregungen, welche auf Kinder der gehobenen Stände vom ersten Lebensjahre an einströmt – durch Gespräche und Bilderbücher, Spiele und Rätsel, Reisen und Vergnügungen – ihre intellektuelle Leistungsfähigkeit bedeutend fördern, auch solchen Kindern gegenüber, welche die gleiche intellektuelle Anlage haben, aber entsprechender Anregungen entbehren. *Die geistige Atmosphäre der sozialen Umgebung,*

---

118 Querverweis auf S. 36 desselben Werks.
119 Verweis auf Meumann 1913b, S. 766.
120 Verweis auf Karstädt 1913, S. 839.
121 Verweis auf eine vorhergehende Anmerkung (Fußnote 1 auf S. 128 des Originaltextes), die auf eine Ausnahme zu dieser Aussage hinweist.
122 Querverweis auf S. 36 desselben Werks.

insbesondere des Elternhauses, ist daher in höherem Maße für den Niveauunterschied verantwortlich zu machen als der verschiedenartige Schulunterricht; ja die Verschiedenheit des Schulunterrichts ist zu einem großen Teil selbst erst dadurch bedingt, daß durchschnittlich Kinder aus ganz verschiedenen geistigen Umwelten in die Volksschule und die Vorschule kommen.

Neuerdings erfährt obige Auffassung eine bemerkenswerte Bestätigung durch eine eingehende, aus Lehrerkreisen stammende, Individualanalyse eines geprüften Kindes […][123]. O. Kosog hat seinen 5jährigen Sohn nach BS. geprüft und kam zu dem Ergebnis, daß ihm nach den Leistungen ein IA. von 9 Jahren zugeschrieben werden müßte; seine wirkliche Begabung entspricht aber durchaus nicht diesem abnormen Wert. Kosog ist nun auf Grund der genauen Kenntnis des Knaben in der Lage, bei vielen Tests die besonders guten Leistungen plausibel zu machen, und zwar wesentlich aus *Einflüssen des Elternhauses.* Die Unterstützung, die das Zahleninteresse des Knaben bei den Eltern fand, mannigfache Rätsel- und Reimspiele, die mit ihm getrieben wurden usw., bewirkten, daß die entsprechenden Testaufgaben für ihn keine neuen Anforderungen bedeuteten; aber auch bei den eigentlichen Denkoperationen machte sich zweifellos bemerkbar, daß die geistig sehr rege Umgebung eine gewisse formale Denkübung bei ihm begünstigt hatte.

Nunmehr lassen sich auch gewisse Gesichtspunkte für die *Nutzanwendung* auf die Frage der Einheitsschule erkennen. Wären, wie Karstädt glaubt, die ungünstigeren Unterrichtsbedingungen der Volksschule die alleinige Ursache des Niveauunterschiedes, dann wäre es denkbar, daß eine bloße „Schulreform" die Differenz beseitigen könnte. Ist aber die Schule, wie wir meinen, nur ein organischer Bestandteil der kindlichen Gesamtumgebung, dann würde allein eine beträchtliche Hebung dieser Gesamtumgebung die Möglichkeit einer merklichen Verringerung des Niveauabstandes herbeiführen. Damit würde die Frage der Einheitsschule aufhören, eine bloße Frage der veränderten Schulorganisation zu sein; sie würde weit eingreifende soziale Reformen: Hebung der häuslichen Verhältnisse, Volkskindergärten für die gesamte Jugend usw., zur Voraussetzung haben. Sofern aber und solange der Niveauunterschied besteht, würde die Einheitsschule für die Kinder der gehobenen Stände eine Verzögerung des Unterrichtstempos bedeuten, die sie überflüssigerweise um ein Lebensjahr zurückbrächte. Dies langsamere Tempo darf für die eigentliche Volksschule natürlich nicht als Minderwertigkeit eingeschätzt werden, sondern ist eine Folge ihrer besonderen sozialpädagogischen Mission; hat sie doch den Kindern des Volkes gegenüber in ganz anderem Maße das Elternhaus zu *ersetzen* und einen großen Teil nicht nur der sittlichen Erziehung, sondern der allgemeinen geistigen Anregung selbst zu leisten, die bei den Kindern der wohlhabenderen Schichten das Elternhaus übernimmt.

Zur Ergänzung dieser Betrachtung gehört nun aber notwendig der Vorschlag, den ich sofort im Anschluß an die Hoffmannschen Untersuchungen machte […][124]:

---

123 Verweis auf Kosog 1915.
124 Verweis auf Stern 1913b.

„Eine andere Frage ist die, ob man nicht den geeigneten Kindern der Unterschichten in ganz anderem Maße, als es bisher der Fall ist, die Tore zur höheren Ausbildung öffnen sollte. Sie ist, wie mir scheint, rückhaltlos zu bejahen. Herr Hoffmann hebt mit Recht hervor, daß die von ihm gewonnenen Zahlen nur Durchschnittswerte sind; für die begabteren Volksschüler gilt es also nicht, daß sie erst nach 4 Jahren die geistige Reife zum Eintritt in die Sexta haben. Aller Wahrscheinlichkeit nach würde diese Auslese aus den Volksschulkindern sehr wohl nach 3 Jahren sextareif sein; sie machen das Manko an häuslicher Anregung und Hilfe durch ihre größere natürliche Begabung wett. Es wäre dann etwa daran zu denken, für solche Kinder im 3. Jahre ihres Schulbesuchs Separatkurse einzurichten, die sie auf die Höhe des Lehrplans der Vorschule bringen, damit sie dann auch nach Sexta übergehen können.

Die Beseitigung der reinen Standesschule ist gewiß anzustreben, aber nicht dadurch, daß man den Elementarunterricht für die Schüler der gebildeten Stände künstlich verlängert, sondern dadurch, *daß die höhere Schule unterschiedslos für alle Kinder aller Stände bestimmt wird, die auf Grund ihrer Fähigkeiten für eine weiter gehende Ausbildung geeignet sind.*"

Diese Forderung: den *Begabten* freie Bahn zur höchstmöglichen Ausbildung! wird ja jetzt von so vielen Seiten erhoben, daß man hoffen darf, auf sie auch alle jene Kreise vereinigen zu können, die dem Gedanken der absoluten Einheitsschule ablehnend gegenüberstehen. Um so mehr ist es zu bedauern, wenn die Intelligenzprüfungsmethode herangezogen wird, um die Wichtigkeit dieser Forderung mittels unzutreffender Deutung experimenteller Befunde herabzusetzen. Meumann stellt nämlich [...][125] die Frage nach der *Anzahl* der Volksschüler, „die den Durchschnitt der Begabung in solchem Maße überragt, daß sie auf eine höhere Laufbahn im Leben Anspruch erheben können," und kommt zu einem „niederschlagenden" Ergebnis: „Nach den Prüfungen von Goddard sind – wenn 75 % der Volksschüler als normal betrachtet werden – etwa 21 % unternormal begabt, und nur etwa 4 % überragen an Begabung den Durchschnitt."

In diesem Satz sind die Ziffern ebenso irrig, wie das „nur" unberechtigt ist.

Wie ist Meumann zu jenen sonderbaren Häufigkeitsziffern gekommen, die der bekannten Verteilung der Begabungen so offenkundig widersprechen? Ein Blick auf die von ihm zitierte Tabelle Goddards gibt Aufklärung [...][126]. Goddard hat hier die Prüfungsergebnisse von 2000 Kindern von 4 bis zu 15 Jahren zusammengefaßt, *obgleich für die drei ältesten Jahrgänge im BS.-System gar keine Tests existieren,* vermittels deren die Kinder ihr adäquates, geschweige denn ein höheres IA. erreichen könnten. So mußten unverhältnismäßig viel Kinder unter dem Niveau

---

125 Verweis auf Meumann 1913b, S. 770.
126 Verweis auf ebd., S. 198.

und verhältnismäßig wenig über dem Niveau stehen; die von Meumann übernommenen Ziffern beruhen also auf einem elementaren Rechenfehler!

Im Hauptbericht […]¹²⁷ hatte ich bereits die *korrigierten* Goddardschen Zahlen gebraucht; rechnen wir selbst, wie Meumann, die Kinder mit 1 Intelligenzjahr Vorsprung oder Rückstand noch als „normal", so bleiben jetzt 5½ % übernormale übrig, dagegen nur 11 % unternormale; das Verhältnis der Schwachbefähigten zu den Hochbefähigten beträgt nicht mehr 5:1, sondern 2:1!

Aber selbst wenn die Zahl 4 % richtig gewesen wäre, wie konnte sie Meumann durch das Wörtchen „nur" als unbedeutend und niederschlagend hinstellen! Hylla, der gerade diese Ausführungen Meumanns eingehend behandelt […]¹²⁸, hebt hervor, welche gewaltige soziale und pädagogische Bedeutung es hätte, wenn von den Millionen Volksschülern 4 % eine höhere Schulbildung erhielten! Würde dies doch in Deutschland z. B. heißen, daß die höheren Schulen um die Hälfte vermehrt werden müßten; denn 4 % der Volksschüler stehen an Zahl etwa 50 % der höheren Schüler gleich!

Schließlich sei aber noch betont, daß die IP. *allein* überhaupt nicht dafür bestimmend sein kann, wieviel und welche Kinder von den Volksschulen auf die höheren Schulen überführt werden sollen; sie kann höchstens unterstützend bei diesen Maßnahmen mitwirken. Man darf eben nie vergessen, daß die Intelligenz nur ein Teilfaktor der höheren Leistungsfähigkeit ist, neben welchem Spezialtalente und vor allem Willenseigenschaften eine wesentliche Rolle spielen.

3.3 „Zur Theorie der Intelligenz" – Intelligenzbegriff und Personalismus

William Sterns Intelligenzbegriff erhielt seine theoretische Rahmung durch die personalistische Philosophie. Dass Intelligenz als Teilfunktion im Gesamtbild der menschlichen Persönlichkeit betrachtet werden müsse, hob Stern 1927 auf dem Psychologenkongreß in Bonn noch stärker hervor. In seinem Vortrag, der 1928 in gekürzter Fassung in der *Zeitschrift für pädagogische Psychologie, experimentelle Pädagogik und jugendkundliche Forschung* abgedruckt wurde, kritisierte er zum einen den verbreiteten statischen Intelligenzbegriff und zum anderen eine unreflektierte Testpraxis, durch die die qualitativen Unterschiede und „besondere[n] Akzentuierungsbereiche innerhalb der geistigen Betätigung" (Stern 1928d, S. 1) fast völlig aus dem Blick geraten seien.

Den Einfluss von Umweltbedingungen auf die Intelligenzentwicklung betonten auch die Studien, die Ende der 1920er Jahre am Hamburger *Psychologischen Institut* veröffentlicht wurden. Martha Muchow arbeitete die soziale Benachteiligung

---

127 Querverweis auf S. 29 desselben Werks.
128 Verweis auf Hylla 1915.

von Kindern aus Arbeiterfamilien, die Entwicklungsrückstände zur Folge haben konnten, pronconciert heraus:

> „Nicht ihr Mangel an Intelligenz ist schuld daran, sondern eigentlich die Störung ihrer Welt, das Mißverhältnis zwischen ihren aktiven Kräften, zwischen ihren spontanen geistigen Fähigkeiten und der Kompliziertheit des Lebensraumes, in den man sie vorzeitig gesetzt hat. Daß dabei die soziale Seite eine besondere Rolle spielt, sieht man z. B. auch daran, daß es besonders die Sprache ist, die bei diesen Kindern rückständig ist." (Muchow 1929, S. 212)

Stern hob hervor, dass die nativistischen Intelligenzvorstellungen eugenischer Konzepte, die in den 1920er Jahren zunehmend Verbreitung fanden, im Widerspruch zur Konvergenztheorie des Personalismus standen. Der von ihm vertretene dynamische Intelligenzbegriff sei nicht vereinbar mit erbbiologischen Deutungen, die Intelligenz als statische, durch die Umwelt kaum beeinflussbare Größe auffassten. Diese Positionierung war namentlich gegen Wilhelm Hartnacke gerichtet, der unter Verweis auf sporadisch erhobene Schulstatistiken behauptet hatte, dass „die Kinder aus den unteren Schichten im großen Durchschnitt weniger die für die höhere Schulbildung erforderlichen geistigen Voraussetzungen" mitbrächten (Hartnacke 1917, S. 42). Dabei gehe er laut Stern von der falschen Annahme „fixierte[r] Anlageminderwertigkeiten" als Ursache für schwächere Schulleistungen von Arbeiterkindern aus und schätze „den Einfluß von Umwelt und Lebenslage auf die Intelligenz sehr tief ein" oder negiere ihn ganz (Stern 1928a, S. 428). Außerdem zielte Sterns Kritik auf die in seinen Augen reduktionistische Ausrichtung von Intelligenzmessverfahren am theoretischen Erkennen und am Leistungsaspekt. Den zentralen Gedanken, wonach Denkinhalte und Denkakte jeweils „in ihrer sinnvollen Beziehung zur Persönlichkeit" eingesetzt würden, brachte Sterns modifiziertes Intelligenzkonzept zum Ausdruck, das Intelligenz als „allgemeine Fähigkeit" definierte, „sich unter zweckmäßiger Verfügung über Denkmittel auf neue Forderungen einzustellen" (Stern 1928d, S. 5).

In diesem Kontext hielt Stern in einem Tätigkeitsbericht aus dem Jahr 1931 eine Schwerpunktverschiebung der Institutsarbeit fest. Demnach seien die Arbeiten „am Intelligenzproblem und zur Testmethodik" (Stern 1931, S. 199) im Vergleich zu den Vorjahren zurückgegangen. Stern unterstrich, dass die notwendige Weiterentwicklung der Testmethoden mit intensiven Forschungen zur Entwicklungspsychologie von Kindern und Jugendlichen einhergehen müsse. Stand bei den vom Institut erstmals 1918 konzipierten und durchgeführten Schülerauslesen (vgl. Kapitel 5.2) noch der Faktor Leistung im Mittelpunkt, rückten in der zweiten Hälfte der 1920er Jahre Denk- und Arbeitsprozesse in den Vordergrund – Sterns Erkenntnis entsprechend, dass Intelligenz nur ein Teilaspekt sei, der im Gesamtkontext des menschlichen Dispositionsgefüges betrachtet werden müsse:

„[Die Feststellung von Intelligenzleistungen führte] so lange noch nicht ins eigentliche Zentrum der Psychologie, als noch unbekannt war, auf welchem *psychischen* Wege die Lösungen vor sich gingen, und auf welche Weise besondere Teilbedingungen: der Aufmerksamkeit, des Gedächtnisses, des Denkens usw. daran beteiligt waren. Daraus ergab sich die Forderung einer eingehenden *psychologischen* Erfassung des *geistigen* Arbeitsvorgangs beim Lösen der Intelligenzaufgaben – eine Problematik, mit der unser Arbeitskreis in neuerer Zeit dauernd beschäftigt ist. Andererseits wurde es mir in letzter Zeit klar, daß bei so spezialistischer Bearbeitung die Intelligenz zu sehr als isolierte, scheinbar selbständige Disposition hingestellt würde, unter Vernachlässigung ihrer ursprünglichen Zugehörigkeit zur Ganzheit der Person. Es muß also die ‚personale Verankerung' der Intelligenz, und somit ihr elementarer Zusammenhang mit dem Trieb- Willens- und Interessenleben stärker beachtet werden." (Stern 1927, S. 158 f.; Hervorhebungen im Original)

Zeitschrift für Pädagogische Psychologie

experimentelle Pädagogik und jugendkundliche Forschung

29. Jahrg. Nr. 1   LEIPZIG   Januar 1928

INHALT

Zur Theorie der Intelligenz. Von Universitätsprofessor Dr. W. STERN in Hamburg.

Über die intellektuelle Entwicklung der reifenden Jugend. Von Universitätsprofessor Dr. O. KROH in Tübingen.

Der Einfluß des Milieus auf die kindliche Sprachleistung. Von Privatdozentin Dr. ANNELIES ARGELANDER in Jena.

Über das sogenannte „erste Trotzalter" des Kindes. Von Privatdozent Dr. A. BUSEMANN in Greifswald.

Die Grundschüler in der höheren Schule. Von Dr. TH. VALENTINER, Leiter des Instituts für Jugendkunde in Bremen.

Schrifttum.

herausgegeben von
O. SCHEIBNER UND W. STERN
unter redaktioneller Mitwirkung von
A. FISCHER

Quelle: Bayerische Staatsbibliothek München (Paed.th. 6459-29)

Q8 William Stern (1928):
Zur Theorie der Intelligenz

In: Zeitschrift für pädagogische Psychologie, experimentelle Pädagogik und jugendkundliche Forschung, 29, S. 1–10.

Die Intelligenz als differenzielle Eigenschaft des Menschen ist in den letzten Jahrzehnten zu einem der meist bearbeiteten Themen der Psychologie geworden. Aber die Beschäftigung mit diesem Problem war so stark praktisch gerichtet (insbesondere auf Intelligenzprüfungen zu diagnostischen Zwecken eingestellt), daß die theoretische Besinnung zu sehr ins Hintertreffen zu geraten droht. Hier sollen nun gerade einige theoretische Fragen angeschnitten werden, und zwar im *Zusammenhang* mit einer personalistischen Auffassung der Psychologie. Wird die Intelligenz bezogen auf die Ganzheit der Person, so ergeben sich wichtige Konsequenzen für ihr eigenes Wesen.

I. Einheitlichkeit und Modellierung der Intelligenz.

Immer wieder wird die Frage aufgeworfen, ob überhaupt das Recht bestehe, von „*der* Intelligenz" als einer einheitlichen Disposition zu sprechen. Seit Spearman ist die Einheitsthese mehrfach vertreten worden, und auch ich selbst habe mich stets zu ihr bekannt. [...][129] Zu starken und nun durchaus unannehmbaren Übertreibungen artet aber diese Meinung dort aus, wo sie zu dem Glauben führt, durch eine einzige Maßziffer die ganze geistige Beschaffenheit des Menschen kennzeichnen zu können. Ein solcher Glaube liegt – meist unausgesprochenermaßen – weitgehend der Testpraxis zugrunde, wie sie sich namentlich im Anschluß an das Binet-System ausgebildet hat; es werden dann Qualitätsunterschiede, besondere Akzentuierungsbereiche innerhalb der geistigen Betätigung usw. kaum mehr beachtet: jeder Mensch erscheint charakterisierbar und mit allen anderen linear vergleichbar durch einen einfachen Intelligenzindex, mag dieser nun im Intelligenzquotienten oder einem anderen Maßwert bestehen.

Von anderen Forschern wird nun wieder – im vollen Gegensatz hierzu – der bloße Aggregatcharakter der Intelligenz behauptet: die psychologische Analyse zeige, daß die verschiedenen intelligenten Akte auf ganz verschiedenen Sonderfähigkeiten: der Wahrnehmung, der Aufmerksamkeit, des Gedächtnisses, der phantasiemäßigen und denkmäßigen Verarbeitung des Gegebenen beruhen (Ziehen, Wittmann), und daß man nicht von „*der* Intelligenz", sondern von „*den* Intelligenzen" eines Menschen reden müsse (Lipmann).

Nach meiner Überzeugung sind in den beiden, eben skizzierten extremen Ansichten Teilwahrheiten ungerechtfertigterweise zu absoluten gemacht worden. Die

---

129 Verweis auf Stern 1920a.

Intelligenz ist weder ein starres, in sich durchaus einförmiges Vermögen, noch ist sie ein bloßes Aggregat von „Intelligenzen", die in einem Individuum beliebig ausgeprägt nebeneinander bestehen können. Vielmehr ist sie das *Gesamtniveau einer Persönlichkeit,* das aber keine gerade Ebene darstellt, sondern durch Wellenberge und Täler in jeder Person eine qualitative eigenartige *Modellierung* erfährt.

Wenn wir in jedem Menschen eine Reihe von „Dispositionen" unterscheiden, so sind diese – bei aller Verschiedenheit voneinander – doch ständig aufeinander bezogen und ineinander verflochten *durch ihre gemeinsame Zugehörigkeit zur sinnvollen personalen Einheit.* Ja noch mehr: da diese Einheitlichkeit der Person das Dominierende ist, so ist es nur eine künstliche Abstraktion, von gesonderten Dispositionen in ihr zu sprechen. Wir bedürfen wohl dieser begrifflichen Scheidung, um die Probleme wissenschaftlich zu bewältigen, müssen aber das grobe Mißverständnis vermeiden, als ob wir damit tatsächlich getrennte Einzel-„Vermögen" des Menschen festgestellt hätten.

Dies gilt nun insbesondere von den beiden Hauptarten der Dispositionen, die ich als „Richtungsdispositionen" und „Rüstungsdispositionen" bezeichnet habe. [...][130] Jenes sind die *Tendenzen* oder Einstellungen auf gewisse Ziele hin, diese die *Potenzen* oder Fähigkeiten, erstrebten Zielen näherzukommen. So gehören die Triebe, Interessen, Neigungen zu den Richtungsdispositionen, die Begabungen, das Gedächtnis usw. zu den Rüstungsdispositionen.

Nun ist das Ineinander von Richtung und Rüstung im Menschen äußerst innig; die Fähigkeiten, die dem Menschen eingeboren sind, stehen nicht hart und gleichgültig neben den ihm ebenfalls tiefst eingeborenen Richtungen seines unbewußten und bewußten Strebens, sondern wachsen mit ihnen, modellieren sich nach ihnen, wie sie ihrerseits diese Strebungen steigern oder abschwächen oder abbiegen können.

An den Rüstungsdispositionen oder Fähigkeiten haben wir nun den Unterschied zwischen einer allgemeinen Fähigkeit (der Intelligenz) und den auf besondere Gegenstandsgebiete bezogenen Fähigkeiten (den Talenten) gemacht. Es ist klar, daß bei den *Talenten* die Verbindung mit den Richtungsdispositionen besonders innig sein muß; „musikalische" Menschen oder typische „Mathematiker" sind nicht nur solche, bei denen eine besondere *Fähigkeit* zum Erfassen und Schaffen musikalischer (bzw. mathematischer) Gebilde vorhanden ist, sondern zugleich solche, die in musikalischen (mathematischen) *Interessen* aufgehen, die in einer geistigen Welt von vorwiegend musikalischer (mathematischer) Struktur *leben.* Diese Beziehung von Talent und Strebensrichtung bildet ein höchst interessantes Problem der Psychologie, das aber hier beiseite gelassen werden kann.

Dagegen muß nun hervorgehoben werden, daß ähnliches auch für die *Intelligenz* gilt. Diese ist zwar *potenziell* allgemein, aber ihre aktuelle Ausgestaltung ist aufs stärkste mitbedingt durch die Struktur der Persönlichkeit, wie sie insbesondere

---

130 Verweis auf Stern 1918d, S. 83 f.

durch die Streberichtungen bestimmt wird. Ein Mensch, der vorwiegend praktisch gerichtet ist, wird auch das geistige Rüstzeug, über das er verfügt, vornehmlich in den Dienst dieser praktischen Interessen stellen und ihm daher eine ganz spezifische Färbung geben, die wir dann als „praktische Intelligenz" bezeichnen – wogegen der nach innen gekehrte, rein denkerische Mensch seine Intelligenz zu einer „gnostischen" ausbilden wird. Dies sind die oben erwähnten Modellierungen, die es verständlich machen (aber doch nicht rechtfertigen), daß man von mehreren „Intelligenzen" in einer und derselben Person spricht. Ähnliches gilt etwa bezüglich der Unterscheidung der „reaktiven" und „spontanen" Intelligenz: die eigentliche Wurzel dieser Scheidung liegt gar nicht im Intellektuellen selbst, sondern im Charakterologischen: daß der eine Mensch der äußeren Antriebe *bedarf,* um in geistige Aktion versetzt zu werden, während beim andern die Antriebe zum Handeln spontan aus dem Innern quellen, sind Grundunterschiede ihrer *Tendenzen;* aber freilich muß sich das auch übertragen auf ihre Potenzen, so daß jener auch sein *Können* mehr in reaktiven, dieser in spontanen Leistungen bekundet. Je mehr also die Intelligenz personal verankert ist, um so mehr modelliert sie sich qualitativ, um so weniger erschöpft sie sich in der formalen Beschaffenheit eines allgemeinen Leistungsgrades.

Aber gerade weil die Persönlichkeit eine *unitas* multiplex ist, bleibt doch bei aller inneren Modellierung bestehen, daß sie *im Ganzen* eine gewisse *allgemeine* Leistungshöhe besitzt; der Unterschied, der populär durch die Ausdrücke „Klugheit" und „Dummheit" bezeichnet wird, behält seinen Sinn. Die innere Differenzierung, von der wir oben sprachen, erschwert zwar die Erkennung jenes Gesamtniveaus, aber zerstört sie nicht; wer es leugnet, „sieht den Wald vor Bäumen nicht".

Ein Mensch von gewissem Intelligenzniveau wird auf Gebieten und bei Tätigkeitsformen, die seinem innersten Persönlichkeitsstreben fernliegen, zwar aktuell weniger leisten; aber diese durch Hemmungen, Ungeübtheit, Fremdartigkeit behinderte Leistung wird sich doch für den tiefer dringenden psychologischen Blick unterscheiden von der Verhaltensweise desjenigen, der aus allgemeiner Intelligenzschwäche eben diese Leistung ebenso wie andere nicht zu vollziehen vermag.

II. Zur Definition der Intelligenz.

Die von mir seinerzeit gegebene und von vielen Forschern übernommene Definition der Intelligenz lautet: „Intelligenz ist die allgemeine Fähigkeit eines Individuums, sein Denken bewußt auf neue Forderungen einzustellen; sie ist allgemeine geistige Anpassungsfähigkeit an neue Aufgaben und Bedingungen des Lebens." Von Gegnern wurde dieser Definition zweierlei vorgeworfen: sie sei teleologisch eingestellt; und sie nähme keinen Bezug auf die denkpsychologische Beschaffenheit der bei Intelligenzakten ablaufenden Bewußtseinsphänomene.

Daß das teleologische Moment einen Vorwurf bedeute, kann gerade vom personalistischen Standpunkt aus nicht zugegeben werden; denn erst die Beziehung zum Zwecksystem der Person verleiht ja allem, was zu ihr gehört und so auch ihrer Intelligenzdisposition, Sinn und einheitliche Bedeutung. Deshalb wird eine rein denkpsychologisch gefaßte Definition die personalistische *nie* ersetzen können; denn wenn wir noch so genau angeben könnten, welche *Art* psychologischer Prozesse dort ablaufen, wo der Mensch intelligent handelt, so kann doch die *Bedeutung* dieser Prozesse nie aus ihnen selbst, sondern nur aus ihrer personalen Zweckbeziehung hergeleitet werden.

Wohl aber vermag die denkpsychologische Analyse auf die personale Deutung der Intelligenz befruchtend einzuwirken. Und da in den letzten Jahren an verschiedenen Stellen – unter anderem gerade auch an unserem Hamburger Institut – diese denkpsychologische Bearbeitung von Intelligenztests wesentliche Fortschritte gemacht hat, so ist es an der Zeit zu fragen, ob sie zu einer Revision unserer Definition Anlaß gibt. Dabei stellt sich das Merkwürdige heraus, daß zwar eine Revision notwendig ist, daß diese aber die personal-teleologische Auffassung nicht abschwächt, sondern bekräftigt.

Die psychologische Analyse lehrt nämlich zunächst das *Negative:* das Wesen der Intelligenz ist nie und nimmer durch das Ablaufen bestimmter Aktformen des Denkens (etwa des Verstehens, des Vergleichens, des Stiftens von Beziehungen, des Abstrahierens, des Kombinierens oder was man sonst finden mag) zu erklären. Alle diese Funktionen kommen in Intelligenzleistungen vor, und es ist äußerst lehrreich, ihre psychische Struktur zu erfassen; aber sie *kennzeichnen* „Intelligenz" so wenig, wie etwa die im Organismus aufweisbaren Stoffwechsel-, Atmungs- usw. Vorgänge den Tatbestand „Leben" zu kennzeichnen vermögen. Deshalb sind auch alle Versuche *grundsätzlich* verfehlt, die auf eine oder andere solcher psychischen Funktionen die Definition der Intelligenz aufbauen.

Dies gilt für *alle* Versuche der letzten drei Jahrzehnte: für Binets Reduktion der Intelligenz auf Aufmerksamkeitsvorgänge und Ebbinghaus' Definition der Intelligenz als Kombinationsfähigkeit – bis zu der jüngsten Erklärung O. Manns, Intelligenz sei die Fähigkeit, zu einem Begriff aus den beziehungsmöglichen Begriffen die beziehungsnotwendigen herauszufinden.

Gegenüber diesen materialen Definitionsversuchen muß grundsätzlich gesagt werden: es handelt sich bei Intelligenzleistungen überhaupt nicht um Denkakte *bestimmter Art,* sondern um die *jeweilig geeignetsten Denkakte,* nicht um das *bewußte* Denken als solches, sondern um die Art seiner Verwertung. Nicht *daß* der Mensch so und so denken kann, sondern daß er über sein Denken als Mittel für bestimmte Lebensaufgaben *verfügen* kann – und zwar nur dort, wo es erforderlich ist, und so, wie es am zweckmäßigsten ist – macht seine Intelligenz aus.

Demnach muß die obige Begriffsbestimmung jetzt folgendermaßen umgewandelt werden:

Intelligenz ist die allgemeine Fähigkeit, sich unter zweckmäßiger Verfügung über Denkmittel auf neue Forderungen einzustellen. [Fußnote: Unter „Forderungen" dürfen hier nicht nur die von anderen Menschen ausgesprochenen Aufforderungen, Fragen, Aufgaben usw. verstanden werden, sondern auch die objektiven „Forderungscharaktere", die der Situation, den Dingen und Vorgängen der Umwelt, ja auch den wahrscheinlichen Konstellationen der Zukunft anhaften können. (Den sehr fruchtbaren Begriff des „Forderungscharakters" hat Kurt Lewin geprägt.)]

Es gehören also zwei ganz verschiedene Momente zur Intelligenz: einmal das *psychologische:* der Besitz bestimmter Denkinhalte (Begriffe, Urteile) und die Fähigkeit, gewisse Denkakte (z. B. Abstrahieren, Kombinieren, Beziehungen erfassen) überhaupt vollziehen zu können. Sodann aber das *personale* (und das ist das eigentlich entscheidende): die Fähigkeit, diese Inhalte und Akte dort einzusetzen, wo es – und so einzusetzen, wie es – die jeweilige Sache in ihrer sinnvollen Beziehung zur Persönlichkeit nahelegt.

Die denkpsychologischen Testanalysen der letzten Jahre, die sich teils auf Selbstaussagen der Prüflinge, teils auf Beobachtungen des Arbeitsvorgangs und auf Deutung der gewonnenen Leistungen stützten, haben zu beiden Momenten reiches Material geliefert. Sie haben auf der einen Seite den *Bestand* an Denkinhalten und -akten aufgewiesen, der bei Testbearbeitungen sich bemerkbar macht; eines der wichtigsten Ergebnisse in dieser Richtung besteht darin, daß die *Besonderheit der kindlichen Denkstruktur* gegenüber der des Erwachsenen in überraschender Deutlichkeit hervortrat. Allzulange hatte man gemeint, daß bestimmte Testlösungen (richtige und falsche) auf ganz bestimmte Denkvorgänge eindeutig zurückzuführen seien (weil diese nämlich beim Erwachsenen mit jenen Lösungen verbunden sind); erst allmählich wurden wir hellsichtiger für die ganz besonderen Wege, welche das kindliche Denken geht, für die eigentümliche Diffusität, die den kindlichen Denkinhalten anhaftet, für die starke Verankerung der Denkinhalte und -prozesse in den spezifisch kindlichen Interessen und Denkrichtungen. [Fußnote: Über diese entwicklungspsychologischen Besonderheiten des primitiven Denkens vergleiche man vor allem die Untersuchungen von Muchow, Werner, Volkelt, Piaget.]

Andererseits aber lieferte die denkpsychologische Analyse unerwartete Ausbeute für das zweite Moment. Es zeigte sich, daß verschiedene Individuen einen und denselben Lösungserfolg unter ganz verschieden starker und unter ganz verschieden*artiger* Beteiligung von Denkakten erzielten. Wenn z. B. bei Aufgaben, die praktisch-technische Momente enthielten, sich der eine auf seine starke Visualität verlassen kann, die ihm von selbst die anschauliche Vorstellung der ineinandergreifenden Bewegungen und des endlichen Zielzustandes vermittelt, bedienen sich andere, denen die Visualität abgeht, einer abstrakten Überlegung, die womöglich auf Kenntnis physikalischer Gesetze oder auf mathematische Formeln zurückgeht. Der erste „denkt" also nicht, ist aber darum nicht unintelligenter als der andere: im Gegenteil, er würde sich als unintelligent erweisen, wenn er, statt seine Visualität zu verwerten, die Denkoperation vollzöge, die in diesem Spezialfall für ihn einen Umweg bedeutete. Man könnte also höchstens sagen, daß dieses Individuum auf Grund seiner treffsicheren Visualität im vorliegenden Falle keine Gelegenheit habe, seine Intelligenz zu erweisen.

Unintelligent ist also nicht nur, wer zu wenig denkt, dort wo mit mehr Denken Besseres erreicht werden könnte, sondern auch, wer zuviel denkt, dort, wo mit weniger Denkaufwand Gleiches oder gar Besseres erreicht werden könnte. Der bekannte Grundsatz aller Technik und Ökonomie: möglichst großen Nutzeffekt mit möglichst kleinem Aufwand zu erzielen, gilt besonders für die Intelligenz [...]¹³¹.

Damit ist aber noch eine andere wichtige Feststellung zu verbinden. Spielt sich die Betätigung der Intelligenz nur so weit im Lichte des bewußten Denkens ab, als es erforderlich ist, dann heißt dies, daß sie sich zum anderen Teil *unbewußt* vollzieht. In der Tat: die Entscheidung, *ob* in einer bestimmten Situation bewußte Denkakte eingeschaltet werden müssen, *welche* zu wählen seien, *wann* man auf sie wieder verzichten könne – ist selbst nicht mehr eine solche, die sich im bewußten Denken abspielt, sondern die aus dem personalen Untergrunde des Menschen entspringt, die sich aufdrängt, ohne selber rational begründbar zu sein. Auch dies haben die denkpsychologischen Analysen gezeigt, indem sie fortwährend an Grenzen des bewußten Erlebens stießen, jenseits deren zum Teil die wichtigsten Schritte zur Erreichung des gesetzten Zieles erfolgten.

Die beiden letzten Gedankengänge sollen nunmehr an dem Beispiel einer speziellen Art der Intelligenz verdeutlicht und ausgeführt werden.

III. Praktische Intelligenz.

Da es Gelehrte waren, die sich mit dem Intelligenzproblem beschäftigten, so ist es nicht verwunderlich, daß man lange Zeit die Untersuchung auf die dem Gelehrten nächstliegende Intelligenzfunktion, die des theoretischen Erkennens, beschränkte. Erst die Erfordernisse der Intelligenzprüfungen – die zunächst auch noch in Testaufgaben theoretischen Charakters steckengeblieben waren – zwangen die Psychologen allmählich, sich umzustellen; denn man mußte schließlich bemerken, daß die Intelligenz des alltäglichen Lebens in der überwiegenden Mehrzahl der Fälle im praktischen Tun und nicht im theoretischen Erkennen sich bekundet und daß beide Arten der Intelligenz psychologisch recht verschieden strukturiert sind. Man stellte also der „gnostischen Intelligenz" die „praktische Intelligenz" gegenüber und begann neue Testmethoden zu ihrer Prüfung zu ersinnen. Nicht diese Methoden sollen hier besprochen werden [Fußnote: Besonders beteiligt sind an ihrer Schöpfung: Lipmann, Bogen, Giese, v. Rhoden, E. Stern, Meier und Pfahler, Böge: Eine Zusammenstellung der Methoden enthält die „Methodensammlung zur Intelligenzprüfung von Kindern und Jugendlichen" von W. Stern und O. Wiegmann, 3. Auflage, Leipzig 1926], sondern lediglich der Begriff der praktischen Intelligenz selbst geklärt werden.

---

131 Verweis auf Abschnitt III desselben Werks.

Wir grenzen die praktische Intelligenz zunächst gegen die Geschicklichkeit ab, um dann ihre Unterschiede gegenüber der gnostischen Intelligenz aufzuweisen.

Geschicklichkeit ist die Fähigkeit, motorische Leistungen nicht ganz einfacher Art zu vollziehen. Ihre niedere Form ist die ‚mechanische Geschicklichkeit' für bestimmte Handgriffe oder Bewegungskoordinationen, sei es auf Grund einer besonderen Anlage oder einer speziellen Übung. Auch die schnelle Erlernbarkeit und Mechanisierbarkeit bestimmter Bewegungen ist ein Symptom der mechanischen Geschicklichkeit. Die höhere Form ist die ‚adaptive Geschicklichkeit', bei der sich die Art der Bewegung schnell und gut den verschiedenen Forderungen des Materials und der Aufgabe anpaßt.

Die adaptive Geschicklichkeit hat mit der Intelligenz bereits die vielseitige Anpassungsfähigkeit gemeinsam. Sie geht in praktische Intelligenz über in dem Augenblick, in welchem die Bewältigung der besonderen Aufgabe eine Zwischenschaltung von Denkleistungen erfordert. Aber die Denktätigkeit bleibt bei der praktischen Intelligenz nur eines von den Mitteln, die zur Erreichung eines nicht-theoretischen Zieles erforderlich sind. Dadurch unterscheidet sie sich von der gnostischen Intelligenz, bei welcher nicht nur Denkprozesse als Mittel benutzt werden, sondern auch Denkergebnisse als Ziele vorschweben.

Betrachten wir im Einzelnen, wie sich bei der praktischen Intelligenz das intellektuelle Moment dem praktischen nicht nur ein-, sondern auch unterordnet.

1. Alles Gedankliche ist seinem Wesen nach verallgemeinernd, vereinfachend, fixierend. Alles Praktische ist konkret, unendlich, flüssig. Eine praktische Handlung ist eine werdende, sich allmählich auswirkende *Ganzheit*, Gedanken sind *starre Regelhaftigkeiten*. Es ist deshalb noch nicht ein hinreichendes Zeichen praktischer Intelligenz, wenn man eine bevorstehende Handlung gedanklich antezipiert. Gewiß ist diese vorwegnehmende Gedankenarbeit des „Planens" die Vorbedingung für die Erledigung aller umfassenderen praktischen Aufgaben; und wer ihrer nicht fähig ist – wie das Tier – ist damit von allen weiter ausschauenden, viel Zeit und Zwischenziele verlangenden Handlungen ausgeschlossen. Aber das Planen an sich ist noch nicht das praktische Handeln selbst. Denn die Entwicklung der wirklichen Handlung geht von einer unendlichen Vieldeutigkeit durch immer weiterschreitende Determinierung auf das schließliche eindeutige Ziel los. Die Unendlichkeit der Konstellationen, der Hemmungen, der Tücken der Objekte und Subjekte usw. ist grundsätzlich nie voraussehbar, ebensowenig die Folgen der einzelnen Teilhandlungen, die für den Ablauf der Resthandlung bestimmend werden müssen. Und es nützt auch nichts, wenn das Planen diesen Mannigfaltigkeiten des Ablaufs Rechnung zu tragen sucht durch disjunktive Einsetzung verschiedener Möglichkeiten mit der dazu gehörigen Wahl der weiteren Schritte. Denn auch dies ist prinzipiell nur für eine endliche, und zwar sehr kleine Zahl von Eventualitäten durchführbar, die gegen die Unendlichkeit der wirklichen Komplexionen verschwindend ist. Der Fall des Schachspielers, der für eine Reihe von

Zügen mit diesen mehrfachen Möglichkeiten wirklich rechnen kann und sich ihnen vorwegnehmend durch ein: „wenn so, dann so, wenn aber so, dann so" anpaßt – läßt sich nicht auf die unendliche irrationale Buntheit des Lebens übertragen. Hier liegt gerade ein bezeichnender Unterschied zwischen dem Gelehrten einerseits, dem Strategen, dem klugen Kaufmann, der intelligenten Hausfrau oder dem intelligenten Handwerker andererseits. Die gedankliche Antezipationsfähigkeit wird zur eigentlich praktischen Intelligenz erst dann, wenn mit ihr verbunden ist a) ein unmittelbares *Nüancengefühl* für die Wahrscheinlichkeitsgrade der verschiedenen Möglichkeiten („Konjektur" des Spekulanten), b) eine während der Handlung selbst fortwährend mögliche *Um-Anpassung*, oder was zum Teil dasselbe ist: ein allmähliches Vereindeutigen des zunächst nur umrißmäßig als „Anlage" vorhandenen Planes und zwar durch gleichzeitiges Einbeziehen des konstant bleibenden letzten Zieles und der durch Situation und bisher Erreichtes ständig sich ändernden Wege und Mittel. *Der intelligente Praktiker darf nie zum Sklaven seines Planes werden.*

2. Verwandt hiermit ist die Bedeutung des *Regelbewußtseins*. Wo ein allgemeiner Satz das Handeln bestimmen soll, sprechen wir von einem *Prinzip*. Die ausgesprochen gnostische Intelligenz setzt sich dort, wo sie Handlungen vordenken und nachbeurteilen will, die Aufgabe, die Zugehörigkeit des Einzelfalles zu einer solchen Regel zu finden. Richtig oder falsch, gut oder schlecht usw. ist hiernach diejenige Handlung, die einem Prinzip entspricht oder widerspricht.

Ein solcher „Gnostiker" würde bei unmittelbar praktischen Aufgaben, die überhaupt ein Mitdenken erfordern, leicht zum „Prinzipienreiter" werden. Gewiß braucht auch der eigentliche Praktiker bei einigermaßen verwickelten Handlungen Prinzipien: so etwa beim Packen oder Lagern verschiedenartiger Gegenstände das Prinzip, die sperrigen, unregelmäßig gestalteten Stücke zunächst in Betracht zu ziehen, da sie später nicht mehr unterzubringen sind – usw. Aber er ist nur dann wirklicher Praktiker, wenn er auch diese Prinzipien der konkreten Endaufgabe durchaus unterordnet und zwar in mehrfacher Hinsicht: a) Er muß eine selbst nicht mehr rational begründbare *Auslese* der Prinzipien treffen, die für den vorliegenden Fall Geltung haben sollen (So kann etwa das „Prinzip", sich alles, was man tut, vorher schriftlich auszuarbeiten, oder das Prinzip, immer nur alles „möglichst billig" zu kaufen, in gewissen konkreten Fällen zur Absurdität werden.) b) Er muß die verschiedenen mitwirkenden Prinzipien *zueinander* ins rechte Verhältnis setzen, eine Art *Ranggefühl* für sie haben, das nun selbst wieder nicht mehr rationalisierbar ist. Beispiel: Das oben genannte Prinzip beim Packen: „erst die sperrigen Stücke" kann sinnlos werden, wenn nach einigen sperrigen Stücken einige kleine Lücken geblieben sind, in die nun erst einmal kleine leicht unterbringbare Objekte eingesetzt werden müssen, ehe man zu weiteren sperrigen Stücken übergeht. Hier muß also zeitweilig das andere Prinzip: „Möglichste Raumausnutzung" den Vorrang erhalten. Und es kann dann auch Fälle geben, in denen *keines* der – an Zahl begrenzten – Prinzipien gilt, sondern eine ganz individuelle Handlung, deren einzige Begründung in der intuitiven Überzeugung steckt: hier und jetzt ist diese die allein berechtigte. Es muß also die sich entwickelnde konkrete Ganzheit der Handlung die daran beteiligten Prinzipien selbst strukturieren und akzentuieren, in oder außer Geltung setzen. *Der intelligente Praktiker darf nicht zum Sklaven seiner Prinzipien werden.*

3. Dasselbe noch allgemeiner gefaßt: *Der intelligente Praktiker darf nicht zum Sklaven seines Denkwunsches werden.* Da das Denken hier nur Mittel ist, so ist es gerade ein Zeichen der Intelligenz, wenn es ökonomisiert wird. Wenn Wilhelm Peters einmal [...][132] die scheinbar paradoxe Frage stellt, „ob nicht ein Unterschied zwischen Menschen verschiedener Intelligenzgrade darin liege, daß der eine erst denkend erarbeiten muß, was dem andern die Erfassung der Situation augenblicklich zuträgt – daß der Intelligente sein Denken also geradezu schonen kann, während es der andere strapazieren muß" – so ist die Frage für die *praktische* Intelligenz mit Sicherheit zu *bejahen* [Fußnote: Für die gnostische vermutlich auch.]. Mit Recht hebt deshalb auch Bogen hervor, dass die Art, wie die Anwendung des Denkens zweckmäßig geregelt werde, selbst nicht mehr ein denkendes, sondern ein intuitives Verhalten sei.[133]

Der Praktiker bekundet seine Intelligenz in der Erfassung der Stellen, wo Denkarbeit herangezogen werden muß, und derjenigen, wo sie vermieden werden kann, in der jeweilgen treffsicheren Auslese der anzuwendenden Denkmittel und in der fortwährenden Unterordnung dieser gedanklichen Momente unter die Konkretheit der Aufgabe.

Der Denkvorgang als Prozeß des *Suchens* gehört eben nur an die Stellen, wo Hemmungen eintreten, wo es nicht „von selbst" weiter geht. Und wenn das Denken mit seinen Mitteln einige Schritte weiter geführt hat, wird es wieder abgelöst durch ein intuitives, oft plötzlich eintretendes „Verstehen", das nun wieder die unbewußte Angepaßtheit der weiteren Schritte einleitet.

Da es also zum Wesen des „Praktikers" gehört, daß er mit einem Mindestmaß eigentlicher Denkarbeit sein Ziel zu erlangen sucht, so ergibt sich, daß die *affektive* Bedeutung des Denkens bei ihm eine andere ist als bei dem Gnostiker. Ihm fehlt bei aller Intelligenz die *Intellektualität*, d. h. die personale Gesamteinstellung auf geistige Tätigkeit und das Interesse an Erzielung von Einsicht um ihrer selbst willen. Diese Verschiedenheit in der Gesamtrichtung der Persönlichkeit macht es verständlich, daß zwischen praktischer und gnostischer Intelligenz nur eine mäßige Korrelation besteht.

---

132 Verweis auf Peters 1922, S. 9.
133 Die Textstelle bei Hellmuth Bogen, auf die sich Stern hier bezieht, ist nicht auffindbar.

3.4 „Eindrücke von der amerikanischen Psychologie" – Kritik an der amerikanischen Testpraxis

Durch sein nichtstatisches Intelligenzkonzept und die damit verbundene Forderung, die Resultate von Intelligenztests sorgfältig abzuwägen, aber auch durch seine bildungspolitischen Zielsetzungen, die die Förderung begabter Kinder und Jugendlicher unabhängig von der sozialen Herkunft ins Auge fasste, unterschied sich William Stern in zentralen Punkten von der US-amerikanischen Begabten- und Hochbegabtenforschung. Diese Divergenzen können als Ursache für das weitgehende Desinteresse gelten, mit dem amerikanische Psychologen der Begabungsforschung Sterns bereits in den 1920er Jahren begegneten (Schmidt 1988). Die Übersetzung von Schlüsseltexten wie dem Aufsatz *Das übernormale Kind* (Stern 1911b; vgl. Kapitel 4.1) und der Monografie *Die Intelligenz der Kinder und Jugendlichen und die Methoden ihrer Untersuchung*[134] (Stern 1914b) fand in den 1920er Jahren keine Fortsetzung – auch weil der Erste Weltkrieg eine Zäsur für die deutsch-amerikanischen Wissenschaftsbeziehungen darstellte.

Lewis Terman, der zentrale Akteur der amerikanischen Hochbegabtenforschung, dessen Arbeiten einen enormen Einfluss auf die Organisation des amerikanischen Schulwesens hatten, schloss wie viele andere US-amerikanische und britische Forscher an die von Francis Galton (1822–1911) vertretene Auffassung an, wonach hohe Intelligenz primär genetisch bedingt sei (Schmidt 1988, S. 3; zu Galton vgl. Eckart 2006, S. 78 f. und Freitag 2014, S. 191 ff.).

Diese Position stand im Zentrum von Galtons für die Hochbegabtenforschung relevanten Buches *Hereditary Genius* (Galton 1869), das 1910 in einer deutschen Ausgabe mit dem Titel *Genie und Vererbung* (Galton 1910) erschien. Auf der Grundlage gesammelter Daten von 300 Familien der britischen Oberschicht (Stammbaumforschung) versuchte Galton den Nachweis für deren gegenüber der Durchschnittsbevölkerung weitaus höheres intellektuelles Fähigkeitspotential zu erbringen – und damit zugleich die soziale Ungleichheit im hochindustrialisierten England als „natürlich" zu legitimieren. Außerdem war er an der Ausarbeitung von Programmen der Eugenik interessiert, als deren Begründer er gilt.

Der Hochbegabtenstudie *Genetic Studies of Genius* von Terman (1925), die Stern in der 1928 erschienenen vierten Auflage von *Die Intelligenz der Kinder und Jugendlichen* (Stern 1928a) kritisch besprach, setzte er den personalistischen Intelligenzbegriff entgegen. Neben „lehrreichen" Erkenntnissen (Stern 1928a, S. 460), zu denen Stern die Revision der Disharmoniethese durch Terman zählte,

---

134 Die Erstauflage dieses Standardwerks erschien 1912 unter dem Titel *Die psychologischen Methoden der Intelligenzprüfung und deren Anwendung an Schulkindern* (Stern 1912a / Q6), die zweite Auflage 1916 unter dem Titel *Die Intelligenzprüfung an Kindern und Jugendlichen* (Stern 1916a). Die dritte und die erweiterte vierte Auflage trugen den Titel *Die Intelligenz der Kinder und Jugendlichen und die Methoden ihrer Untersuchung* (Stern 1920a; Stern 1928a).

bemängelte er an dessen Studie „manche [...] Einseitigkeiten", so den Verzicht „auf individualisierende Vertiefung und Analyse" (ebd., S. 459). Kritisch äußerte er sich zur Auswahl der untersuchten hochbegabten Kinder:

„Hierbei läßt sich ein Bedenken nicht unterdrücken: dadurch daß die endgültige Auslese allein auf die Testprüfung begründet ist, wird zu einseitig die ‚reaktive' Intelligenz geprüft. Ob die spontanen, die schöpferischen, die einseitigen Begabungen durch eine solche Art der Auslese genügend miterfaßt werden, ist doch fraglich" (ebd., S. 460).

Außerdem bezeichnet Stern den Titel von Termans Buch als „irreleitend": „Geniale Kinder werden nie durch Intelligenztests ausgelesen werden können" (ebd.), schreibt er unter Verweis auf seine Unterscheidung von „Genie" und „Intelligenz". Damit kritisiert Stern primär die Absolutsetzung von Intelligenztests und die fehlende philosophische Fundierung der US-amerikanischen Intelligenzforschung. Curt Bondy (1894–1972), Sterns Schüler, Freund und Nachfolger am Hamburger Institut, schrieb später in seinen Erinnerungen, Stern habe sich besonders „am Ende seines Lebens [...] scharf und bitter gegen stupide und unwissenschaftliche Testerei gewehrt" (Bondy 1961, S. 42).

Die Kritik an der amerikanischen Testpraxis ist auch ein zentrales Element eines Berichts, den Stern nach seiner zweiten USA-Reise verfasste, die er 1929 anlässlich des internationalen Psychologenkongresses in New Haven unternommen hatte. Eröffnet wurde die Tagung durch den früheren Wundt-Schüler James McKeen Cattell (1860–1944), einem Protagonisten der Testforschung, der auch bei Galton gearbeitet und – wie Stern hervorhob – den Begriff der „mental tests" geprägt hatte. In seinem Bericht fand Stern deutliche Worte zum „Testkult", der die amerikanische Psychologie beherrschte:

Q9 William Stern (1930):
Eindrücke von der amerikanischen Psychologie (Auszug)

Bericht über eine Kongreßreise. In: Zeitschrift für pädagogische Psychologie, experimentelle Pädagogik und jugendkundliche Forschung, 31, S. 50 f.

In viel höherem Maße als durch das Laboratoriumsexperiment wird das äußere Bild der amerikanischen Psychologie durch die Methode des *Tests* bestimmt. Seit dem Kriege, in welchem die gesamte amerikanische Armee mit einem einfachen geeichten Massenverfahren auf Intelligenz getestet worden ist, hat die Testmethode eine erstaunliche – zuweilen fast beängstigende – Ausdehnung erreicht. Wir finden auf der einen Seite die von Binet eingeführte Methode der Altersstaffelung in den Abhandlungen von Terman, Kuhlmann und anderen; als ich vor 17 Jahren als Maßprinzip für solche Intelligenzprüfungen den Begriff des „Intelligenzquotienten" einführte, ahnte ich nicht, daß der „I.-Q." (sprich: Ei-kjuh) zu einer Art Allerweltsformel und zu einem der häufigsten Wörter der psychologischen Fachsprache in Amerika werden würde. Weiterhin sind dann aber noch für zahlreiche andere psychische Funktionen: für Raumanschauung, Geschicklichkeit, Aufmerksamkeit, Suggestibilität, für Kenntnisse, Rechenfertigkeit, Charaktereigenschaften usw. Testserien entwickelt, geeicht und eingeführt worden, bald unter Übernahme der „Quotienten-Methode" (Verhältnis der Altersstufe, für welche die Leistung charakteristisch ist, zum Lebensalter des Prüflings), bald unter Anwendung anderer Maßprinzipien – aber stets unter Betonung der objektiven ziffernmäßigen Norm, der dann der Einzelfall eingeordnet wird. Auch in Europa ist ja der Test längst ein unentbehrliches Hilfsmittel der Forschung geworden; aber in dem Sinn, daß er uns den Blick schärft für psychische Einzelheiten und Zusammenhänge, die wir mit dem unbewaffneten Auge nicht sehen würden – während in Amerika zuweilen das Hauptziel darin zu bestehen scheint, die Technik zu beherrschen, sowie Ziffernwerte zu gewinnen, zu korrelieren und statistisch zu bearbeiten. Daß hier die Gefahr der Mechanisierung vorhanden ist, wird weiter unten durch Stimmen aus Amerika selbst belegt werden; die dort geübte Kritik läßt erhoffen, daß der Höhepunkt des Testkults bald überwunden sein wird.

Als zeitgenössischen amerikanischen Kritiker führt Stern das Beispiel des Psychiaters und Kriminologen William Healy (1869–1963) an, Leiter eines Instituts zur Erforschung straffällig gewordener Jugendlicher, den er bei einem Abstecher nach Boston persönlich kennengelernt hatte. Indem Stern in eigener Übersetzung aus einem von Healy und Mitarbeiterinnen herausgegebenen Handbuch zitiert (Bronner/Healy/Lowe/Shimberg 1928), lässt er Healy selbst zu Wort kommen:

„Das psychologische Testverfahren, unter weiteren Gesichtspunkten gesehen, hat Bedeutung und Wert wegen seines Platzes in einem umfassenderen Unternehmen, dem Verstehen der Gesamtpersönlichkeit … Bei solchen Erwägungen kann man nur erstaunt sein über das grobe Verfahren, psychologische Tests auf mechanischem Wege zu benutzen, indem man sie in stereotypisierter Weise gibt, als ob menschliche Wesen Maschinen wären – und sie zu registrieren und zu deuten nach einem starr geeichten Maßstabe […]. Blind zu sein gegen die Komplexität, die so deutlich existiert, verrät intellektuelle Schwäche auf Seiten des Beobachters […]." (Stern 1930a, S. 69)

4 Aufgaben der Hochbegabtenforschung und -förderung

Die entstehende empirische Hochbegabtenforschung in Deutschland, die in der Historiografie der Psychologie und der Pädagogik bisher nicht behandelt wurde, erhielt durch die neu entwickelte Intelligenzdiagnostik zentrale Impulse.[135] William Stern wollte die Hochbegabtenforschung als eigenen Zweig der Kinderforschung etablieren, die sich nach der Jahrhundertwende zunächst als interdisziplinäre Bewegung außerhalb der Universitäten formiert hatte. Unter reger Beteiligung von Volksschullehrern, Ärzten, Sozialfürsorgern und Juristen wurden in ersten Studien Sprachentwicklung, Denken, Lernverhalten, Spielen und Ästhetik von Kindern thematisiert.

Stern hatte sich zum Ziel gesetzt, dieses Themenspektrum der frühen Kinderforschung durch Fragestellungen der „Begabungslehre" zu erweitern (Stern 1906b, S. 106) und dabei insbesondere kindliche Hochbegabungen zum Gegenstand empirischer Untersuchungen zu machen. Unter Verweis auf das bestehende Hilfsschulwesen forderte er eigene Schulformen oder Klassen auch für Kinder, die sich am oberen Leistungsspektrum befanden. Um diese zu identifizieren, sollten intelligenzdiagnostische Verfahren entwickelt und genutzt werden.

Wissenschaftliche Kenntnisse über Hochbegabungen beruhten zum damaligen Zeitpunkt auf einer sehr schmalen Grundlage und beschränkten sich vorwiegend auf Biografien berühmter Komponisten und Dichter[136] und der Beschreibung spektakulärer Leistungen einzelner hochbegabter Kinder, die in der Vergangenheit eher zufällig „entdeckt" und beobachtet worden waren (Schünemann 1908; Engel 1908; Thomson 1909; Ostwald 1909). Längsschnittuntersuchungen fehlten ganz. Hochbegabung wurde in der damaligen wissenschaftlichen Literatur häufig mit gesundheitlicher und moralischer Gefährdung, seelischer Instabilität und Verhaltensauffälligkeiten assoziiert. Damit wurde an die „Tradition" angeschlossen, „ungewöhnlich begabte Menschen zu pathologisieren und ihnen Kränklichkeit oder psychosoziale Probleme zuzuschreiben" (Steinmetzer/Müller 2008, S. 373 f.). Dies zeigt etwa die Behandlung der Thematik in der *Zeitschrift für Kinderforschung*

---

135 William Stern zufolge sollte die Diagnose hoher „kindlicher Intelligenzen" eine wichtige Grundlage für die schulische Hochbegabtenförderung schaffen, die sowohl an Volksschulen als auch an höheren Schulen stattfinden sollte. 1935 unterstrich er erneut die Bedeutung der Intelligenzdiagnostik für die Identifikation Hochbegabter: Es sei „eine der vornehmsten Aufgaben der Intelligenzprüfung, an der Auffindung solcher hochbegabten Kinder mitzuwirken" (Stern 1935, S. 428).

136 Die meisten Arbeiten befassten sich mit männlichen Hochbegabten. Eine Ausnahme bildet die Studie von Thomson (1909), die sich der deutsch-russischen Dichterin Elisabeth Kulmann (1808–1825) widmet.

(Cernej 1901; Boodstein 1909; Berkhan 1910a und 1910b), dem 1895 gegründeten bedeutendsten Publikationsorgan, das sich mit Entwicklungs- und Verhaltensstörungen von Kindern befasste.[137]
Um gesicherte Kenntnisse über hochbegabte Kinder und Jugendliche zu erlangen und zu systematisieren, bedurfte es nach Stern der Bündelung wissenschaftlicher Kräfte. Diesem Ziel widmete sich eine von vier Kommissionen des *Instituts für angewandte Psychologie und psychologische Sammelforschung,* das Stern gemeinsam mit seinem Freund Otto Lipmann 1906 in Berlin gründete (Stern/Lipmann 1908, S. 168; Heinemann 2016, S. 68). Neben Stern und Lipmann gehörten der Kommission auch die Psychologen Carl Stumpf (1848–1936) und dessen engster Mitarbeiter Erich Moritz von Hornbostel (1877–1935) an.
Im institutseigenen Organ, der von den Gründern herausgegebenen *Zeitschrift für angewandte Psychologie und psychologische Sammelforschung,* erschienen die ersten in Deutschland erarbeiteten Studien zur Hochbegabung. So veröffentlichten Stumpf und Hornbostel Einzelfallstudien über musikalisch hochbegabte Kinder (Stumpf 1908; Hornbostel 1910). Stumpfs Untersuchung des damals siebenjährigen spanischen Pianisten Pepito Arriola war vermutlich die erste vollständig dokumentierte wissenschaftliche Studie mit einem musikalisch hochbegabten Kind (Kopiez/Lehmann 2016, S. 151).[138]
Stern und der Psychiater Ferdinand Kramer befassten sich in ihrer kasuistischen Studie mit der außergewöhnlichen Gedächtnisbegabung eines Mädchens (Stern/Kramer 1908). Eine weitere Begabungsdomäne, der Sterns wissenschaftliches Interesse galt, war die zeichnerische Hochbegabung. Im Kontext der frühen Kinderzeichnungsforschung (Miller 2013, S. 46 ff.), die die bildnerische Begabung von Kindern diskutierte, erwies sich Stern als Vorreiter. In Zusammenarbeit mit Lehrkräften an Breslauer Schulen führte er eine umfassende Untersuchung von

---

137 Eine Revision der Divergenzthese, die einen Zusammenhang zwischen Hochbegabung und einer instabilen „disharmonischen" Persönlichkeitsentwicklung herstellt, erfolgte erst 1925 durch Termans Hochbegabtenstudie – ein Aspekt, den Stern positiv hervorhob. Das Resultat dieser Untersuchung stehe „jenen pessimistischen Anschauungen entgegen, als ob hochbegabte Kinder unkindlich, spielunlustig, unsozial, häßlichen Neigungen ergeben seien" (Stern 1928a, S. 462). Allerdings stand Stern der Terman-Studie auch kritisch gegenüber (vgl. Kapitel 3.4).
138 Im Rahmen seiner kinderpsychologischen Studien hatte sich Carl Stumpf bereits 1897 mit dem Thema Hochbegabung befasst (Stumpf 1897). Zum Netzwerk von Wissenschaftlerinnen und Wissenschaftlern um Stumpf, die musikalisch hochbegabte Kinder untersuchten, zählten neben Hornbostel und dem ungarischen Psychologen Géza Révész (Révész 1910) auch die Psychologin Franziska Baumgarten (1883–1970). Diese war eine gute Bekannte von Clara und William Stern und publizierte 1930 selbst eine Studie über hochbegabte Kinder, die sie untersucht hatte (Baumgarten 1930). Bei tonpsychologischen Untersuchungen kam auch der von William Stern entwickelte Tonvariator zum Einsatz (Stern 1902). Ab 1917 fanden die musikpsychologischen Untersuchungen eine Fortsetzung in Hamburg, zunächst durch den Entwicklungspsychologen Heinz Werner (Werner 1917). 1925 legte der Hamburger Musiklehrer Fritz Brehmer dann seine Dissertation *Melodieauffassung und melodische Begabung des Kindes* vor (Brehmer 1925).

Kinderzeichnungen durch. Beispielbilder und andere Exponate dieses Schulversuchs wurden 1905 in Breslau ausgestellt und einige Jahre später in einem von Stern herausgegebenen Sammelband (Grosser/Stern 1913) abgedruckt.
Stern arbeitete eng mit dem Breslauer Kunstpädagogen C. Kik zusammen, der seinem Sohn Günther privaten Zeichenunterricht erteilte. Der zeichnerischen Hochbegabung widmete Kik eine Studie (Kik 1908 und 1913), in der er unter anderem Ergebnisse des Breslauer Schulversuchs verarbeitete. Mit seinem Artikel *Ein 11jähriger Humorist* veröffentlichte Theodor Valentiner (1911) eine weitere kasuistische Studie.

4.1 „Das übernormale Kind" – das Leitmotiv des hochbegabten Kindes

Die Thematik des hochbegabten Kindes nahm Stern in seinem programmatischen Artikel *Das übernormale Kind* (Stern 1910a) auf, der im Folgenden ungekürzt wiedergegeben ist (Q 10). In diesem Schlüsseltext definiert Stern die Aufgaben der psychologischen Hochbegabtenforschung und diskutiert differenzierte schulische Angebote in Form von besonderen Klassen für hochbegabte Schülerinnen und Schüler. Seine Forderungen verband er mit einer massiven Kritik am zeitgenössischen Schulwesen und am gesellschaftlichen Umgang mit Hochbegabten. Um Abhilfe zu schaffen, bedürfe es einer Aufklärungsarbeit über den engeren Kreis der Fachpsychologen hinaus und der „Ermöglichung von Forschungen größeren Stils" (Stern 1910a, S. 166), die die Entwicklung diagnostischer Verfahren mit einschlossen. Beachtenswert ist die Unterscheidung von intellektuellen Hochbegabungen und unterschiedlichen Begabungsdomänen, die Stern hier vornimmt.
Publiziert wurde *Das übernormale Kind* 1910 in der Zeitschrift *Der Säemann*,[139] dem Vereinsorgan des *Bundes für Schulreform*. Dies war ein 1908 gegründetes interdisziplinäres Expertengremium, dem Wissenschaftler, Lehrkräfte aller Schularten, Schulleiter, Vertreter der Schulverwaltung, Juristen und Politiker angehörten.[140] Auf insgesamt drei Kongressen und in Publikationen der Vereinsmitglieder wurden bildungspolitische Fragen wie die neuen Intelligenzmessverfahren oder Reformen der Lehrerbildung behandelt.

---

139 Ein Jahr später erschien dieser Schlüsseltext zur Hochbegabtenforschung im amerikanischen *Journal of Educational Psychology* (Stern 1911b).
140 Prominente Mitglieder des geschäftsführenden Ausschusses waren neben William Stern unter anderem Ernst Meumann, Aloys Fischer (1880–1937), Georg Kerschensteiner und Hugo Gaudig (1860–1923). Auch Gertrud Bäumer, die damalige Vorsitzende des *Bundes Deutscher Frauenvereine*, gehörte dem männlich dominierten Gremium an. Die Mitgliederstruktur der Ortsgruppen war heterogener. So befanden sich unter den Breslauer Mitgliedern 176 Männer und 86 Frauen (Dudek 1989, S. 158).

Zu den wichtigsten Themenkomplexen zählte dabei Intelligenz und Begabung von Schülerinnen und Schülern, denn im Gegensatz zu den überkommenen Schulformen sollten künftige Reformen an die lern- und entwicklungspsychologischen Voraussetzungen der Kinder und Jugendlichen anschließen. Das Ziel des *Bundes für Schulreform* war es laut Satzung, Forschungen „auf dem Gebiete der geistigen Entwicklung der jugendlichen Persönlichkeit" durchzuführen (Bund für Schulreform 1910, S. 57) und auf dieser Grundlage Reformen anzustoßen. Damit trug der „Bund" in der Vorkriegszeit maßgeblich zur Verbreitung reformpädagogischen Denkens in Deutschland bei.

Stern zählte zu den Gründungsmitgliedern des *Bundes für Schulreform* und übernahm den Vorsitz der *Sektion für Jugendkunde*[141]. Sein herausragendes wissenschaftspolitisches Engagement für die Ziele des Vereins ist auch daran erkennbar, dass die Breslauer Ortsgruppe sich zur mitgliederstärksten Sektion entwickelte und mehr Mitglieder aufwies als Hamburg, wo sich der Hauptsitz des „Bundes" befand. Zur Breslauer Sektion gehörten unter anderem Mitglieder des *Jüdischen Frauenbundes* (Lipmann 1912) und eine Gruppe angehender Lehrerinnen und Lehrer um Edith Stein, die in Breslau auch bei Stern studierte (Internationales Edith-Stein-Institut 2002, S. 121).

In seinem Artikel *Das übernormale Kind* setzt sich Stern zu Beginn (siehe S. 120 ff. in diesem Band) kritisch mit den Vorurteilen und Einwänden gegen die Hochbegabtenforschung und -förderung auseinander, die Anfang des 20. Jahrhunderts sowohl wissenschaftlich als auch gesellschaftlich kontrovers diskutiert wurden:[142] Weder dürfe die Hochbegabtenforschung angesichts drängenderer gesellschaftlicher Aufgaben als „Luxussache" abgetan werden noch die Hochbegabtenförderung gegen Förderschulen und andere Maßnahmen für leistungsschwache Schüler ausgespielt werden. Hier wird deutlich, dass Stern die Persönlichkeits- und Individualitätsentwicklung Hochbegabter einerseits und Elitebildung andererseits nicht als gegensätzliche Pole begriff, sondern von Anfang an miteinander dachte. Hochbegabtenforschung und -förderung lägen im Interesse des Einzelnen und der Gesellschaft, weil Letztere, um sich weiterzuentwickeln, einer „Elite" bedürfe.

Außerdem widersprach Stern dem Klischee, Begabte würden sich „schon selber" durchsetzen und bedürften keiner besonderen Förderung. Diese Position steht

---

141 Der zentrale Begriff „Jugendkunde" wurde in der Vorkriegszeit synonym zu „Kinderpsychologie" verwendet und bezeichnete die Erforschung sowohl des Kindes- als auch des Jugendalters. Die wissenschaftliche Behandlung des Jugendalters als eigene Lebensphase begann erst in den 1920er Jahren.

142 Einwände gegen besondere Schulformen für hochbegabte Kinder (Schregel 2021, S. 144 ff.) kamen von Reformpädagogen wie Hugo Gaudig und Hermann Lietz (1868–1919). Deutliche Kritik übten auch sozialistische Autoren. So war in einem Beitrag der *Sozialistischen Monatshefte* zu lesen, die Klassifizierung von Menschen in Begabte und Unbegabte stehe „der menschlichen Würde ganz entgegen" und beruhe auf der „Wahnvorstellung von der besten *Ausnutzung* der im Menschen vorhandenen *Anlagen*" (zit. nach Schregel 2021, S. 146).

nicht nur im Widerspruch zu anderen Stellungnahmen aus jener Zeit, sondern auch zur Ausrichtung der Lehrerbildung (Bergold 2011), die bis in die 1980er Jahre hinein davon ausging, dass sich Begabte allein aufgrund ihres besonderen Fähigkeitspotentials den „Weg nach oben" bahnen würden und folglich keine besonderen Kenntnisse der Lehrkräfte im Hinblick auf (Hoch-)Begabung und deren Fördermöglichkeiten erforderlich seien.

Gegen diese Haltung setzt Stern die Aussage, im „Massenbetrieb" der Schule würden Hochbegabte „nur allzu leicht übersehen" (Stern 1910a, S. 71). Durch den am Durchschnitt orientierten Unterricht erhalte das hochbegabte Kind „weit weniger, als [es] annehmen und verarbeiten kann, ja, als [es] erhalten muß, damit seine hohen Anlagen ihre ganze Wirksamkeit entfalten" (ebd., S. 72).[143] Generell fehlten laut Stern Einsichten in die psychologischen Phänomene der Hochbegabung sowie die Fähigkeit und Bereitschaft von Lehrkräften, auch mit Kindern zu arbeiten, die sich nicht in das gewohnte Schema einpassen ließen. Insbesondere die Messung der Schulleistung in Form von Zensuren werde dem Phänomen der Begabung nicht gerecht, denn die subjektiven Urteile und Fehleinschätzungen von Lehrkräften[144] setzten gute Noten mit hoher Begabung gleich.

Daher solle die Forschung Vorurteilen gegenüber Hochbegabten und ihrer Förderung entgegenwirken und auf gesamtgesellschaftlicher Ebene eine aufklärende Funktion entfalten – auch um der Instrumentalisierung hochbegabter Kinder vorzubeugen. Stern hielt es für dringend erforderlich, den Kinderschutz, der im späten 19. Jahrhundert institutionell und normativ ausgebaut worden war, auf hochbegabte Kinder auszudehnen, um deren „Überforderung", „Dressur" und Ausbeutung durch ehrgeizige Eltern zu verhindern. Damit sollte der öffentliche

---

143 Auch in der Belletristik dieser Epoche ist die Schulkritik, der zufolge die Schule des Kaiserreichs hochbegabte Kinder nicht nur nicht fördere, sondern ihre Begabung behindere oder gar die Kinder „breche", ein häufiges Motiv (Solzbacher 2002, S. 12 ff.). Im Hinblick auf zeichnerische Begabung konstatierte der Breslauer Kunstpädagoge C. Kik, der mit William Stern in engem Kontakt stand:

„Nicht nur, daß sie [„übernormal" zeichnende Kinder] in der Schule vielfach keine Anerkennung und Förderung ihrer Eigenart finden, das ausschließliche Abzeichnen sowie eine übermäßig starke Betonung des Formalen kann ihrem Talent geradezu gefährlich werden" (Kik 1913, S. 53).

144 Vor diesem Hintergrund thematisierte Stern später die Notwendigkeit, geeignete Lehrkräfte für die schulische Hochbegabtenförderung auszuwählen:

„Von wem sollen die Begabten unterrichtet werden? Die Auslese der richtigen Lehrer wird kaum weniger bedeutsam sein als die der richtigen Schüler. So wie sich für die Unternormalen ein besonderer Lehrertyp, der der Hilfsschullehrer, herausbildete, so wird auch der Lehrer der Begabten [gemeint sind insbesondere hochbegabte Kinder] seine besondere seelische Eigenart haben müssen. Er hat es zwar mit interessanteren aber auch mit unbequemeren Schülern zu tun; er muss mit ihrer geistigen Selbständigkeit, ihrem Forschungsdrang und tieferen Interessen, aber auch mit dem bei ihnen besonders hervortretenden revolutionären Zuge des Sturmes und Dranges, mit ihrer Neigung zu Kritik und Opposition rechnen; er muss diesen Bestrebungen Verständnis und Einfühlung entgegenbringen, zugleich aber jene geistige Überlegenheit, welche die nötige Willensschulung der Schüler nicht zu kurz kommen lässt" (Stern 1919a, S. 294).

Umgang mit „Wunderkindern" bekämpft werden, der durch Unkenntnis und Sensationslust geprägt war.[145] Kinderschutz und Förderung müssten Hand in Hand gehen, so Stern, der es als zentrale Aufgabe der entstehenden Kinderpsychologie sah, für die Verletzlichkeit des sich entwickelnden Kindes zu sensibilisieren.
Im zweiten Teil seines Artikels (siehe S. 124 ff. in diesem Band) legt Stern Vorschläge für eine Neugliederung des Schulwesens vor, die sich an der Kategorie der Begabung orientieren. Die künftige Hochbegabtenforschung werde die Grundlage für die umfassende Förderung Hochbegabter schaffen, durch die die bisherigen „Zufälligkeiten" einzelner Fördermaßnahmen durch Stiftungen und wohlmeinende Mäzene abgelöst würden. Auf schulischer Ebene wollte Stern die spekulative Schülerbeurteilung auf eine wissenschaftliche Basis stellen, um das „viel zu rohe[ ] Versetzungs- und Prüfungsschema der Alltagspädagogik" zu überwinden (Stern 1910a, S. 162).
Organisatorisch schlug er „Klassen für Übernormale" (ebd.) vor, d. h. für kognitiv hochbegabte Schülerinnen und Schüler.[146] Hierbei griff Stern einen Vorschlag des Oberlehrers und Philosophen Joseph Petzoldt (1862–1929) auf, aber im Unterschied zu Petzoldt (1905) wollte er die zu schaffenden Einrichtungen für Hochbegabte nicht auf die höheren Schulen begrenzen, sondern auch auf den Volksschulbereich ausdehnen. Die sachliche Basis für die Zuweisung von Schülerinnen und Schülern an die „Begabtenklassen" seien noch zu entwickelnde Intelligenztests, die Aufschluss über „Grad, Art und Entwicklungsmöglichkeit" einer Hochbegabung geben sollten (ebd., S. 166). Auch in dieser Hinsicht entwickelte Stern Petzoldts Vorschlag weiter, der die Auswahl für die Hochbegabtenförderung auf das Lehrerurteil beschränken wollte (Ingenkamp 1989, S. 176 f.).
Außerdem forderte Stern unentgeltliche „Talentklassen" in den Volksschulen für bildnerisch, musikalisch, technisch-naturwissenschaftlich, mathematisch und sprachlich hochbegabte Kinder, denn er hatte auch bisher „unentdeckte" Begabungen in sozial schwachen Schichten im Blick, deren Entfaltung durch die bisherigen Schulstrukturen verhindert werde. In diesem Zusammenhang kritisierte er die äußerst ungleiche Verteilung von Bildungschancen und die bildungspolitische Zweiteilung des damaligen Schulsystems, das im Laufe des 19. Jahrhunderts eine strikte Trennung von höherer und niederer Bildung entwickelt hatte.[147]

---

145 Auch an anderer Stelle kritisiert Stern die damalige Fassung des Kinderschutzgesetzes, das „die Heranziehung von Kindern zu künstlerischen Darbietungen ausdrücklich" erlaube (Stern 1910a, S. 164). Dabei hatte er insbesondere die Vermarktung musikalischer „Wunderkinder" im Blick, die im 19. und frühen 20. Jahrhundert als Inbegriff von Hochbegabung galten.
146 In einem weiteren Text, der in den Flugschriften des *Bundes für Schulreform* publiziert wurde, sprach Stern (1910b, S. 45) von „Vorzugsklassen oder -Schulen".
147 Auch dem Anfang des 19. Jahrhunderts entstandenen Schulwesen war der Begriff der „Begabung" nicht fremd, diente er doch dem entstehenden Bürgertum um 1800 zur Neustrukturierung des Schulwesens (Hoyer/Weigand/Müller-Oppliger 2013, S. 56). Die verpflichtende Einführung des Abiturs sollte gewährleisten, dass sich die Söhne dieser aufsteigenden sozialen

Die Bildungswege von Kindern wurden durch ihre soziale Herkunft entschieden, weshalb der Besuch einer höheren Schule (Gymnasium, Oberrealschule oder Realoberschule) um 1900 nur einer kleinen Minderheit von 3 bis 5 Prozent eines Jahrgangs möglich war. Die übergroße Mehrheit der Kinder war aufgrund mangelnder ökonomischer und kultureller Ausstattung der Familie auf das niedere Schulwesen, den Volksschulbereich, beschränkt.

Als positives Beispiel für die bildungspolitische Forderung, hochbegabte Kinder unabhängig von sozialer Herkunft und finanziellen Möglichkeiten der Eltern zu fördern,[148] hob Stern die *Education Aid Society* hervor, eine Londoner Wohlfahrtsorganisation, die bedürftigen und hochbegabten jüdischen Kindern kostenfreien Unterricht ermöglichte (vgl. hierzu auch o. V. 1910).[149] Förderinstitutionen dieses Zuschnitts seien in Deutschland ein Desiderat.

Mit diesem emanzipatorischen Grundgedanken unterschied sich Stern von anderen Stimmen seiner Zeit, denn vielfach ging man davon aus, dass sich die Verteilung von Begabungen in der gesellschaftlichen Ordnung abbilde, in den „unteren" Sozialschichten also nicht genügend förderungswürdige Begabungen vorhanden seien (vgl. auch Kapitel 3.4). Damit bejahte Stern die in den damaligen Begabungsdiskursen kontrovers diskutierte Frage (Hoyer/Weigand/Müller-Oppliger 2013, S. 54), ob sich die „Talentsuche" auch in den ärmeren Schichten lohne, die von mittlerer und höherer Bildung weitestgehend ausgeschlossen waren.

In diesem Zusammenhang hob Stern wiederholt ein Ergebnis der Zeichenversuche des Stadtschulrats und Reformpädagogen Georg Kerschensteiner hervor, der Reihenuntersuchen an Münchner Schulen durchgeführt hatte und dabei

---

Schicht durch „Leistung" und „Begabung" für gesellschaftliche Führungspositionen legitimieren konnten. Durch diese Kategorien grenzte sich das Bürgertum vom Adel ab, der bislang Ämter in Staat und Gesellschaft allein aufgrund privilegierter Herkunft für sich beansprucht hatte. Seit Mitte des 19. Jahrhunderts wies das höhere Schulwesen eine starke Abschottungstendenz nach unten auf, die dem Bestreben der bürgerlichen Schichten entsprach, den eigenen Nachkommen Bildungsprivilegien zu sichern.

148 Auch in seiner Studie über zeichnerisch hochbegabte Kinder betonte C. Kik, dass „die größten und nachhaltigsten Talente unbemittelten Handwerkerkreisen entstammen und aus der Volksschule hervorgehen" (Kik 1913, S. 51). Ihre Förderung hänge oftmals vom Zufall ab oder unterbliebe ganz wie im Fall von Gertrud H., einem von Kik beobachteten Breslauer Mädchen, das die Schule nach nur kurzer Zeit wieder verlassen musste, um als Kindermädchen zu arbeiten und zum Lebensunterhalt der Familie beizutragen. „Es ist bedauerlich, daß ein solch ausgesprochenes Talent wegen Mittellosigkeit keinen passenden Beruf ergreifen kann" (ebd., S. 11).

149 In der jüdischen Tradition war Bildung kein schichtspezifisches Privileg, sondern sollte jedem Mitglied der jüdischen Gemeinschaft zuteilwerden. Vor diesem Hintergrund teilte Stern die Erfahrung eines in der europäischen Geschichte beispiellosen sozialen Aufstiegs, wie er deutschen Juden im 19. Jahrhundert mit dem Aufstieg ins Bildungsbürgertum gelungen war (Lässig 2004). Jüdische Jungen und Mädchen besuchten im Kaiserreich mit weit überdurchschnittlicher Häufigkeit eine höhere Schule und die jüdischen Bildungsdiskursen jener Zeit spiegeln häufig die Ansicht, dass die individuelle Begabung von Kindern den Ausschlag für ihre Bildungskarriere geben solle (Schatzker 1988).

außergewöhnliche Zeichentalente „entdeckt" hatte (Heinemann 2021, S. 116f.). Kerschensteiner zufolge kamen diese zeichnerisch hochbegabten Kinder ganz überwiegend aus sozial schwächeren Elternhäusern (Kerschensteiner 1905). Diesen Aspekt hob auch Stern hervor:

> „K. ist hier der Entdecker von mehreren wahren Künstlern geworden, deren Eltern fast alle dem Handwerkerstande angehören; um Zweifel zu beseitigen, hat K. selbst die volle Selbständigkeit der Produktionen überwacht. Mit Bewunderung steht man vor diesen Portraitstudien und Tierdarstellungen armer 13jähriger Knaben, die niemals im Unterricht hierzu Anregung erhalten hatten, vor den in Linienführung und Tongebung vorzüglichen farbigen Landschaften eines achtjährigen, der lediglich einem malenden Onkel oft zugesehen hatte, vor der perspektivisch tadellosen Raumdarstellung eines 7jährigen Mädchens." (Stern 1906a, S. 385)

Nach dem Vorbild des von ihm geschätzten Kollegen Kerschensteiner, der ebenfalls im *Bund für Schulreform* aktiv war, schlug Stern regelmäßige schulische Testungen auch in weiteren Begabungsdomänen vor.

ZEITSCHRIFT FÜR JUGENDWOHLFAHRT JUGENDBILDUNG & JUGENDKUNDE

DER SÄEMANN

JAHRG. 1910 HEFT 2 FEBRUAR

Dr. HANNS: Die neue Lex Bérenger ※ Prof. Dr. WILLIAM STERN: Das übernormale Kind ※ E. LYTTELTON M. A., B. D.: Schulknaben und Schularbeit ※ Amtsgerichtsrat SEIFFERT: Zum Vorschlage eines Erziehungswohnsitzgesetzes ※ W. SP.: Die Lektüre und andere Einflüsse in unserer Jugend ※ Prof. Dr. H. NEUMANN: Syphilis und Jugend ※ DRIL-RAICH: Das russische Jugendschutzgesetz vom 5. Mai 1909 ※ Prof. WILLIAM H. BURNHAM: Das Haus gegenüber den anderen Erziehungsfaktoren ※ Dr. GERTRUD BÄUMER: Probleme der religiösen Bildung ※ Prof. Dr. O. WEYNAND: Vom Lesen und Erklären der Dichtwerke ※ Mitteilungen: Probleme der Fürsorgeerziehung ※ Verfügung des preußischen Ministers des Innern betr. Waisenpflege ※ Eine Entschließung des Bayrischen Ministeriums des Innern betr. Jugendfürsorge ※ Generalvormundschaft in Hamburg ※ Eine Resolution der Zentrumsfraktion ※ Jugendbewegung in den Hirsch-Dunckerschen Gewerkvereinen ※ Was will der Bund hessischer Schulreformer? ※ Ein neuer Bund ※ Kurze Mitteilungen ※ Stimmen des Tages: Ein Wort des Reichskanzlers ※ Landerziehungsheime ※ Ein Kunsterziehungsprogramm für die Arbeiterjugend ※ Rückblick und Ausblick: Das Sittliche im Kinde ※ Religion und Schule ※ Andacht ※ Religion: Leben! Beilage: Georg Kerschensteiner nach einer Plakette ※ von Prof. MAXIMILIAN DASIO ※

VERLAG B. G. TEUBNER BERLIN-LEIPZIG

Quelle: Bayerische Staatsbibliothek München (Paed.th. 6455 m-1)

Q10 William Stern (1910):
Das übernormale Kind

In: Zeitschrift für Jugendwohlfahrt, Jugendbildung und Jugendkunde.
Der Säemann, 1, H. 2, S. 67–72 (Teil I) und H. 3, S. 160–167 (Teil II).

Nur in wenigen programmatischen Sätzen möchte ich hier auf ein Kulturproblem hinweisen, das zweifellos in den kommenden Jahrzehnten eine bedeutende Rolle zu spielen berufen ist, für dessen Behandlung aber bisher erst vereinzelte und unsichere Ansätze vorliegen.

Nach einem psychologischen Scheidungsprinzip kann man die Menschen einteilen in die große Masse der Normalen, in solche, die unter der Norm stehen, und in solche, die sich über die Norm erheben. Wie verhält sich die Pädagogik zu dieser Scheidung?

Seit Jahrhunderten haben wir eine Pädagogik der normalen Kinder, ja alle Pädagogik war bis vor kurzem so gut wie ausschließlich in Theorie und Praxis auf das durchschnittliche Kind eingestellt.

Seit wenigen Jahrzehnten haben wir daneben eine Pädagogik der unternormalen Kinder; und wir sehen mit Recht in allen diesen Bestrebungen zur Förderung und zum Schutz der geistig Schwachen und Minderwertigen, der Verwahrlosten und Degenerierten, der Blinden und Taubstummen einen Ruhmestitel unseres sozialen Zeitalters.

Was uns aber noch fehlt, ist eine *Pädagogik der übernormalen Kinder,* und doch ist deren Bedeutung nicht geringer einzuschätzen.

Relativ gering ist ja wahrscheinlich die *Zahl* der in Betracht kommenden Individuen; aber der Wert einer Kulturaufgabe mißt sich nicht nach der Kopfzahl der Beteiligten ab; planmäßige pädagogische Maßnahmen, die hundert Übernormalen zugewandt werden, können unter Umständen für Individuen und Gemeinschaft reichere Blüten tragen, als der zehnfach größere Energieaufwand, der tausend Unternormalen gewidmet wird.

Auch ein anderer Einwand ist zu erwarten: Die Unternormalen stellen einen schreienden Notstand inmitten der Gesellschaft dar; hier heiße es zunächst Abhilfe schaffen. Solange es noch nicht genug Hilfsschulen für die Schwachen gebe, können wir nicht an Schulen für die hervorragend Befähigten denken; und gegen Aufgaben, wie die Bekämpfung des Verbrechertums, der Verwahrlosung, der Degeneration unter der Jugend erscheine die Aufgabe einer Förderung der Talente und hohen Intelligenzen mehr eine Luxussache.

Dieser Einwand ist nicht stichhaltig. Hier gibt es kein Nacheinander, sondern nur ein Zugleich. Sowenig ein Kulturstaat wegen der Existenz von Armut und Not auf die „Luxuserscheinungen" der Museen und Akademien, auf die Pflege von Forschung und Kunst verzichten kann, sowenig darf die Pädagogik neben der Pflege der Schwachen dessen vergessen, daß die nach der andern Seite hin von der Norm Abweichenden eigene Aufgaben stellen und besondere Pflichten auferlegen.

Das Übernormalen-Problem hat seine individual-pädagogische und seine sozialpädagogische Seite.

Einerseits handelt es sich um die begabten *Individuen* selber. In ihnen haben wir Verheißungen künftiger Werte besonderer Art zu sehen; und solche Werte nicht verkümmern zu lassen, sondern mit allen Mitteln zu einer möglichst ungebrochenen Verwirklichung zu führen, ist eine Pflicht, die, einmal erfaßt, der Kulturmenschheit nicht mehr aus dem Bewußtsein schwinden kann.

Man darf sich hier nicht bei dem oft zu hörenden Gemeinplatz beruhigen: Bedeutende Talente setzen sich schon selber durch. Zum Durchsetzen gehört vor allem große körperliche und Willensenergie; und diese kann oft in geringerem Maße bei einem hervorragenden Talent vorhanden sein, dessen Verkümmerung so zu befürchten ist. Zuweilen sind auch die äußeren Verhältnisse derart, daß selbst der stärkste Wille erfolglos kämpft. Und endlich: Auf welches Beweismaterial stützt sich jener Satz? Man kennt ja doch nur die Talente, die sich tatsächlich durchgesetzt *haben*. Von den großen Anlagen, denen kein Reifen vergönnt war, erzählt kein Heldenbuch.

Andrerseits handelt es sich darum, die *Gemeinschaft* zu fördern, indem man ihr eine möglichst hochgeartete Schicht von geistigen Führern und Kulturträgern sichert. Was an bedeutenden Talenten, genialen Anlagen, großen Intelligenzen unentwickelt bleibt, ist nicht nur ein Verlust für die Individuen selbst, sondern für den Fortschritt des Volks und der Menschheit. Ja, unter sozialem Gesichtspunkt wird eine Übernormalen-Pädagogik geradezu als *Gegengewicht* gegen die jetzt so aufblühende Unternormalen-Pädagogik gefordert. Eine einseitige Konzentration der pädagogischen Bestrebungen auf das Ziel, die Schicht der Minderwertigen zu schützen und zu stützen, muß auf die Dauer das Kulturniveau herabdrücken, wenn nicht gleichzeitig auch die Schicht der Überwertigen gestärkt und gefördert wird.

Was heißt denn nun aber „übernormal"? Wir werfen damit eine Frage auf, die in die Psychologie gehört. Eine befriedigende Antwort ist heute noch nicht möglich, da die wissenschaftliche Psychologie eben erst anfängt, sich mit diesem Problem zu beschäftigen. Nur einige provisorische Andeutungen, die zum Verständnis des Folgenden nötig sind, können gegeben werden.

Da ist zunächst klar, daß wir den Begriff nicht etwa mit dem des „Genies" identifizieren dürfen. Wahre Genies sind so selten, daß man für sie nicht eine eigene Pädagogik aufstellen kann; und sie sind zugleich in höherem Maße als sonst irgendein Individuum unabhängig von den eigentlichen Erziehungseinflüssen.

Wir verstehen also unter Übernormalität nicht etwas qualitativ total Neuartiges, sondern die *graduell höchsten Formen in der Ausprägung der allgemein vorhandenen Anlagen.* Wo und nach welchen Gesichtspunkten hier freilich die Grenze zwischen der Breite des Normalen und dem Übernormalen gezogen werden muß, ist künftiger psychologischer Forschung und pädagogischer Praxis zu überlassen.

Mit einiger Sicherheit aber kann man schon jetzt behaupten, daß sich die Übernormalen in zwei Gruppen scheiden: die speziell und die generell Übernormalen. Bei der ersten Gruppe ist eine bestimmte Seite der Psyche besonders stark ausgeprägt, während die übrigen Seiten nicht über das Normalmaß hinauszuragen brauchen, zuweilen sogar dahinter zurückstehen: es sind die großen *Talente oder Begabungen.* Hierher gehört das hervorragend musikalische Kind, das künstlerisch begabte, das mathematisch, das technisch, das sprachlich besonders veranlagte Kind. Im andern Falle verbreitet sich die Übernormalität über die Ganzheit des seelischen Lebens, zwar nicht über alle Teile gleichmäßig, doch so, daß eine allgemeine höhere Veranlagung die Formen des Funktionierens auf den verschiedensten Gebieten beeinflußt. Es sind die großen *Intelligenzen.* (Die genauere Untersuchung der möglichen Differenzierungen, Kreuzungen und Mischungen der verschiedenen Übernormalitätsformen ist wieder eine Zukunftsaufgabe der Psychologie).

Die Übernormalen-Pädagogik muß sich auf alle Formen der Übernormalität erstrecken; sie wird aber den verschiedenen Gruppen gegenüber zum Teil verschiedene Verfahrungsweisen anzuwenden haben.

Sehen wir aber zunächst zu, wie sich die Kultur *gegenwärtig* zum übernormalen Kinde verhält.

Es geschieht ja schon so manches für Kinder dieser Art. Armen Volksschülern, die besonders gute Fähigkeiten, sei es im allgemeinen, sei es auf speziellen Leistungsgebieten zeigen, wird durch Freistellen und Stipendien der Übergang zur höheren Schule, zur Universität, zur Kunstschule usw. ermöglicht. Stiftungen, Gesellschaften und Einzelmäcene sind eifrig bestrebt, für vielversprechende jugendliche Talente, die ihnen aufstoßen, die Kosten der Erziehung und speziell der künstlerischen Ausbildung zu bestreiten. Aber wie wenig im Verhältnis zu dem, was geschehen müßte, und vor allem, wie zufällig, wie unsystematisch ist das alles! Wie unökonomisch wird mit den an sich so spärlichen Mitteln gehaust! In der sozialen Hilfstätigkeit sind wir glücklich über die Phase des ungeordneten, von Zufallsgelegenheiten abhängigen Almosengebens hinaus; in der Sorge für die Übernormalen sind wir noch mitten darin.

Ein Beispiel nur für diese Zufälligkeiten. Vor einigen Jahren stellte der hervorragende Münchener Pädagog [!] Kerschensteiner an etwa 50 000 Volksschulkindern Münchens jene berühmten Experimente an, in denen die Kinder freie Zeichnungen bestimmter Sujets nach dem Gedächtnis und nach der Natur anzufertigen hatten. Unter den Ergebnissen fanden sich einige von überraschendem künstlerischen Werte; und als Kerschensteiner nachforschte, stellte es sich heraus, daß es sich fast durchweg um Kinder ganz armer Eltern handelte und daß bei den meisten das hervorragende Zeichentalent von der Schule nicht genügend gewürdigt, ja zum Teil sogar überhaupt nicht bemerkt worden war. Kerschensteiner konnte dafür sorgen, daß die betreffenden Kinder weiterhin der Kunst- oder Kunstgewerbeschule überwiesen wurden und so Gelegenheit fanden, ihre besondere Begabung auszubilden und zu verwerten. Was aber wäre aus diesen Kindern geworden, wenn K. zufälligerweise nicht jenes Experiment gemacht hätte? Und wie viele ähnliche künstlerische Talente mögen an anderen Orten unerkannt verkümmern, an denen keiner daran denkt, solche Proben zu machen? Und würden nicht auf allen möglichen anderen Gebieten durch entsprechende Proben ähnliche Talent-Entdeckungen zu erwarten sein?

Die Schule, die ja nur einen begrenzten Kreis von Leistungen bestimmter Art fordert, kann hervorragende Leistungsfähigkeiten auf anderen Gebieten nur allzu leicht übersehen. Oder sie nimmt wohl gar Anstoß daran, daß der Schüler sich in seinen Leistungen auf dem betreffenden Gebiet nicht dem verlangten Durchschnittsschema fügt, sondern „Allotria" treibt. Aber selbst wenn sie die besondere Begabung bemerkt, so hat sie meist bei der Notwendigkeit des Massenbetriebes gar nicht die Möglichkeit, sie richtig einzuschätzen und etwas Besonderes für sie zu tun.

Es gibt aber noch Schädigungen ganz anderer Art, und sie betreffen leider oft gerade die höchsten Stufen übernormaler Begabung. Ich meine das *Wunderkinder-Unwesen*. Es ist mir unbegreiflich, daß nicht schon längst eine allgemeine Entrüstung den Kampf gegen die Geldgier und Ruhmsucht verblendeter Eltern und gegen die Unvernunft des begeisterten Publikums aufgenommen hat, um diese vorzeitig sich entwickelnden Knospen menschlicher Begabung zu retten.

Die in der Öffentlichkeit erscheinenden Wunderkinder vertreten sehr verschiedene Begabungsgebiete: wir finden das lesende Baby, den kindlichen Gedächtniskünstler, den Rechenkünstler; aber die weitaus meisten gehören der Musik an; hier bringt wohl jedes Jahr einige neue Kinder auf das Konzertpodium. Nun sind diese Wunderkinder durchaus nicht alle künftige Genies; oft handelt es sich nur um eine zeitlich beschleunigte Entwicklung, die dann auch umso schneller zum Stillstand kommt; die Kinder sind frühreif, aber damit auch früh fertig und enttäuschen später die auf sie gesetzten Hoffnungen. Aber selbst für diese Kinder ist das Herumgeschlepptwerden durch die Öffentlichkeit, das Verhätscheltwerden durch das Publikum, die einseitige Ausbildung in die Augen fallender Sensationsleistungen und die Vernachlässigung einer ruhigen und harmonischen Gesamtbildung ein Verderb für das ganze Leben. Um wieviel mehr aber gilt dies für jene wenigen Auserwählten, die den Keim zu wirklicher Größe, zu schöpferischem Künstlertum in sich tragen und aus denen nun gewaltsam bloße Virtuosen gezüchtet werden, oder die gar durch das Vagantenleben in der Jugend an Körper und Seele Schaden leiden!

Bezog sich das bisher Gesagte vornehmlich auf hervorragende Spezialbegabungen, so haben wir nun einen Blick auf die hervorragenden *Allgemeinbegabungen* zu werfen.

Daß der Schulbetrieb in seiner gegenwärtigen Form diesen nicht angepaßt ist und sein kann, ist ja ohne weiteres klar. Er ist notwendig auf das breite Mittelgut eingestellt; dadurch ist seine Methodik, das Tempo des Vorwärtsschreitens, der Grad der Vertiefung bestimmt. Auch unser Examens und Berechtigungswesen bewirkt, daß der Hauptwert auf die Herbeiführung eines dem Durchschnitt zugänglichen Normalwissens gelegt wird. Der hervorragend Intelligente erhält somit weit weniger, als er annehmen und verarbeiten kann, ja, als er erhalten muß, damit seine hohen Anlagen ihre ganze Wirksamkeit entfalten.

Aber nicht nur unökonomisch ist der Durchschnittsschulbetrieb für den abnorm Befähigten, sondern unter Umständen geradezu *moralisch* gefährdend. Denn die Erfüllung der geforderten Aufgaben wird ihm spielend leicht gemacht; die Langsamkeit des Fortschreitens und die häufigen Repetitionen langweilen ihn; die tieferen Interessen, die er mitbringt, werden nicht berücksichtigt. So kann sich leicht Trägheit, Laxheit und Schulekel entwickeln; es fehlt der Zwang, Selbstzucht und Pflichtbewußtsein unter ständiger Anspannung des Willens auszubilden – kurz die hohen ethischen Aufgaben, welche die Schule sich stellen muß, werden bei ihm nicht verwirklicht. Und das ist doppelt bedauernswert, weil große geistige Gaben erst dann wahre Werte darstellen, wenn sie in den Dienst eines festen pflichtbewußten Willens gestellt werden.

Über die Wege, welche eine künftige zielbewußte Pädagogik der Übernormalen zu gehen haben wird, soll der nächste Aufsatz handeln.

II.

Während die in der ersten Abhandlung aufgestellte These, *daß* etwas für die Übernormalen geschehen müsse, kaum auf ernstlichen Widerstand stoßen dürfte, wird die zweite Frage, *was* zu geschehen habe, erst nach lebhaftem Meinungskampf zu lösen sein. Auch meine Vorschläge sollen vor allem die Diskussion anregen.

Wie mir scheint, müssen wir zwei Aufgaben der Übernormalen-Pädagogik auseinanderhalten: die praktische der Förderung und des Schutzes, die theoretische der Feststellung, Erforschung und Prüfung übernormal begabter Kinder.

A. *Die praktischen Aufgaben* sind wiederum verschieden, je nachdem es sich um hervorragende Allgemeinbegabungen (Intelligenzen) oder um Spezialtalente handelt; denn für jene wird die ihnen angemessene pädagogische Einwirkung innerhalb, für diese außerhalb der Schule zu suchen sein.

Eine sehr interessante Bewegung der Gegenwart ist die *Psychologisierung der Schulgliederung:* In die Einteilung der Schulen und Klassen, die bisher nach Gesichtspunkten der Standes-, Geschlechts- und Altersverschiedenheit erfolgte, greifen nun auch rein psychologische Gesichtspunkte, nämlich Unterschiede der Begabung ein. Man erkennt, daß in Klassen, deren Insassen die verschiedenste Befähigung besitzen, die Individualisierung des einzelnen vernachlässigt und zugleich die Erreichung des Klassenzieles gefährdet wird. So entstand der Gedanke, die psychologisch Gleichartigen zu Klassen zusammenzustellen. Nun aber wurde bisher diese Abspaltung sehr einseitig gehandhabt, nämlich vom Durchschnitt aus lediglich nach *unten* hin: die Insassen der Sickingerschen Förderklassen, der Hilfsschulen und der Schwachsinnigenanstalten stellen so drei verschiedene psychologische Stufen der Unternormalität dar.

Dies System fordert nun aber notwendig die Ergänzung nach *oben* hin durch *Klassen für Übernormale.* Und zwar sind solche Vorzugsklassen, wenn sie überhaupt eingeführt werden, gleichmäßig für Volksschulen wie für höhere Schulen zu schaffen; denn für die Entwicklung der geistig Hervorragenden dürfen die Schranken des Standes und des Geldbeutels nicht maßgebend sein. Für Volksschulen beginnt die Einsicht bereits wach zu werden, daß die Errichtung von Eliteklassen in der Konsequenz der Sickingerschen Breitengliederung liegt, und einige Städte (z. B. Charlottenburg) gehen mit der Errichtung solcher Klassen vor. Für höhere Schulen hat der Spandauer Oberlehrer Petzold bereits vor fünf Jahren „Sonderschulen für hervorragend Befähigte" gefordert (in einer Broschüre dieses Titels, Teubner 1905), ohne daß er meines Wissens die verdiente Resonanz gefunden hätte.

Die Vorzugsklassen dürften natürlich nicht dem gewöhnlichen Schulsystem als eine Art Selecta aufgesetzt werden, sondern müßten schon zum mindesten von der Mitte des Systems ab nebenherlaufen. In sie hinein wären nur solche Schüler zu nehmen, bei denen in der Tat die *allgemeine Intelligenz* (nicht nur ein einzelnes Leistungsgebiet) hervorragend veranlagt ist; und zwar muß die Übernormalität einen außerordentlich hohen Grad haben, um die Einreihung zu rechtfertigen, so daß die Vorzugsklasse nur durch allerstrengste Auslese zustande kommt. (Petzold schlägt z. B. vor, daß aus sämtlichen Quintanern einer Großstadt wie Berlin jedes Jahr die 20 Befähigtsten ausgesucht werden, und daß aus ihnen eine einzige Vorzugsquarta gebildet werde, die sich dann in den weiteren Stufen fortsetzt.)

Finden sich für solche Klassen und Schulen die geeigneten Lehrpersonen und werden sie an Umfang nicht zu groß genommen, so können ihre Leistungen sehr beträchtliche sein. Durch ein ganz anderes Tempo im Vorwärtsschreiten und durch Erweiterung und Vertiefung der Bildungsstoffe, durch Zurückstellung des Drilles und mechanisch Gedächtnismäßigen, durch besondere Pflege der selbständigen geistigen Be- und Verarbeitung des Stoffes, durch freiere Wahl innerhalb der Lehrgegenstände (namentlich in den Oberklassen) könnte den großen Anlagen der Schüler die ihnen gebührende Entwicklungsmöglichkeit gegeben werden, zugleich aber – durch die ganz andere Höhe der Anforderungen – jene Selbstzucht des Willens und des Pflichtbewußtseins geübt werden, wie es für den Begabten in der Durchschnittsschule gar nicht möglich ist. Und für die Gesellschaft wird eine Schicht führender Geister mit wirklich tiefer und allseitiger Bildung vorbereitet.

Daß auf der anderen Seite mit den Eliteklassen auch Gefahren verbunden sind, soll nicht geleugnet werden. Vor allem ist die Züchtung des geistigen Hochmuts zu fürchten, da sich ja die Vorzugsschüler geradezu offiziell als erstklassige Menschen gestempelt fühlen. Dem kann, wie schon Petzold betont, nur dadurch entgegengewirkt werden, daß das dauernde Verbleiben und Aufsteigen in den Vorzugsklassen nicht allein durch die glückliche Begabung, sondern nur durch ständige Anspannung des Willens, durch treue und ernste Pflichterfüllung erreicht werden kann; dann fallen diejenigen, bei denen sich die hervorragende intellektuelle Fähigkeit nicht mit Charakterstärke verbindet, bald von selber ab [Fußnote: Natürlich muß auch vermieden werden, daß sich schon im Namen der Klassen die Bevorzugung ausspricht; die oben gebrauchten Ausdrücke „Vorzugs"- und „Elite"-Klassen sollen nur zur vorläufigen Verständigung dienen.]. Eine zweite Gefahr ist, daß die hohen Anforderungen zu einer Überbürdung der Eliteschüler führen; hier muß also die Schulhygiene mit erhöhter Sorgfalt berücksichtigt werden. Eine dritte Gefahr besteht in der Willkür der Auslese; diese muß allerdings dem üblichen, viel zu rohen Versetzungs- und Prüfungsschema der Alltagspädagogik entzogen und auf eine (weiter unten zu erwähnende) wissenschaftliche Grundlage gestellt werden. Alles in allem können, wie ich glaube, die Gefahren, obwohl vorhanden, doch so verringert werden, daß sie durch die außerordentlichen Vorteile für Individuum und Gesellschaft reichlich überkompensiert werden.

Anders gestalten sich die pädagogischen Aufgaben bei den übernormalen *Spezialtalenten*. Hier kann die Schule als solche wenig tun. Höchstens kann man bei der Zuweisung zu einer bestimmten Schulgattung die Begabungsqualität mehr in Betracht ziehen. Dies gilt vor allem für den Unterschied zwischen humanistischer und realistischer Anstalt; denn diesem Unterschied entspricht eine Differenzierung der Begabungsrichtung, die spätestens in der Mitte der Schulzeit deutlich hervortritt; aber leider lassen sich Eltern bei der Wahl der Schule durch den Nimbus einer bestimmten Schulgattung, durch die Weite des Schulwegs und andere Faktoren viel mehr bestimmen als durch die spezielle Richtung in der Veranlagung des Kindes. Und so kann es kommen, daß ein Schüler mit hervorragendem Talent für naturwissenschaftliche Beobachtung und Forschung in einem humanistischen Gymnasium zu den Schlechten, Gelangweilten und Verkannten gehört – ein Phänomen, das bekanntlich von den radikalen Gegnern des Gymnasiums gern mit berühmten Beispielen belegt und ungerechtfertigterweise verallgemeinert wird.

Was die Volksschüler anbetrifft, so ist es nötig, daß die Behörden die unter den Schülern hervorragenden Talente *kennen* (worüber im nächsten Abschnitt [!]) und daß sie ihnen außerhalb des normalen Schulbetriebs die Möglichkeit geben, ihre Gaben zu pflegen und auszubilden. Warum soll man z. B. bei außergewöhnlichen künstlerischen Begabungen erst die Schulentlassung abwarten, um etwas Besonderes für sie zu tun? Diese Kinder könnten sehr wohl vom gewöhnlichen Zeichenunterricht dispensiert und dafür in einer Spezial-Kunstklasse unter Leitung eines künstlerisch durchgebildeten Lehrers vereinigt werden. Ähnliche spezielle Talentklassen ließen sich auch für die hervorragend Musikalischen, vielleicht auch für eine Reihe anderer übernormaler Sondertalente (das mathematische, technische, sprachliche) einrichten. Bedingung wäre hier, daß die Allgemeinbildung keinen Schaden litte; eine Überbürdung müßte durch Dispense von den entsprechenden Schulfächern vermieden werden. Alle Spezialklassen müßten natürlich ebenso wie die Volksschule selbst unentgeltlich sein. Hier öffnet sich vor allem den Stadtgemeinden ein neues Betätigungsfeld, das ihnen direkt reiche Früchte tragen wird. Denn das Wirken dieser aus der breiten Masse hervorgegangenen und gut durchgebildeten Talente wird ja in erster Linie der Heimat zugute kommen.

Und endlich die höchste Blüte der Spezialbegabung, also die jugendlichen Spezialgenies oder *Wunderkinder.* Hier sind nicht mehr behördliche, sondern nur noch private Maßnahmen möglich; aber diese müssen ihres bisherigen Zufallcharakters entkleidet werden. *Das Mäzenatentum bedarf der Organisation,* etwa in Form einer Gesellschaft zur Erziehung und zum Schutz übernormaler Kinder. Eine solche Gesellschaft hätte die von Mäzenen gestifteten Mittel zu einem Fonds von großer Wirkungskraft zu vereinen, sie hätte die Nachrichten über auftauchende Wunderkinder und hervorragende jugendliche Talente zu verfolgen und zu sammeln, bezüglich dieser Kinder zu recherchieren, sie vor der Ausbeutung durch gewinnsüchtige Eltern zu schützen, sie in bezug auf den Grad ihrer Begabung und ihre sonstigen psychischen und physischen Eigenschaften zu prüfen und schließlich diejenigen, die auf Grund ihrer Feststellungen den höchsten Ansprüchen genügen, unter ihre ständige Obhut zu nehmen. Diese Obhut hat sich zu erstrecken auf Vermittlung einer vorzüglichen Ausbildung des Talents und Gewährung der notwendigen Existenzmittel, sodann aber auch auf Beschaffung einer guten und harmonischen Gesamtbildung und Sicherung eines ruhigen, fern von der Öffentlichkeit sich vollziehenden Heranreifens.

Daß eine solche Organisation möglich ist, beweist das Beispiel Englands, wo bereits seit einigen Jahren eine derartige Gesellschaft besteht. Diese „Education Aid Society" ist allerdings an konfessionelle Schranken gebunden (für jüdische Kinder) und sehr eng begrenzt in ihrer Leistungsfähigkeit (sie verfügt über einen Jahresetat von 24 000 M., mit dessen Hilfe 44 jugendliche Personen unterstützt werden; die Unterstützung muß sich auf Gewähren freien Unterrichts beschränken); immerhin aber sucht sie das oben geforderte psychologische Ausleseprinzip nach dem Höchstgrad der Begabung mit allen Kautelen durchzuführen. In ihrem Bericht heißt es:

„Die Aufgabe der Gesellschaft ist, Erziehungsgelegenheiten für diejenigen zu beschaffen, deren natürliche Talente sie einen hohen Rang in der Welt der Berufe oder der freien Künste beanspruchen lassen, die aber aus finanziellen Gründen verhindert sind, die Laufbahn einzuschlagen, auf welche sie sonst rechtmäßigen Anspruch hätten. Die Gesellschaft erkennt indessen an, daß unter den gegenwärtigen sozialen Verhältnissen nur die Entfaltung von ganz hervorragenden Fähigkeiten ihr das Recht gibt, einen armen Schüler aus seiner natürlichen Umgebung herauszureißen und ihn für eine berufliche oder künstlerische Laufbahn vorzubilden."

Die Gesellschaft arbeitet in vier Sektionen: Für Musik, bildende Kunst, Literatur und exakte Wissenschaften. Jede Sektion hat einen Sachverständigenbeirat aus ersten Fachleuten und eine Gruppe von Helfern. Die Sachverständigen haben einerseits die Aspiranten gründlich zu prüfen und nur bei günstigster Beurteilung ihrer Begabung zur Unterstützung zu empfehlen, ferner die Stipendiaten dauernd im Auge zu behalten und von Zeit zu Zeit ihre Fortschritte durch Prüfungen festzustellen.

Es gehört für einen Mäzen freilich eine große Selbstverleugnung dazu, auf die freie Verfügung über die von ihm zu gewährenden Unterstützungsmittel und auf die individuelle und persönliche Beziehung zu seinem Schützling zugunsten einer Gesellschaft zu verzichten; und bei dem starken Individualismus des Deutschen wird gerade bei uns eine solche Organisation vielleicht noch größere Widerstände zu überwinden haben als anderwärts; dennoch muß sie versucht werden; denn es gibt keinen andern Weg, aus dem mittelalterlichen Almosenbetrieb mit seiner Kraftzersplitterung und Zufälligkeit herauszukommen.

Endlich wäre noch in Betracht zu ziehen, ob nicht auch die *Gesetzgebung* zum Schutz der „Wunderkinder" in Anspruch genommen werden sollte, um sie den oben erwähnten Gefährdungen, die mit dem öffentlichen Auftreten verbunden sind, zu entziehen; das gegenwärtige Kinderschutzgesetz versagt hier, weil es die Heranziehung von Kindern zu künstlerischen Darbietungen ausdrücklich freigibt.

B. *Theoretische Aufgaben.* Die wirkungsvolle Durchführung der oben skizzierten praktischen Maßnahmen zur Förderung der Übernormalen ist nun aber gar nicht möglich ohne die vorgängige und nebenhergehende Erfüllung einer anderen Bedingung: der *wissenschaftlichen* Erforschung, Prüfung und Aufsuchung der übernormalen Begabungen.

Welche ungeheure Summe von Fleiß und wissenschaftlichem Scharfsinn wird gegenwärtig verwandt auf das gründliche Studium der unternormalen und der abnormen Kinder, auf deren verschiedene Arten und Entwicklungsformen, auf ihre Abhängigkeit von Milieu und Vererbung – und wie dürftig ist im Vergleich dazu unser Wissen um die Übernormalität im Jugendalter! Biographische Notizen aus der Jugend berühmter Männer und vereinzelte Daten über sensationelle Leistungen von Wunderkindern boten hier bis in die letzte Zeit das einzige Material, das weder an Umfang, noch an Sicherheit den Ansprüchen der wissenschaftlichen Erkenntnis im entferntesten genügen kann. Was wir brauchen, ist ein systematisches *Studium* jugendlicher Übernormaler, ein Studium, das sich vor allem auf die Entwicklung ihrer *psychischen* Eigenschaften, sodann aber auch auf physiologische, anthropologische, soziologische, hereditäre Probleme erstrecken muß.

Einige der Aufgaben, welche dieser neue Zweig der Jugendpsychologie zu lösen hat, sind schon früher erwähnt worden; sie im einzelnen darzustellen, ist hier nicht der Ort. Nur darauf sei hingewiesen, daß alle von der neueren Kinderforschung ausgebildeten Methoden bei diesen Untersuchungen zusammenwirken müssen. Es wird ebenso nötig sein, hervorragend begabte Individuen möglichst ausführlich zu „psychographieren" und in ihrer seelischen Entwicklung zu verfolgen, wie durch Vergleichung vieler Individuen Typen und Korrelationen festzustellen. Es müssen einerseits die kritisch bearbeiteten Jugendbiographien historischer Persönlichkeiten, andererseits die direkten Beobachtungs- und Experimentalresultate an lebenden Übernormalen verwertet werden; es müssen die Talentproben übernormaler Kinder (Zeichnungen und Plastiken, technische Erzeugnisse, Gedichte, Kompositionen usw.) systematisch gesammelt und analysiert werden und anderes mehr.

Wenn nun auch in der angedeuteten Richtung schon hier und da einiges geschieht [Fußnote: Eine Sammelstelle für neuere Untersuchungen dieser Art bildet die „Zeitschrift für angewandte Psychologie" (Hrsg. von Stern und Lipmann), in der Monographien über übernormale zeichnerische, musikalische und Gedächtnisbegabungen bei Kindern erschienen sind.], so ist es doch zweifellos, daß diejenige Behandlung der Übernormalen-Psychologie, die für die Grundlegung pädagogischer Maßnahmen nötig ist, mit den bisherigen Mitteln der Jugendkunde an Instituten und Mitarbeitern nicht geleistet werden kann. Denn die Aufgabe ist umfassend genug, um ständig einen ganzen Stab von Forschern und größere finanzielle Aufwendungen in Anspruch zu nehmen; und so kommen wir denn auch von hier aus zu der Forderung eines großen *Zentralinstituts für Jugendkunde,* dessen Schöpfung der neugegründete „Bund für Schulreform" auf sein Programm setzen muß.

Die rein wissenschaftlichen Forschungen werden dann zweifellos dazu führen, Methoden der *Intelligenz- und Talentprüfung* auszuarbeiten, die den schwierigen Anforderungen der Übernormalen-Pädagogik genügen. Was wir heute prüfen, sind *Leistungen,* die wiederum ein unkontrollierbares Produkt aus den mannigfaltigsten Bedingungen (Übung, Vorbild, Lerngelegenheit, Fleiß, Anlage usw.) sind. Was wir prüfen *wollen,* ist ein einzelner dieser Faktoren, nämlich die *Veranlagung* selbst nach Grad, Art und Entwicklungsmöglichkeit. Erst wenn hierfür Prüfungsmittel (sogenannte „Tests") von zuverlässiger Beweiskraft ausgebildet sind, kann die Zuweisung zu Vorzugsklassen für hervorragende Allgemeinintelligenzen, zu Spezialklassen für hervorragende Sonder-Talente, die Bewertung der Wunderkinder usw. in einer Weise vor sich gehen, die der Willkür entzogen ist. Dann ist zu hoffen, daß die Behandlung der Übernormalen sich ebensoweit entfernt hält von dem Unverständnis des pädagogischen Nur-Routiniers wie von dem kritiklosen Überschwang des begeisterten Schwärmers, der in jeder einigermaßen auffallenden Leistung das Wahrzeichen des Genies erblickt.

Es sind dies freilich alles noch Zukunftsbilder, vielleicht sogar Bilder einer nicht ganz nahen Zukunft. Aber es schien doch nötig, die Richtung des zu gehenden Weges anzudeuten, damit überhaupt die ersten Schritte möglich werden. Denn wenn nicht weitere Kulturkreise über den engen Rahmen der wenigen Fachpsychologen hinaus für diese Probleme interessiert und zu tätiger Anteilnahme, insbesondere durch Ermöglichung von Forschungen größeren Stils, bewogen werden, ist eine befriedigende Lösung der wichtigen Aufgabe nicht denkbar.

Das scheinbar Utopische obiger Ausblicke darf nicht schrecken, am allerwenigsten in unserer Zeit. Vor nur fünf Jahren erschien noch die Idee, daß es besondere Richter für die Jugend geben müsse, als reinste Utopie; heute ist sie volle Wirklichkeit geworden. Ebenso schnell hat sich die Institution der Schulärzte durchgesetzt, die erst von den Pädagogen als Eindringlinge aufs heftigste bekämpft wurden. Ganz ähnlich wird es mit den *Schulpsychologen* gehen; sie werden kommen, weil sie notwendig sind. Ein ständiger schulpsychologischer Prüfungs- und Überwachungsdienst (unter dessen Aufgaben die Kontrolle der Übernormalen nur eine unter vielen ist), wird sich bald als Bedürfnis erweisen und zur Anstellung besonderer Persönlichkeiten, sowie zur Errichtung städtischer Prüfungsstationen führen.

Übrigens gibt es eine Gruppe psychologischer Maßnahmen, die schon heute im Interesse der Übernormalen-Pädagogik durchgeführt werden können: die *Feststellung* der Übernormalen. Wir wissen genau, wie viele und welche Kinder unter sämtlichen Schulpflichtigen einer Großstadt kurzsichtig oder krüppelhaft sind, aber wir haben keine Ahnung, wie viele und welche hervorragenden Zeichner, Musiker, Mathematiker sich unter ihnen befinden. Hier können wir wahrhafte Entdeckungsreisen in unserer engsten Heimat machen, etwa in der Weise, wie es Kerschensteiner einmal für eine bestimmte Begabungsrichtung in München getan hat. Diese Aufgabe der bloßen *Herausfindung* der Übernormalen aus der Masse aller Kinder ist – verglichen mit den oben erwähnten Aufgaben der Erforschung und Prüfung – so einfach, daß sich bereits jetzt ausreichende Methoden zu ihrer Lösung ausarbeiten ließen. Es müßten dann z. B. sämtliche Schulkinder einer Großstadt in einem Jahr auf ihre allgemeine Intelligenz (etwa mit der verbesserten Binetschen Methode), im zweiten Jahr auf ihre Fähigkeit im freien Zeichnen, im nächsten auf ihre musikalische Fähigkeit usw. geprüft werden; wird dieser Turnus alle 6 bis 7 Jahre wiederholt, so besitzt die Stadtverwaltung eine Übersicht über die Verteilung der Begabungen in der heranwachsenden Generation, die von höchster Bedeutung für die verschiedensten pädagogischen wie kulturellen Maßnahmen werden kann.

> Wenn es den obigen knappen Darlegungen gelungen ist, zu zeigen, daß das Problem der jugendlichen Übernormalität dringend der Diskussion bedürftig ist und wenn sie zugleich durch Formulierung einiger Hauptstreitpunkte die Diskussion in Gang zu bringen vermögen, dann haben sie ihren Zweck erfüllt.

4.2 „Studienvorbereitung für hochbegabte Volksschulabgänger" – Fördermaßnahmen nach dem Ersten Weltkrieg

Die Thematik hochbegabter Kinder spielte während des Ersten Weltkriegs und in der unmittelbaren Nachkriegszeit erneut eine zentrale Rolle. Nach Kriegsende wurden von staatlicher Seite erste Schritte zur demokratischen Öffnung des Schulwesens unternommen und die Verbesserung der Bildungschancen benachteiligter Bevölkerungsgruppen ins Auge gefasst, die im Kaiserreich von höherer Schulbildung und dem Universitätsstudium ausgeschlossen waren. Der Schwerpunkt lag dabei auf begabten Volksschülerinnen und -schülern, denen der Zugang zur Hochschulreife eröffnet werden sollte. Vor diesem Hintergrund trat Stern für die Schaffung von „Begabtenschulen" ein, die „hochbegabte Volksschulabgänger" beiderlei Geschlechts gezielt auf ein Universitätsstudium vorbereiten sollten, und warb in einem Beitrag dafür, der 1919 in der *Hamburger Universitäts-Zeitung* veröffentlicht wurde (Q 11).

Sterns Einsatz für eine – modern gesprochen – „begabungsgerechte" Förderung lässt sich an seinem politischen Engagement während der Revolution 1918/19 erkennen. Diese begrüßte er wie viele Angehörige des jüdischen Bürgertums als Chance zur gesellschaftlichen Erneuerung. Stern war Mitglied im Hamburger Lehrerrat, der sich im November 1918 konstituiert hatte und bildungspolitisch sozialdemokratische und linksliberale Positionen vertrat. Der Rat beschloss umfassende Schulreformen, die den Übergang zur Einheitsschule einleiteten, Schulgeld- und Lernmittelfreiheit sowie finanzielle Unterstützung für Kinder, deren Eltern den Besuch einer höheren Schule sonst nicht finanzieren konnten (Heinemann 2016, S. 270).

Bildungspolitische Ziele vertrat Stern außerdem als Mitglied im Hamburger *Werkbund geistiger Arbeiter*, einem maßgeblich durch den liberalen Richter Gustav Schiefler (1857–1935) initiierten Zusammenschluss Hamburger Intellektueller, Künstler und Literaten, darunter vorwiegend Sozialisten und reformorientierte Bürgerliche (Bockel 2018, S. 65 ff.; Bieber 1992, S. 131 ff.). Der „Werkbund" unterstützte vornehmlich Reformen im Erziehungs- und Bildungswesen und hatte sich auch für die Gründung der Universität Hamburg und die Organisation von Vorlesungen für Kriegsrückkehrer eingesetzt. An oberster Stelle in seinem bildungspolitischen Programm stand die Forderung, Begabten „freie Bahn" im Bildungswesen zu verschaffen.[150]

> **Q11** William Stern (1919):
> **Studienvorbereitung für hochbegabte Volksschulabgänger**
> In: Hamburger Universitäts-Zeitung, 1, Nr. 4, Sommer-Semester 1919, S. 118–120.

Wir alle bekennen uns heute rückhaltslos zu der Forderung, daß die höchsten Begabungen aus allen Schichten des Volkes die bestmögliche Ausbildung erhalten müssen – um ihrer selbst und um des Gesamtwohls willen. Das hat zur Folge, daß auch die Universität in anderer Weise als früher den hochbefähigten und für theoretische Studien innerlich geeigneten Jugendlichen aus den breiten Volksschichten zugänglich gemacht werden muß. Es ist aber andererseits unbedingt zu fordern, daß dieser Schritt die wissenschaftliche Höhe und Gründlichkeit der Universitätsarbeit in keiner Weise beeinträchtigen darf. Deshalb kommt alles darauf an, daß der aus den Volkskreisen stammende akademische Nachwuchs mit gründlicher wissenschaftlicher Vorbildung zur Universität komme.

In späteren Jahren wird ja nun die Einheitsschule diese Vorbildung gewährleisten; aber es wird ein Jahrzehnt vergehen, ehe sie bis zu den obersten Schulklassen hin durchgeführt sein wird. Inzwischen muß aber etwas geschehen für jene jungen Leute mit bloßer Volksschulbildung, die sich durch ihre geistigen Fähigkeiten weit über den Durchschnitt ihrer Genossen erheben. Und auch späterhin wird es immer solche Persönlichkeiten geben, die lange nach Absolvierung einer anderweitigen Schulbildung in sich den Drang und die Fähigkeit zum Studium erwachen fühlen. Was ist für alle diese zu tun?

Es scheint mir wichtig, hier zunächst die irrige Meinung zu bekämpfen, als ob die *Volkshochschule* imstande wäre, als Vorbereitungsanstalt für diesen Zweck zu dienen. Sie würde um ihre eigentliche Bedeutung kommen, wenn sie zugleich als „Presse" verwandt würde. Die Volkshochschule soll die Bildung der weitesten Kreise vertiefen, soll das Leben geistig gestalten, soll denken und schauen lehren; sie soll neben dem Beruf ein Quell geistiger Freuden sein. Aber sie soll nicht in

---

150 Dies war auch eine Forderung im Wahlprogramm der linksliberalen DDP. Dass die Einbindung der „Starken aus allen Ständen" zwingende Voraussetzung für den militärischen Sieg darstelle, hatte schon Reichskanzler Theobald von Bethmann Hollweg 1916 in einer Reichstagsrede formuliert und dabei betont: „Freie Bahn für alle Tüchtigen – das sei unsere Losung" (Bethmann Hollweg 1916, S. 1694).

systematischem Unterrichtsbetrieb, der einen Verzicht auf Berufstätigkeit verlangen würde, für bestimmte Ziele vorbereiten. Wir brauchen also eine besondere Organisation für einen besonderen Zweck: *eine Studienvorschule für junge Volksschulabgänger.*

Der *Werkbund geistiger Arbeiter in Hamburg,* der sich bereits um manche ideelle Fragen, vor allem auch um das schnelle Zustandekommen der Universität verdient gemacht hat, hat die Idee einer solchen Anstalt durchdacht und in einem Ausschuß, dem Mitglieder der Universität, des Schulwesens und der Arbeiterjugend-Organisationen angehören, einen Plan fertiggestellt; es handelt sich nicht um eine höhere Schule gewöhnlicher Art, die mit einem üblichen Abiturium abschließt, sondern um eine neuartige freie und doch an Bildungswert den bestehenden ebenbürtige Schulform. Diese Schule soll vom Staat geschaffen werden.

Entscheidend für die Gestaltung der Schule ist, daß die Schüler *erwachsene* junge Leute beiderlei Geschlechts sein werden, welche bereits ausgesprochene Interessenrichtungen und Bestätigungsgebiete ihrer Begabung haben, denen aber noch die nötigen Vorkenntnisse, die methodischen Vorbedingungen und das geistige Handwerkszeug zur studienmäßigen Verwertung ihrer Fähigkeiten fehlen. Dies Fehlende soll ihnen gegeben werden – oder vielmehr sie sollen es sich in intensiver Selbsttätigkeit, in Arbeitsgemeinschaften mit geschickten verständnisvollen Lehrern erwerben. Da ist eine Gruppe, die politisch und volkswirtschaftlich interessiert ist: sie wird die sprachlichen, geschichtlichen, bürgerkundlichen Kenntnisse sich aneignen, ohne die ein nationalökonomisches Studium nicht möglich ist. Eine andere Gruppe denkt an künftige technische oder naturwissenschaftliche Studien, eine dritte findet sich auf Grund sprachlich-literarischer Fähigkeiten und Neigungen zusammen. Stets wird sich die Auswahl der Arbeitsgebiete um den Schwerpunkt des Hauptinteresses gruppieren. Selbstverständlich wird Deutsch und Geschichte, wohl auch eine Fremdsprache, in Abteilungen eine Rolle zu spielen haben.

Wir haben hier das Ideal einer „Begabtenschule" vor uns, in der einmal recht von Herzen die Ideen einer neuen Pädagogik: die Ideen der Jugendgemäßheit, der Selbsttätigkeit, der Gemeinschaftsarbeit durchgeführt werden können, ohne daß der Ernst des Lernens und Schaffens darunter leiden darf. Ein zweijähriger Kurs – dem freilich die Schüler ihre ganze Zeit widmen müssen – wird sicher diese Hochbefähigten zur vollen Universitätsreife bringen; es wird dann Sache der Universität sein, dieser neuen Kategorie von Anwärtern auch die Zulassung zu gewähren, sei es auf Grund einer Abgangsprüfung oder eines an der Universität selbst abzulegenden Befähigungsnachweises.

Freilich, wir dürfen uns auch nicht die inneren und äußeren Schwierigkeiten verhehlen, mit denen die Durchführung dieses Planes zu rechnen hat. Eine innere Schwierigkeit liegt in der *Auslese der Geeigneten;* denn vermutlich werden sich zunächst mehr junge Leute des Volkes für diese Anstalt melden, als dafür fähig sind und als aufgenommen werden können. Die immer noch vorhandene Überschätzung der akademischen Berufe darf nicht dazu führen, daß durch eine plötzliche Hochflut von Studenten die Proletarisierung der geistigen Arbeit und zugleich die „geistige Auspowerung" der werktätigen Berufe herbeigeführt wird. Nur die wirklichen Spitzen der intellektuellen Begabung – und unter diesen nur diejenigen, die vorwiegend theoretisch befähigt und interessiert sind – gehören auf die Schule. Gedacht ist an eine Höchstzahl von 50 Schülern; tritt jedes Jahr oder auch nur alle zwei Jahre eine solche Zahl ein, so wird nach einiger Zeit der Anteil dieser Kreise an der Studentenschaft schon recht bedeutend sein.

Falls sich noch zunächst sehr viel mehr melden, so sollen Vorkurse, die abends stattfinden, dazu dienen, die jungen Leute selbst auf Umfang und Grenze ihrer Fähigkeiten aufmerksam zu machen. Als Ergebnis wird eine Selbstauslese erhofft, die nur die höchsten Begabungen übrig läßt. Eine etwa noch weiter nötige schärfere Auslese müßte dann durch die Schule selbst vorgenommen werden.

Die äußere Schwierigkeit besteht in jener harten Grenze, die heute der Durchführung fast aller sozialer Reformen gesetzt ist, der Finanzfrage. Der Unterrichtsbetrieb selbst würde ja den Staat nicht allzu sehr belasten, wohl aber die Unterhaltsbeihilfen, die er den Schülern gewähren müßte, da sie keine Berufsarbeit daneben treiben können. Freilich, die Pflicht des Staates zu diesen Unterstützungen ist, ideell genommen, eine sehr dringliche, würde doch die angelegte Summe wie keine andere als werbendes Kapital für die Zukunft unseres Volkes gelten können. Denn jede Hochbegabung, die *nicht* den ihr gemäßesten Wirkungskreis im Organismus der Gesamtheit erhalten kann, ist ein Verlust an geistigen Nationalvermögen. Vielleicht ist es möglich, daß solche Gedanken die maßgebenden Stellen bewegen, trotz der bedrängten Finanzlage Hamburgs ein Werk zu fördern, das ebenso in sozialer wie in pädagogischer Hinsicht von vorbildlicher Bedeutung werden könnte.

4.3 „Probleme der Schülerauslese" – Überlegungen zur Förderung hochbegabter Schülerinnen und Schüler

Die Förderbedürfnisse hochbegabter Kinder thematisiert William Stern in seiner 1926 erschienenen Publikation *Probleme der Schülerauslese* (Stern 1926a), der der folgende Textauszug (Q 12) entnommen ist. Das Buch ist die überarbeitete Fassung eines Vortrags, den er anlässlich einer Pädagogischen Woche hielt, die ein Jahr zuvor in Anwesenheit des preußischen Kultusministers Carl Heinrich Becker (1876–1933) in Altona stattgefunden hatte. In diesem Text nimmt Stern aus begabungspsychologischer Perspektive Stellung zu Fragen der Grundschuldauer und der Möglichkeiten des Übertritts auf eine höhere Schule und diskutiert zugleich Fördermaßnahmen für besonders leistungsstarke Schülerinnen und Schüler innerhalb des bestehenden Schulwesens.

Außerdem formuliert er ein liberal-konservatives Schul- und Begabungskonzept, das die überkommene Standesschule ablehnt und zugleich sozialdemokratischen Positionen kritisch gegenübersteht, die die Schule als Mittel im Klassenkampf sahen, das primär der Hebung des allgemeinen Bildungsniveaus der Bevölkerung diente. Im Vorwort betont Stern allerdings ausdrücklich, dass er keine parteipolitische Stellungnahme abgeben wolle. Dennoch waren mit den genannten Problemstellungen bildungspolitische Standpunkte angesprochen, die in erster Linie zwischen bürgerlich-konservativen und sozialistischen Gruppen stark divergierten.

Vor allem die Dauer der Grundschulzeit war äußerst umstritten und bereits auf der Reichsschulkonferenz von 1920 ein Hauptstreitpunkt gewesen, bei dem die unterschiedlichen Positionen der anwesenden Vertreterinnen und Vertreter aus Politik und Bildungssektor offen zutage getreten waren.[151] Die „Einheitsschule", die kurz zuvor in Gestalt der vierjährigen gemeinsamen Grundschule auf der Grundlage des Reichsgrundschulgesetzes eingeführt worden war, war ein von den Weimarer Koalitionsparteien SPD, DDP und Zentrumspartei ausgehandelter Kompromiss,[152] der auch weiterhin im Fokus der bildungspolitischen Kontroversen der Weimarer Republik stand.

Weitergehende, über die vierjährige gemeinsame Grundschulzeit hinausreichende Konzepte wurden von Seiten der SPD, der USPD und von Vertreterinnen und Vertretern des *Bundes Entschiedener Schulreformer*[153] gefordert, der eine tendenziell sozialistische Ausrichtung aufwies (Keim/Schwerdt 2013, S. 692). Die SPD, der *Allgemeine Deutsche Lehrerverein,* der *Allgemeine Deutsche Lehrerinnenverein* und die *Gewerkschaft der Volksschullehrer* traten im sogenannten Schulstreit zu Beginn der Weimarer Republik für ein Einheitsschulmodell bis zum 14. Lebensjahr ein (Geißler 2011, S. 363). Nach dem Heidelberger Programm der SPD von 1925 sollte die Grundschulzeit acht oder sechs Jahre umfassen (ebd., S. 473).

Vertreterinnen und Vertretern konservativer Parteien, Philologenverbänden und bürgerlichen Elternvereinen hingegen ging die vierjährige Grundschulzeit zu weit. Die von DVP und DNVP in den Reichstag eingebrachten Anträge, die „begabten" Schülerinnen und Schülern einen dreijährigen Grundschulbesuch ermöglichen sollten, mündeten 1925 in einen Kompromiss und das sogenannte „Kleine

---

151 William Stern und Georg Kerschensteiner etwa traten für die stärkere Berücksichtigung individueller Schülerbegabungen beim Übergang auf weiterführende Schulen ein.

152 Den Ausschlag für die Festlegung einer nur vierjährigen Grundschuldauer hatten am Ende die Interessen der höheren Schulen gegeben (Geißler 2011, S. 359), die ihre neunjährige Dauer gesichert sehen wollten.

153 Der *Bund Entschiedener Schulreformer* war eine Abspaltung vom Philologenverband; seine führenden Köpfe wie Paul Oestreich, Siegfried Kawerau, Fritz Karsen oder Franz Hilker waren Lehrer an höheren Schulen in Berlin. Der „Bund" öffnete sich in der Folgezeit aber auch für Lehrkräfte anderer Schulformen und für pädagogische Laien. Mit der Zeitschrift *Die Neue Erziehung* verfügte die Organisation über ein eigenes Publikationsorgan.

Grundschulgesetz": Bei vorliegender Empfehlung der Grundschullehrkraft und Genehmigung der Schulaufsichtsbehörde sollte fortan zwar die Aufnahme besonders leistungsfähiger Schülerinnen und Schüler in eine mittlere oder höhere Schule bereits nach drei Jahren erlaubt sein, an der grundsätzlichen Dauer der Grundschule von vier Jahren hielt der Gesetzgeber aber fest.

In *Probleme der Schülerauslese* (Stern 1926a / Q 12) bezieht Stern zunächst Stellung gegen den *Bund Entschiedener Schulreformer* und explizit gegen dessen Vorsitzenden Paul Oestreich (1878–1959). Dieser befürwortete eine Art Gesamtschulkonzept (vgl. z. B. Oestreich 1919); die Dauer der gemeinsamen Grundschulzeit sollte acht Jahre betragen. Gegenüber den von Oestreich vorgebrachten Argumenten für eine längere gemeinsame Beschulung und den Verzicht auf segregative Maßnahmen für hochbegabte Schülerinnen und Schüler betont Stern auch im vorliegenden Quellentext die gravierenden Nachteile durch intellektuelle Unterforderung, die Hochbegabten aufgrund eines am Durchschnitt orientierten Schulstoffs und Lerntempos entstünden. Für die Notwendigkeit von Fördermaßnahmen für hochbegabte Kinder, die der besonderen intellektuellen Anregung bedürften, gebe es kaum ein gesellschaftliches Bewusstsein.

Gegenüber konservativen Gruppen, Philologenverbänden und Elternvereinigungen wiederum, die die vierjährige Grundschule ganz ablehnten, unterstreicht Stern die Notwendigkeit, den vom Gesetzgeber bestimmten Mittelweg grundsätzlich beizubehalten; innerhalb des bestehenden Schulwesens müssten aber begabungsdifferenzierende Maßnahmen implementiert werden.

In schulorganisatorischer Hinsicht erweist sich Stern als Gegner einer starren „Auslese", die in jedem Fall nach dem vierten Grundschuljahr zu erfolgen habe. Der Übertritt auf eine weiterführende Schule sollte prinzipiell zu mehreren Zeitpunkten möglich sein – zum Beispiel sollten Schülerinnen und Schüler auch nach sieben oder acht Volksschuljahren noch die Chance auf eine höhere Schulbildung erhalten. Diese Forderung nach flexibleren Schulstrukturen trage der Tatsache Rechnung, dass sich manche Begabungen erst später entwickelten.

In diesem Zusammenhang stand Stern auch der Idee von „Aufbauschulen" positiv gegenüber, die in den 1920er Jahren als Fördermaßnahme für begabte Volksschülerinnen und -schüler eingerichtet wurden. In Hamburg war 1920 die erste Aufbauschule der Weimarer Republik entstanden – eine Schulform, die Mädchen und Jungen nach der 8. Volksschulklasse besuchen konnten, um dort nach sechs Jahren das Abitur abzulegen.[154]

Außerdem plädierte Stern für Fördermaßnahmen für besonders leistungsstarke Schülerinnen und Schüler, wie sie in der heutigen Hochbegabtenförderung als

---

154 Diese Neuerung wurde insbesondere von konservativen Kreisen kritisiert und als „Abitur zweiter Wahl" bezeichnet (Milberg 1970, S. 184 ff.). Sterns Positionierung ist auch vor dem Hintergrund bemerkenswert, dass zu den Gegnern der Aufbauschule auch Mitglieder der Hamburger Universität gehörten, die vor einer Absenkung des Hochschulniveaus warnten.

„Enrichment" und „Akzeleration" praktiziert werden. So empfahl er zusätzliche Lernangebote („Sonderkurse"), die eine anspruchsvollere Vertiefung des Unterrichtsstoffs im vierten Grundschuljahr ermöglichen sollten. Zielgruppe waren insbesondere Schülerinnen und Schüler, für die der Besuch einer höheren Schule zu einem späteren Zeitpunkt in Frage komme. Unter Verweis auf die amerikanische Praxis der Begabtenförderung trat Stern auch für die Möglichkeit des „Springens" ein und begrüßte das „Kleine Grundschulgesetz", das „besonders begabten" Schülerinnen und Schülern das beschleunigte Durchlaufen der Grundschule in nur drei Schuljahren ermöglichte.

Q12 William Stern (1926):
Probleme der Schülerauslese (Auszug)
Leipzig, S. 17–25.

[…] *Wann soll die Differenzierung einsetzen?* Hier treffen wir gleich auf die eben erwähnten entgegengesetzten Strömungen. Wir finden auf der einen Seite, namentlich in Kreisen der entschiedenen Schulreformer, Gegner der Auslese überhaupt. Solche, die meinen, daß zum mindesten innerhalb der Volksschule mit ihren acht Jahren kein Recht und kein Platz sei für eine Herauslösung bestimmter Kinder aus ihrer Gemeinschaft. Es sollen die Glieder einer Schulgemeinschaft, einer Klassengemeinschaft so aufeinander eingestellt sein und ein organisches Ganzes bilden, daß in ihr die Mannigfaltigkeit der Begabungen nicht einen Mangel, sondern einen Reichtum bedeutet. Es sollen die Begabten sich nicht absondern von den weniger Begabten, sondern sie sollen gleich hier ihre soziale Aufgabe erkennen, als Helfer der Schwächeren zu wirken. Und es wird dann zugleich gesagt: Durch den modernen Arbeitsunterricht sei viel mehr als früher die Möglichkeit gegeben, daß innerhalb der gemeinsamen Klasse doch genügend differenziert werde, um auch den höher Begabten die ihnen angemessene geistige Nahrung zu geben. Ferner wird der Gesichtspunkt des „Auskämmens" betont: es sei nicht recht, der Klasse die anregenden Geister zu nehmen, die den ganzen Unterricht zu beflügeln imstande seien; ihr Fehlen mache sich dann dem Lehrer und den Mitschülern in gleichem Maße empfindbar. Auch für die Ausgelesenen selbst sei die Auslese charakterlich bedenklich, da sie den Hochmut züchte; sie fühlen sich als Bevorzugte, blicken dann verächtlich herab auf die anderen, denen nicht dieses Glück geworden sei. Endlich wird hingewiesen auf die Gefahr der Züchtung eines Gelehrtenproletariats, wenn zu viele Kinder der breiten Masse in eine höhere theoretische Bildung hineingepreßt und damit zum Studium gedrängt werden. Das sind Gründe, die zweifellos aus bester Überzeugung gesagt sind, und die gerade in der Betonung des sozialen Gemeinschaftsgedankens auch für eine starke ethische Gesinnung zeugen; und doch scheint es mir, daß man ihnen nicht zustimmen darf.

Ich erinnere an den vorhin zitierten Satz: Was unseren Sorgenkindern recht ist, muß unseren Hoffnungskindern billig sein. Ein langes Festhalten der weit über dem Durchschnitt stehenden Begabungen in einem einfacheren und langsameren Schulgange ist ein *Unrecht* gegen diese Begabten, gegen die wir auch Pflichten haben. Ja, wir haben nicht nur gegen die begabten *Individuen* Pflichten, sondern wir haben auch die *allgemeine* Pflicht, dafür zu sorgen, daß diese wertvollen Anlagen bestmöglich entwickelt werden; und da mag man sagen, was man will – durch die Gemeinschaft mit einer Masse, die zum größten Teil weniger begabt ist, wird doch das Tempo der Entwicklung verzögert, die Höhe der schließlich erreichbaren Bildung herabgedrückt. Wenn man also acht Jahre hindurch die Höchstbegabten in derselben Klasse mit ihren weniger begabten Schulgenossen hält, so ergibt sich daraus eine zwiefache Gefahr. Einmal: diese Kinder, welche doppeltes Futter brauchen, bekommen doch nur das einfache. So ernsthaft man auch eine Individualisierung innerhalb der Klasse anstrebt – es bleibt ein gewisses Gesamtniveau des Unterrichts, das meistens bestimmt wird durch die schwächere Mitte der Klasse; und es bleibt ein bestimmtes Tempo des Fortschreitens, das sich ebenfalls richten muß nach den Schwächeren. Daraus folgt aber zweitens eine charakterliche Gefährdung der Begabten, die zu wenig beachtet wird: *sie lernen nicht arbeiten!* Es wird ihnen zu leicht, es fliegt ihnen alles zu. Der Schulbetrieb langweilt sie, vermag sie nicht anzuregen und anzuspornen. Was Fleiß bedeutet, lernen sie vielleicht gar nicht kennen, es sei denn, daß eine starke spontane Gesinnung in ihnen steckt (was aber bei begabten Kindern, namentlich jüngeren Alters, nichts weniger als selbstverständlich ist). Es ist zweifellos, daß ein großer Bruchteil der sogenannten „verbummelten Genies" daher stammt, daß diese Menschen es in der Schule zu leicht hatten und deshalb nicht lernten, Hindernisse zu überwinden, auch unliebsame Pflichten mit höchstem Kraftaufwand durchzuführen. Diese Willenszucht erhalten Hochbegabte zweifellos viel eher da, wo sie mit geistig Gleichwertigen zusammen sind, nicht dort, wo die anderen ihnen weit unterlegen sind. Im Gegensatz zu dem Bedenken also, daß durch Zusammenbringen der Befähigteren in weiterführenden Schulen Hochmut gezüchtet werde, glaube ich, daß ein solches sehr befähigtes Kind dort, wo es seine Kräfte energisch anstrengen muß, um mit den anderen ebenso begabten oder vielleicht begabteren Schritt zu halten, viel eher zu Bescheidenheit und Einsicht in die Grenzen seines Könnens geführt werden kann.

Auch der Einwand, daß die anregenden Geister aus der Klasse genommen werden und dadurch den Schwächeren ein Antrieb fehlt, gilt nur mit Vorbehalt. Gewiß können die begabteren Schüler für die Schwächeren ein Antrieb sein, aber nur solange der Abstand nicht zu groß ist. Ansporn wird nur dort gesetzt, wo noch die *Möglichkeit* des Nahekommens besteht. Dort aber, wo irgendwelche Hochbefähigten immer die besten Prädikate erhalten, während die anderen ihre Hefte voller roter Tinte haben, wo gar keine Aussicht vorhanden ist, die Kluft zu verkleinern, da wird die Anwesenheit der Hochbefähigten viel mehr lähmend wirken als fördernd. Wir sehen das Entsprechende ja an dem anderen – negativen – Begabungspol, an unseren Hilfsschulkindern: Solange es noch keine Hilfsschulen gab, waren die abnorm Schwachbefähigten noch zusammen mit den normalen Schülern. Hier konnten sie nichts tun, lernen und leisten, weil ihr Abstand von den normalen zu groß war, da nahmen sie erst gar nicht das Wettrennen auf und wurden stumpf. Erst seitdem die Hilfsschulkinder unter sich sind, wo auch noch Abstände sind, aber kleinere, und wo daher zwischen den Klassengenossen ein Wetteifern möglich ist, leisten sie ihr Bestmögliches. Ebenso werden auch in den Normalklassen, nach Ausscheidung der Spitzenbegabungen, noch genug Differenzen vorhanden sein, um den Wetteifer anzufeuern.

Endlich der Einwand: Züchtung eines Gelehrtenproletariats. Ja, wenn allerdings die Auslese nur dazu dienen sollte, die Gymnasien und dann die *theoretischen* Fächer der Universitäten zu füllen, dann wäre dieses Bedenken berechtigt. Aber eben da stehen wir an dem Punkte, an dem sich unsere moderne Schülerauslese unterscheiden muß von den Idealen eines Platon und eines Fichte. Jene hatten nur an den Gelehrten gedacht, der die höchste Spitze der Begabung darstelle. Wir haben heute einen viel umfassenderen Begriff von dem, was man „begabt" nennt, und dementsprechend auch eine mannigfaltigere Gestaltung des Schulwesens in den weiterführenden Bahnen. Es soll und kann ja, *je nach der Art der Begabung,* die Bahn zu den Gelehrtenschulen, zu den realistischen Schulen, zu den kaufmännischen, technischen, kunstgewerblichen, rein künstlerischen Schulen usw. führen. Die Verschiedenartigkeit der – z. T. erst neugeschaffenen – Schultypen wird hier der Mannigfaltigkeit der Begabungsrichtungen (unter denen die theoretisch-wissenschaftliche nur *eine* ist) entgegenkommen.

Der bisher geschilderten Meinung, nach der die Auslese gar nicht oder möglichst spät stattfinden soll, steht nun eine andere gegenüber, die sie möglichst *früh* verlangt. Und zwar finden wir diese Forderung einerseits vertreten durch Eltern sehr begabter Kinder, welche das Gefühl haben, daß auch schon in den ersten vier Jahren der Grundschule das Tempo des Fortschritts den Fähigkeiten ihrer Kinder nicht entspricht – anderseits durch die höheren Lehrer, welche eine Kürzung der Schulbahn der höheren Schule nicht haben wollen, weil dann das Bildungsziel der höheren Schule nicht erreicht werden könnte. Zwischen diesen so sehr entgegengesetzten Anschauungen war ja die Festsetzung der vier Jahre für die Grundschule eben schon ein Kompromiß gewesen, und es wird wohl in Zukunft an diesem mittleren Wege festgehalten werden müssen.

Dem scheint nun aber meines Erachtens nicht entgegenzustehen – obgleich es nicht allseitige Zustimmung finden wird –, daß man wenigstens im vierten

Grundschuljahr *innerhalb der Grundschule* eine gewisse Absonderung vornimmt: man könnte einem kleineren Kreise von begabten Schülern und Schülerinnen, die *möglicherweise* für einen späteren Übergang zu weiterführenden Schulen in Betracht kommen, durch etwa hinzugefügte Sonderkurse gewisse Kenntnisse und Bildungsgüter, vielleicht auch gewisse sprachliche [Fußnote: Es würde sich z. B. um grammatische und andere Übungen handeln, die für die spätere Erlernung einer Fremdsprache eine Vorbereitung bilden.] Fertigkeiten vermitteln, die sonst in der vierten Grundschulklasse nicht in diesem Maße gepflegt werden. Eine solche Differenzierung im vierten Schuljahr würde auch eine sonst naheliegende Gefahr vermeiden: daß der Lehrer jener Klasse bei seinen Unterrichtsmaßnahmen zu sehr Vorbereitung auf die kommende Auslese betreibt und deshalb mit der ganzen Klasse so manches behandelt, was nur für eine geringe Minderzahl der Kinder überhaupt Sinn und Zweck hat. Selbstverständlich würde die Teilnahme an einem solchen Sonderkurs noch keinerlei Rechtsanspruch auf den Eintritt in die höhere Schule erzeugen; dieser hängt erst von der Auslese am Schluss des vierten Schuljahres ab.

[Fußnote: Nach einer soeben erlassenen Novelle zum Grundschulgesetz ist jetzt für Kinder von überragender Begabung der Übergang zur höheren Schule nach nur dreijähriger Grundschule möglich.

Dadurch wird demnächst eine neue Frage akut werden: die der „Vorversetzung" oder des „Springens". Die in Amerika und anderwärts weit verbreitete Möglichkeit, die Schulbahn befähigter Kinder durch Überspringenlassen von Klassen zu beschleunigen, ist in Deutschland bisher kaum vorhanden gewesen. Man kennt eine Durchbrechung der starren Klassenfolge nur im Negativen (als Sitzenbleiben der Schwachen), aber nicht im Positiven (als Vorversetzen der Befähigten); die oben erwähnte Novelle scheint aber dafür einen Anlaß zu bieten. Denn da die untersten Klassen der weiterführenden Schulen sich im allgemeinen auf dem Pensum aufbauen müssen, das im vierten Jahrgang der Grundschule erledigt wurde, würden die Kinder aus dem dritten Jahrgang mit starken Kenntnislücken in die höhere Schule kommen. Deshalb wird es sich empfehlen, dort, wo die Diagnose einer überragenden Begabung schon früher möglich ist, das Kind bereits nach einem oder zwei Grundschuljahren eine Klasse überspringen zu lassen, damit es dann besser nach drei Grundschuljahren den Anschluß nach oben findet. – Natürlich kann sich solche Maßnahme nur auf seltene Ausnahmefälle erstrecken. Aber grundsätzlich sollte das Springen zulässig sein.]

Es sei noch ein Wort über das Wann der Auslese von *psychologischem* Standpunkt aus gesagt. Man darf nicht einen einzigen und für alle Kinder gleichen Zeitpunkt als Schicksals-Stichtag festlegen – als ob nun gerade nach vier Schuljahren die Entwicklung des Kindes eine solche endgültige Entscheidung rechtfertige. Bald können innere Gründe: daß sich eine starke Begabung noch nicht erkennbar äußert – bald äußere Gründe: daß die Eltern beim zehnjährigen Kind noch keine Umschulung wollen – bewirken, daß jener Termin verpaßt wird. Soll ein solches Kind unwiderruflich vom Zutritt zu höherer Bildung abgesperrt sein? Das geht natürlich nicht an, und deshalb ist zu fordern, daß die Auslese *elastisch* sei und an mehreren Zeitpunkten stattfinden kann. Ein Anfang zur Erfüllung dieser

Forderung ist die Einrichtung der *Aufbauschule,* da ja nun die Kinder, die nicht nach vier Jahren in eine weiterführende Schule übergingen, noch die Möglichkeit haben, nach sieben oder acht Volksschuljahren in eine höhere Schulbildung hineinzukommen.

Noch ein anderer psychologischer Grund spricht für eine Auslese in Etappen. Wir können die Fähigkeiten der Menschen und speziell der Kinder scheiden in die sog. Allgemeinbegabung („Intelligenz"), also das, was das gesamte geistige Niveau eines Menschen bestimmt, wo die Ausdrücke „klug" und „dumm" gelten – und die „Talente" auf der anderen Seite, das sind Begabungen, die auf ein ganz bestimmtes Gebiet gerichtet sind: auf Mathematik oder Sprache oder Zeichnen oder Technik usw. Beide Arten der Begabung, sowohl die allgemeine Höhe der Intelligenz wie die besondere Veranlagung, sind von höchster Wichtigkeit für die Auslese. Aber nur verläuft die Entwicklung des Menschen so, daß der allgemeine Intelligenzgrad zweifellos früher erkennbar wird als die besonderen Talente. Und so ist bei zehnjährigen Kindern zwar schon mit einer ziemlichen Wahrscheinlichkeit die Höhe des geistigen Niveaus anzugeben, also die allgemeine Beweglichkeit und Anpassungsfähigkeit des Denkens; es wäre aber in diesem Alter noch sehr schwer, schon eine deutliche und Dauer verheißende Veranlagung für ein umgrenztes Leistungsgebiet zu diagnostizieren. Und so kann denn durch die Auslese der Zehnjährigen nur *allgemein* bestimmt werden, welche Kinder ihrer geistigen Potenz nach *überhaupt* in eine weiterführende Schule gehören, während dann die Gabelung nach den verschiedenen Fach-Interessen und -Fähigkeiten erst in einem späteren Zeitpunkt mit Erfolg vor sich gehen kann.

5 Schwerpunkte und Fragestellungen der Begabungsforschung zur Zeit des Ersten Weltkriegs und der Weimarer Republik

Durch den Ersten Weltkrieg erfuhr die Begabungsforschung in Deutschland eine über den engeren wissenschaftlichen Bereich hinausreichende Beachtung und thematische Erweiterung. In den stark von den Kriegsfolgen geprägten öffentlichen Debatten, in denen militärische, volkswirtschaftliche und ethische Motive eng miteinander verflochten waren, erhielt sie ein neues politisches Gewicht; im Vordergrund standen insbesondere die Möglichkeiten wissenschaftlich fundierter Begabten-„Auslesen". In den wissenschaftlichen und bildungspolitischen Debatten wurde erörtert, wie eine Nachkriegsordnung angesichts hoher militärischer Verluste und der angenommenen kontraselektierenden Wirkung des Krieges gestaltet werden könne. Dabei sollten die „Begabungsressourcen" der Bevölkerung effektiv eingesetzt und genutzt werden, denn Begabungen wurden als nationale „Schätze" gesehen, die es gezielt zu fördern gelte.

Die Begabungsforschung und -förderung wurde daher über die engere pädagogische Betrachtung hinaus zum Dreh- und Angelpunkt für eine harmonische und leistungsorientierte kommende Friedensordnung erklärt (Kössler 2016, S. 112). Für diese Ausrichtung stand insbesondere William Stern, der seit 1916 in Hamburg lehrte und gewillt war, die Begabungsforschung, deren Fundament er in der Vorkriegszeit gelegt hatte, zu einem Arbeitsschwerpunkt auszubauen.[155]

---

155 Den Ersten Weltkrieg erlebte Stern persönlich als tiefe Zäsur. Dabei hatte er auch den Tod vieler seiner Schüler vor Augen; seine Tochter Eva schrieb später: „Vater war tief betroffen über den sinnlosen Verlust so vieler junger, begabter Menschen, die ihm alle nahegestanden hatten" (Michaelis-Stern 1971, S. 458). Dem Andenken seiner im Krieg getöteten Schüler widmete Stern 1918 den zweiten Band von *Person und Sache* (Stern 1918d) und schrieb 1927 retrospektiv: „Der Ausbruch des Krieges zerriß am Breslauer Seminar eine Arbeitsgemeinschaft, die gerade damals in höchster Blüte stand. Und es war keine bloße Arbeitsgemeinschaft; freundschaftliche Beziehungen verbanden mich mit einer Reihe meiner Schüler. Fast alle zogen in den Krieg; nur wenige kehrten zurück. Unter denen, die fielen, waren so manche, an die ich besonders große Hoffnungen geknüpft hatte." (Stern 1927, S. 156)
Diesen Verlust insbesondere für die Intelligenzforschung unterstrich Stern schon in seinen Abschiedsworten, als er Breslau 1916 verließ:
„Ja, kurz vor dem Kriege hatte sich noch einmal eine engere Arbeitsgemeinschaft zusammengefunden, welche neue Methoden der Intelligenzprüfung ausarbeiten wollte und schon vielversprechende Anfänge aufzuweisen hatte – diesen Bestrebungen setzte der Krieg eine Grenze." (Abschiedsworte von William Stern. JNUL, William Stern Archive, Bl. 8)
Vor diesem Hintergrund ist auch Sterns Vorstoß zu sehen, private Universitätskurse von Professoren für zurückkehrende Frontsoldaten einzurichten, mit dem er einen wichtigen Impuls für die 1919 erfolgte Universitätsgründung in Hamburg gab.

Während sich Begabungsforscher in der Vorkriegszeit auf Kinder und Jugendliche und deren schulischen Kontext konzentriert hatten, begannen sie nach Ausbruch des Krieges, ihre Untersuchungen auf junge Erwachsene auszudehnen und deren Eignung für verschiedene Berufe in den Blick zu nehmen. Während der Kriegszeit entwickelten Psychologen zunächst Fähigkeitsprüfungen zur Rekrutierung militärischen Personals und stellten dadurch die gesellschaftliche Relevanz ihrer Disziplin unter Beweis. An der Entwicklung und Anwendung solcher Berufseignungsprüfungen war das *Psychologische Laboratorium* unter Leitung von William Stern maßgeblich beteiligt und erarbeitete z. B. Eignungstests für Fliegerbeobachter, mit denen Gestaltauffassung, Aufmerksamkeit und Orientierungsfähigkeit geprüft wurden, aber auch Eignungstests für Straßenbahnfahrerinnen[156] oder Lehrerinnen (Stern 1918e; Penkert 1919). So wirkte der Erste Weltkrieg als Katalysator bei der Entwicklung der sogenannten Psychotechnik[157] und hatte zur Folge, „daß die vormals rein akademische Wissenschaft zunehmend als praktisch nützliche Disziplin anerkannt wurde" (Geuter 1993, S. 279).

5.1 „Der Aufstieg der Begabten" – psychologische Begabungsforschung unter dem Vorzeichen des Krieges

Die Forderung, den „Aufstieg der Begabten zu ermöglichen", war während des Ersten Weltkriegs zu einem bildungspolitischen Leitmotiv avanciert und wurde von William Stern an zentraler Stelle thematisiert. Mitten im Krieg wurde er als Nachfolger des 1915 überraschend verstorbenen Ernst Meumann an das Hamburger *Allgemeine Vorlesungswesen* berufen[158] und publizierte zu Amtsantritt die Programmschrift *Jugendkunde als Kulturforderung* (Stern 1916c). Sie erschien in der renommierten, von Meumann begründeten *Zeitschrift für pädagogische*

---

156 Das Fehlen der Männer, die während des Ersten Weltkriegs im Feld standen, machte die Ausbildung von Frauen in bislang typischen „Männerberufen" erforderlich.

157 Der Terminus „Psychotechnik" geht auf William Stern zurück, der ihn erstmals 1903 verwendete. Zur Verbreitung des Begriffs trug das gleichnamige Buch des deutsch-amerikanischen Psychologen Hugo Münsterberg (1914) bei. In *Die menschliche Persönlichkeit,* dem zweiten Band von *Person und Sache,* gebrauchte Stern dann den Begriff der „Anthropotechnik" (Stern 1918d, S. 174).

158 Ebenso unvorhersehbar und überraschend war Sterns Berufung, dem bis dahin lediglich ein Extraordinariat beschieden war. Trotz des wissenschaftlichen Ansehens, das er sich in Deutschland erworben hatte, und der ihm zuteilwerdenden internationalen Anerkennung – die sich unter anderem in der Verleihung der Ehrendoktorwürde durch die *Clark University* 1909 und der Berufung als Ehrenmitglied der Ungarischen Gesellschaft für Kinderforschung ausdrückte – blieb die Berufung auf eine ordentliche Professur lange Zeit aus. In dieser Hinsicht bildet Sterns akademische Laufbahn ein typisches Beispiel für die Behinderung der Karriere jüdischer Wissenschaftler, die im Kaiserreich nur selten ein Ordinariat erhielten und für den Antisemitismus, der an Universitäten und in anderen gesellschaftlichen Bereichen wie Militär und Beamtenapparat herrschte (Volkov 2022, S. 161 f.).

Psychologie und experimentelle Pädagogik, dem führenden Fachorgan der zeitgenössischen Kinder- und Jugendpsychologie, das Stern seit 1916 mit herausgab. In diesem zentralen Beitrag wies er der empirischen Begabungsforschung einen herausragenden Stellenwert in seinem Jugendkundekonzept[159] zu.[160] Die Kinder- und Jugendforschung – vor dem Krieg noch eine Angelegenheit einzelner Wissenschaftler und interessierter Volksschullehrkräfte, deren Gegenstandsbereich auf das Schulkind, die Lehr-Lern-Forschung und didaktische Fragestellungen begrenzt war – hatte laut Stern (1916c) seit 1914 eine enorme Bedeutungssteigerung und inhaltliche Erweiterung erfahren; unter den Bedingungen des Krieges komme ihr der Rang einer zentralen „Kulturforderung" zu. Begabungsforschung und -förderung seien in diesem Rahmen als wissenschaftliche und gesellschaftliche Kernaufgaben zu begreifen, die eine Schlüsselfunktion für die Gestaltung der Nachkriegsordnung hätten. Im skizzierten Programm der noch jungen Disziplin der Psychologie müsse der „Begabungsfrage" die höchste Priorität zukommen.

Diese Forderung unterstreicht Stern auch in einem Schlüsseltext mit dem Titel *Psychologische Begabungsforschung und Begabungsdiagnose*[161] (Stern 1916e / Q 13), in dem er die Inhalte seiner Schrift *Jugendkunde als Kulturforderung* komprimiert darstellt. Diesen Beitrag steuerte er als Vertreter der psychologischen Begabungsforschung zu dem Tagungsband *Der Aufstieg der Begabten* bei, der im Auftrag des *Deutschen Ausschusses für Erziehung und Unterricht* herausgegeben wurde. Darin wurde das Thema Begabung interdisziplinär aus pädagogischer, psychologischer und berufspraktischer Perspektive beleuchtet, wobei die meisten Beiträge aus der Feder von Pädagogen stammten.

Der *Deutsche Ausschuß für Erziehung und Unterricht* war die nach Ernst Meumanns Tod umstrukturierte Nachfolgeorganisation des *Bundes für Schulreform* (vgl. Kapitel 4.1; Heinemann 2016, S. 258), für die Peter Petersen (1884–1952) geschäftsführende Funktionen übernahm. Ein „Sonderausschuss" dieses Expertengremiums unter dem Vorsitz von Eduard Spranger (1882–1963) erörterte den

---

159 Der zentrale zeitgenössische Begriff „Jugendkunde" integrierte zu diesem Zeitpunkt, wie Stern auch in seinem Beitrag hervorhob, „die frühe Kindheit, die Schulkindheit und die reifende Jugend" (Stern 1916c, S. 274). Der Begriff signalisierte folglich keine Begrenzung auf das eigentliche Jugendalter, dessen systematische Erforschung im Übrigen erst in den 1920er Jahren erfolgte.

160 In seiner 1916 verfassten *Denkschrift über die Ausgestaltung des Philosophischen Seminars und psychologischen Laboratoriums* an die Hamburger Hochschulbehörde legte Stern Schwerpunkte seines Forschungsprogramms dar: Die geplante Erweiterung der angewandten Psychologie berechtige „zu den größten Hoffnungen […] auch für viele Zweige des praktischen Kulturlebens". Als zentrale Arbeitsgebiete nannte er dabei die Kinder- und Jugendpsychologie, insbesondere die Begabungsforschung (Staatsarchiv Hamburg, Bestand 361-5 II, Hochschulwesen II, Akte Ad 12).

161 Dieser Text ist in der heutigen Begabtenforschung der mit Abstand am häufigsten rezipierte von William Stern (Heller/Mönks 2014) und auch in der Quellentextsammlung von Ballauf/Hettwer (1967) enthalten.

Themenkomplex des sozialen Aufstiegs besonders befähigter Individuen. Dieser Ausschuss, in dem Stern beratend tätig war, publizierte schließlich einen Sammelband mit Beiträgen verschiedener Experten[162], der von Petersen – in Vertretung Sprangers, der krankheitsbedingt verhindert war[163] – herausgegeben wurde. In seinem nachfolgend wiedergegebenen Beitrag referiert Stern den Kenntnisstand der psychologischen Begabungsforschung und diskutiert deren zukünftige Aufgaben. Sein Aufsatz weist auch aus heutiger Sicht – insbesondere durch die klare begriffliche Unterscheidung zwischen „Intelligenz" und „Spezialbegabungen" und zwischen „Begabung" und „Leistung" – aktuelle begabungspsychologische Bezüge auf und ist zugleich in seiner Zeit- und Kulturgebundenheit zu lesen. Stern weist der psychologischen Begabungsforschung hier eine zentrale Steuerungsaufgabe zu und macht einen wissenschaftlichen Deutungsanspruch geltend. Dass das gesicherte Wissen über Begabungen derzeit noch sehr dürftig sei, stehe im schroffen Widerspruch zu den aktuellen gesellschaftlichen und ökonomischen Herausforderungen. Die hohen militärischen Verluste verlangten gebieterisch, „Menschenökonomie"[164] zu treiben. Höchste Priorität müsse der Aufgabe zukommen, fundierte wissenschaftliche Erkenntnisse über die in der Bevölkerung vorhandenen Begabungen zu gewinnen, um anschließend sowohl die Schullaufbahnberatung als auch die Berufsberatung auf eine gesicherte wissenschaftliche Grundlage stellen zu können.

---

162 Unter anderem von Peter Petersen, Carl Götze (1865–1947) und Karl Muthesius (1859–1929).
163 Spranger selbst veröffentlichte im darauffolgenden Jahr einen Beitrag über *Begabung und Studium* (Spranger 1917/1973), in dem er sich auch auf Sterns Programmschrift *Jugendkunde als Kulturforderung* bezog, die er als „anregende [...] Schrift" bewertete (ebd., S. 65). Positiv hob er hervor, dass Stern der Begabungsdiagnose die sorgfältige *Erforschung* der Begabungen voranstelle, denn die neue Forschungsrichtung setze eine präzise wissenschaftliche Fragestellung und „scharfe Begriffsbildung" voraus (ebd.). Einen Alleinvertretungsanspruch der Psychologie wies Spranger allerdings zurück. Es sei „zu betonen, daß sich hier nicht etwa eine ganz neue Erkenntnisquelle auftut, die nur der Fachpsycholog und kein anderer außer ihm besäße; sondern das Ziel dieser Psychologie ist die wissenschaftliche Vertiefung und Durchleuchtung dessen, was die Gabe der Menschenkenntnis und der Blick für die Erfordernisse der einzelnen Lebensgebiete bisher schon instinktiv geahnt haben" (ebd.). Kritisch äußerte sich Spranger außerdem zum Begriff „Psychotechnik". Diese betrachtete er als „gefährliche Analogie" (ebd., S. 67), da die Seele nicht „technisch" behandelt werden könne. Im Unterschied zu Stern hob Spranger hervor, dass unter Begabung „nicht nur angeborene Disposition zu Leistungen" zu verstehen sei (ebd., S. 18; hier wird Stern zitiert, ohne dass er namentlich erwähnt würde), sondern dass Begabung „auch nur erkennbar an den Leistungen" sei, auch wenn keine „völlige Gleichung zwischen Begabtsein und Leisten" (ebd., S. 19) behauptet werde.
Erwähnenswert ist außerdem die positive gutachterliche Stellungnahme, die Spranger im Vorfeld der Neubesetzung des Hamburger Lehrstuhls über Stern abgegeben hatte. Darin würdigte er dessen wissenschaftliche Verdienste insbesondere im Bereich der Kinderpsychologie und konstatierte zugleich, dass die längst erwartbare Berufung auf eine ordentliche Professur der jüdischen Herkunft Sterns geschuldet sei (Heinemann 2016, S. 218 f.).
164 Zum Begriff „Menschenökonomie" siehe Fußnote 71 auf S. 60.

In diesem Zusammenhang macht Stern deutlich, dass sein Begabungskonzept weit über die von der Schule geforderte „Leistung" hinausweist. Die Forschung müsse in qualitativer Hinsicht die ganze Vielfalt an Begabungen in den Blick nehmen und „eine vollständige Übersicht aller wertvollen Fähigkeiten, die in Kindheit und Jugend sich entwickeln" (Stern 1916e, S. 106) erarbeiten. Hierdurch werde die Einseitigkeit des herkömmlichen Schulbetriebs erst erkennbar, in dem bedeutende Begabungen übersehen würden.

Stern weist auf die zentrale Unterscheidung zwischen den Begriffen „Intelligenz" und „Spezialbegabung" hin, die – wie er bemängelt – in Alltagssprache, Schule und der zeitgenössischen öffentlichen Begabtendebatte sehr unspezifisch verwendet würden. Für die gezielte Förderung eines Kindes sei diese Unterscheidung aber von großer Bedeutung – „Intelligenz" als Fähigkeit, „auf den verschiedensten Gebieten neuartigen Anforderungen denkend gerecht zu werden" (ebd., S. 107), und „Talent" als Befähigung zu „wertvollen Leistungen" auf einem bestimmten Gebiet, z. B. sprachlich, musikalisch, zeichnerisch, technisch oder mathematisch.[165] Zudem machte Stern auf die quantitative Verteilung von Begabungen und hierbei insbesondere auf das seltene Phänomen Hochbegabter bzw. „Höchstbefähigter" (ebd., S. 108) aufmerksam, das rund 2 Prozent der Bevölkerung betraf. Hinzu kam ein weiterer, auf 10 Prozent geschätzter Anteil „Hochbefähigter".

Mit dieser begabungspsychologischen Perspektive positionierte sich Stern auch zu der während des Krieges entbrannten bildungspolitischen Frage, ob und ggf. wie Volksschülerinnen und -schülern eine höhere bzw. verbesserte Schulbildung ermöglicht werden sollte. Dabei unterstrich er seine Forderung, allen Kindern zu einer ihren individuellen Fähigkeiten entsprechenden Schul- und Berufsausbildung zu verhelfen und ihnen dadurch auch Entwicklungschancen jenseits der bislang geltenden Schranken sozialer Herkunft zu eröffnen. Eine derartige Förderung sei jedoch nicht zwangsläufig mit dem Besuch einer höheren Schule gleichzusetzen. Nehme man nämlich an, dass 2 Prozent der hochbegabten Volksschülerinnen und -schüler auf eine höhere Schule übergingen, so entspreche dieser Anteil 25 Prozent der Schüler, die gegenwärtig höhere Schulen besuchten. Ein solcher Zuwachs hätte nicht nur die Überforderung des höheren Schulwesens, sondern auch die unbedingt zu vermeidende „Entgeistigung der Grundschichten" der Bevölkerung zur Folge (ebd., S. 109), die er auch sozialpolitisch als verfehlt ansah.

Damit traf Stern den Grundtenor der bildungspolitischen Debatten zur Zeit des Ersten Weltkriegs, in denen die meisten Stimmen vor einer einseitigen Förderung der intellektuellen Ausbildung und der sozialen „Entwurzelung" von Kindern aus unteren Sozialschichten warnten (vgl. auch Kössler 2016, S. 112), was auch die Beiträge im Sammelband *Der Aufstieg der Begabten* unterstreichen. Hochbegab-

---

165 Daher hielt Stern auch schulische Reihenuntersuchungen nach dem Vorbild der Zeichenversuche, die Georg Kerschensteiner in der Vorkriegszeit an Münchner Schulen durchgeführt hatte, für geeignet, um in der Bevölkerung vermutete brachliegende „Talente" zu erschließen.

ten Volksschülerinnen und -schülern jedoch müsse in jedem Fall der gesellschaftliche Aufstieg ermöglicht werden. Neben der kleinen Gruppe Hochbegabter bzw. „Höchstbefähigter" müsse das Hauptaugenmerk der Förderung auf den 10 Prozent weit überdurchschnittlich intelligenter Kindern bzw. „Hochbefähigter" liegen. Diese sollten auf Spitzenpositionen in den mittleren Berufen vorbereitet werden und eine wichtige Funktion in einem „organischen" Aufstieg erfüllen, der Stern als Ideal vorschwebte. Geeignete Schulen könnten innerhalb des bestehenden Volksschulwesens angesiedelt sein oder zwischen Volks- und höherer Schule als Mittel- und Fachschulen geschaffen werden.

Als weiteren zentralen Gesichtspunkt beschreibt Stern das Verhältnis von Begabung und anderen Eigenschaften, die hinzukommen müssten, damit sich Begabungen entwickeln könnten. Ein „Intellektualismus" sei fehl am Platze und Begabungen seien „immer nur Möglichkeiten der Leistung, unumgängliche Vorbedingungen, sie bedeuten noch nicht die Leistung selbst" (Stern 1916e, S. 110). Als zentrale Aufgabe künftiger Forschung definiert er die Untersuchung des Zusammenhangs zwischen Begabung und Interesse sowie zwischen Begabung und volitionalen bzw. motivationalen Eigenschaften. Dabei hebt er die entscheidende Bedeutung von Willenseigenschaften wie „Fleiß und Ausdauer, Pflichtbewußtsein, Selbstdisziplin, Ehrgeiz und soziale Gesinnung" hervor, die erforderlich seien, damit sich aus Begabungspotential „Lebenstüchtigkeiten" entwickeln könnten (ebd., S. 111). Auch die Kategorie der „Tüchtigkeit", die die damaligen bildungspolitischen Debatten prägte (Alarcón López 2021, S. 104), bringt zum Ausdruck, dass nicht nur intellektuelle „Begabung", sondern auch „Leistungsbereitschaft" als ausschlaggebendes Eignungskriterium für die „Auslese" von Schülerinnen und Schülern gesehen wurde.

Ein weiterer Schwerpunkt in Sterns programmatischem Text sind neben Forschungsfragen die neuen Aufgaben der Pädagogischen Diagnostik. Entscheidungen, die z. B. Einschulung, die Überweisung in eine Förderschule oder den Übertritt von der Volks- auf eine mittlere oder höhere Schule betrafen, seien gewichtige Zukunftsfragen, die eine systematische, an der individuellen Begabung orientierte Behandlung benötigten. Die Pädagogische Diagnostik solle für wissenschaftliche Klarheit sorgen und die bisherige Praxis der schematischen und subjektiven Schülerbeurteilung ablösen, die wesentliche Begabungsbereiche und Eigenschaften außer Acht lasse und keine Aussagen „über den ganzen Menschen" (Stern 1916e, S. 114) erlaube.

Daraufhin widmet sich Stern der für ihn zentralen Frage nach Methoden, die zur Feststellung der Begabungen von Kindern geeignet seien. Hierbei sei das Lehrerurteil mit einzubeziehen, aber zugleich müssten die unter dem Lehrpersonal unterschiedlich ausgeprägte „natürliche [...] Verständnisfähigkeit für Menschenseelen" (ebd.) und die Urteilsfähigkeit von Lehrkräften beachtet werden. Dieser seien durch zufällige Beobachtungen, Sympathien und Antipathien sowie die

Fokussierung auf äußere Leistungseffekte Grenzen gesetzt. Einer differenzierten Schülerbeurteilung stünden außerdem Arbeitsüberlastung und große Klassenstärken im Wege.

Stern zufolge sollte die erforderliche Neugestaltung des Schulwesens auch reformpädagogischen Konzepten einen größeren Raum geben. Positiv beurteilt er die Einflüsse der zeitgenössischen Reformpädagogik auf den Umgang mit Begabungen in der Schule, was auf den zentralen Stellenwert reformpädagogischen Denkens in seinem Werk verweist. Dabei nennt er explizit die Reform des Zeichenunterrichts, der sich von der früheren Praxis des schematischen Abzeichnens abhob und dem freien Zeichnen der Schülerinnen und Schüler Entfaltungsmöglichkeiten bot, und das Konzept der Arbeitsschule, das in Gestalt des Werkunterrichts auch an höheren Schulen eingeführt worden war. Insbesondere jüngere Lehrkräfte würden aufgrund ihrer reformpädagogischen Orientierung außerschulische Aktivitäten, Wanderungen, Sport und Spiel fördern und die Eigenaktivitäten von Schülerinnen und Schülern unterstützen, die sich z. B. in der Schülerselbstverwaltung engagieren.[166] Pädagoginnen und Pädagogen erschlössen sich dadurch „neue, früher kaum geahnte Züge im Seelenbilde der Schüler" (Stern 1916e, S. 115).

Dies alles bedürfe jedoch zwingend der Unterstützung durch die empirische Begabungsforschung, die mit der Psychographie und experimentellen Testverfahren neue Methoden bereitstelle, um pädagogisches Handeln zu steuern. In diesem Zusammenhang behandelt Stern zunächst eingehend die Vorteile psychologischer Beobachtungsbögen,[167] die die Lehrkraft künftig für jedes Kind führen solle. Dadurch erhalte der Lehrer erst die Möglichkeit zur Systematisierung seiner Beobachtungen und die Gelegenheit, „auf Seiten der Individualität zu achten, an die er sonst nicht gedacht hätte" (ebd., S. 116). Die Bögen sollten auch Raum für die Dokumentation von Bastelarbeiten, Dichtungen, freien Zeichnungen oder Kompositionen bieten (Stern 1916c, S. 295), denn dies lenke den Blick auf „die natürlichen und spontanen Lebensäußerungen des Kindes", die die Lehrkraft bei der Anwendung experimenteller Methoden wie der neuen Intelligenzprüfungen nicht hätte erfassen können (Stern 1916e, S. 116).[168]

---

166 In der unmittelbaren Nachkriegszeit rückte Stern auch die politische Partizipation von Jugendlichen pointiert ins Zentrum seines Jugendkonzepts (Stern 1919c).

167 Solche Bögen setzte Stern im Rahmen schulischer Auswahlverfahren ein, die er erstmals 1918 konzipierte. Damals war der Beobachtungsbogen von Martha Muchow ausgearbeitet worden.

168 Auch in seinen kinderpsychologischen Studien gab Stern der Beobachtungsmethode im beschriebenen Sinne den Vorzug gegenüber dem Experiment, das er nur ausnahmsweise verwendete: „Die spontanen Verhaltensweisen haben den Vorzug, uns viel unmittelbarer des Kindes Eigenart zu enthüllen als die Reaktionen; denn das Kind benimmt sich hier zwanglos, steht nicht unter der gebundenen Marschroute einer augenblicklichen Anforderung und offenbart uns daher oft überraschende Seiten seines Wesens, auf die wir mit vorbedachten, experimentellen Untersuchungsmethoden nie gestoßen wären, ja die solchen überhaupt nicht zugänglich sind." (Stern 1914a, S. 11 f.)

Dennoch seien Intelligenzprüfungen zweifelsohne eine bedeutende Methode, die durch das „vereinigte Bemühen der Psychologen vieler Länder, insbesondere auch der deutschen und französischen"[169] entscheidend fortentwickelt worden seien (ebd., S. 117). Neben der Bedeutung von Tests für die Berufsberatung stellt Stern hier insbesondere den Wert von Intelligenzprüfungen und den von ihm entwickelten „Intelligenzquotienten" heraus, der auch als Index für eine „intellektuelle Hochbegabung" gelten und „prognostischen Wert" beanspruchen dürfe (ebd., S. 118). Allerdings seien Intelligenztests bei der schulischen „Auslese" lediglich „ein Hilfsmittel" neben anderen Methoden, das der Lehrkraft eine vorläufige Einschätzung der Schülerbegabung ermögliche.

Q13 William Stern (1916): Psychologische Begabungsforschung und Begabungsdiagnose

In: Deutscher Ausschuß für Erziehung und Unterricht: Der Aufstieg der Begabten. Vorfragen. Im Auftrag herausgegeben und eingeleitet von Peter Petersen, Leipzig/Berlin, S. 105–120.

Wir kennen recht genau das Vorkommen aller möglichen Rohstoffe in unserem deutschen Vaterlande nach Menge, Art und Verteilung und verwenden diese Kenntnis auf Schritt und Tritt zur Sicherung und Förderung unseres materiellen Daseins. Aber von der Größe und der Art unseres *Schatzes an geistigen Rohstoffen* – das sind die Begabungen – wissen wir noch beschämend wenig; und doch ist diese Kenntnis nicht minder wichtig als die der materiellen Hilfsmittel. Die weltgeschichtlichen Umwälzungen der Gegenwart haben uns plötzlich dies Bedürfnis zum Bewußtsein gebracht; denn wir wissen jetzt, daß wir Menschenökonomie[170] treiben müssen. Die richtige, d. h. den Fähigkeiten entsprechende Verteilung der Menschen auf die Berufe, die Verwertung jeder Begabung an derjenigen Stelle des nationalen Schaffensprozesses, an der sie ihr Bestes leisten kann, andererseits die Verhinderung schmerzlicher Talentverkümmerungen und falscher Berufswahlen – diese Aufgaben machen die pädagogische Frage der Tüchtigkeitsauslese zugleich zu einer sozial-ethischen und volkswirtschaftlichen von höchster Bedeutung. Für die deutsche Wissenschaft aber ergibt sich daraus die Forderung, die *Erkenntnis* jenes geistigen Nationalschatzes an Begabungen in die Wege zu leiten und für die pädagogischen und Berufseignungsfragen nutzbar zu machen: die moderne Psychologie muß Begabungsforschung und Begabungsdiagnose treiben.

---

169 Diese Akzentuierung muss vor dem Hintergrund der Kriegsereignisse und des auch unter Gelehrten an deutschen Universitäten verbreiteten Nationalismus gelesen werden.
170 Zum Begriff „Menschenökonomie" siehe Fußnote 71 auf S. 60.

Wenn im Folgenden auch die pädagogische Frage des Aufstiegs der Begabten in erster Reihe die Gesichtspunkte unserer Skizze bestimmen wird, so wird doch an vielen Stellen hervortreten, wie eng diese Frage mit der anderen, der der richtigen beruflichen Rekrutierung, zusammenhängt. Dem Motto der Berufsberatung: „Der rechte Mann auf den rechten Platz" entspricht das Motto der Schulbahnberatung (und es bildet die Vorbedingung zu jenem): „Das rechte Kind in die rechte Schulform."

I

1. Um *Mannigfaltigkeit und Verteilung der Begabungen* kennen zu lernen, müssen wir den „schulpädagogischen" Gesichtspunkt im engeren Sinne beiseite zu lassen suchen; nicht um eine Aufstellung nur derjenigen Begabungen handelt es sich, die bei der heutigen Gestalt unserer Schulen in den dort geforderten Leistungen sichtbar werden, dem Lehrer sich aufdrängen und in den Zeugnissen ihren Niederschlag finden, sondern um eine vollständige Übersicht aller wertvollen Fähigkeiten, die in Kindheit und Jugend sich entwickeln; gerade hierbei wird sich herausstellen, wie bedeutend die Zahl solcher Gaben ist, die der Schule leicht entgehen können oder doch zum mindesten von ihr nicht in ihrer Bedeutung gewürdigt werden, – obgleich ihr Lebenswert nicht dem jener Begabungen nachsteht, die vor allem in der Schule beachtet und bewertet zu werden pflegen.

Dieser Übersicht wäre eine andere zur Seite zu stellen, die ein Bild von den Begabungsansprüchen der Berufe gibt. Wie wenig wissen wir heute noch, welche Fähigkeiten des Gedächtnisses, der Aufmerksamkeit, der Phantasie, der Intelligenz usw. bestimmte Betriebsformen der kaufmännischen, der technischen, der industriellen Berufe usw. voraussetzen. Und doch ist dies Wissen nicht nur für die Berufsberatung und -zuweisung im engeren Sinne zu wünschen, sondern es beeinflußt auch die pädagogischen Maßnahmen, die Gestaltung der Schulen und die Auswahl der Schüler, die zur Vorbereitung für bestimmte Berufe bestimmt sind.

Rein psychologisch lassen sich die Begabungen nach ihrer *qualitativen* und nach ihrer *quantitativen* Verschiedenheit gliedern. In erster Hinsicht gibt es eine große, bisher noch nicht zu übersehende Mannigfaltigkeit von *Arten* oder *Typen* der Begabung: so wenn wir die mehr rezeptive von der schöpferischen Begabung, die auditive von der visuellen, die vorwiegende Verstandesbegabung von der vorwiegenden Phantasiebegabung, die analysierende (zerlegende, kritische) von der synthetischen (verknüpfenden, aufbauenden) unterscheiden.

Hierher gehört vor allem die Scheidung zwischen der geistigen Allgemeinbegabung, die sich durch die Fähigkeit bekundet, auf den verschiedensten Gebieten neuartigen Anforderungen denkend gerecht zu werden: *„Intelligenz"* – und der Spezialbegabung, bei der die Fähigkeit zu wertvollen Leistungen auf ein mehr oder minder eng umschriebenes Gebiet beschränkt ist: „*Talent*" (z. B. sprachliches, musikalisches, zeichnerisches, technisches, mathematisches usw. Talent). Diese Begriffe werden bei den Erörterungen über die Förderung der Tüchtigen leider noch viel zu sehr durcheinandergemischt, obwohl die Maßnahmen für „intelligente" Kinder zum Teil ganz anderer Art sein müssen als die für ausgesprochen „talentierte" Kinder.

Die Scheidung von Unterarten der Begabung muß dann mit Hilfe wissenschaftlicher Methoden noch erheblich weitergeführt werden, als es die Popularpsychologie tut. So kann „sprachliche Begabung" in ganz verschiedenen Formen auftreten, bald vorwiegend als Fähigkeit für das Logisch-Grammatische der Sprache, bald als starke Rezeptivität und Nachahmungsfähigkeit für Sprachliches, bald als ästhetische Einfühlungs- und Erlebnisfähigkeit für die Gefühls- und Ausdruckswerte der Sprache. Ebensowenig ist „mathematische Begabung" eine einheitliche Begabungsart; hier sind zum mindesten zwei Typen: ein begrifflich-analytischer und ein intuitiv-synthetischer zu trennen, uss. [!]

Jede einzelne Begabung gliedert sich dann wiederum quantitativ, indem sie eine weitgehende Gradabstufung zeigt; und die *Verteilung dieser Begabungsgrade* ist eines der Probleme, die unmittelbar für die praktischen Maßnahmen Bedeutung gewinnen. Hier müssen wir uns vor allem von der bequemen, aber unzulänglichen Auffassung losmachen, als ob der „Normalgrad" einer Fähigkeit eine ganz bestimmte eindeutige Größe habe, so daß alles, was mit diesem Durchschnittswert nicht übereinstimmt, abnorm wäre. Vielmehr hat die Normalität auf jedem Begabungsgebiet eine bedeutende Breite; d. h. es sind in sich sehr verschiedene Begabungsgrade, die sämtlich innerhalb der Normalität liegen; in diesem Gebiete ist die Verteilung der Menschen am dichtesten. Jenseits der Grenzen treten dann die übernormalen und unternormalen Fälle mit ständig abnehmender Häufigkeit auf, je weiter sie von der Normalität entfernt sind.

Solche begabungsstatistischen Feststellungen sind insbesondere auf dem Gebiet der *Intelligenz* schon an großen Massen von Kindern und Erwachsenen gemacht worden; hier darf die symmetrische Verteilung der Intelligenzgrade um ein mittleres Gebiet stärkster Häufigkeit für die verschiedenen Altersstufen als erwiesen gelten.

Praktisch ergibt sich aus dieser Verteilung, daß die Fälle von hervorragender, weit über die Norm hinausgehender Intelligenz („Höchstbefähigte") sehr selten sind, daß sich schon mit größerer Häufigkeit Fälle einer recht guten, noch immer übernormalen und der besonderen Pflege bedürftigen Intelligenz („Hochbefähigte") zeigen. Spaltet man – diese Zahl ist jetzt willkürlich gewählt, um nur ungefähr die hier vorliegenden Probleme der Schülerverteilung zu beleuchten – nur 2 % aller Volksschüler als „Höchstbefähigte" ab, so würde die Zahl der Ausgelesenen immerhin schon ungefähr so groß sein wie 25 % der jetzigen Schüler höherer

Lehranstalten; d. h. die Zuführung jener 2 % zu den höheren Schulen würde eine Vermehrung dieser um ein Viertel ihres gegenwärtigen Bestandes erfordern. [Fußnote: Nur durch eine scharfe negative Auslese der ungeeigneten höheren Schüler, die ja ebenfalls dringend zu wünschen ist, würde dieses Zahlenverhältnis wesentlich verringert werden können.] Davon, daß alle über den Durchschnitt Begabten auf höhere Schulen überführt werden, kann somit keine Rede sein; und die Hauptaufgabe der Begabungsauslese wird deshalb darin bestehen, für jene weiteren auf die „Höchstbegabten" folgenden „Hochbegabten" – schätzen wir sie wieder mit einer willkürlich herausgegriffenen Zahl auf 10 % aller Kinder der Volksschule – *erweiterte Ausbildungsgelegenheiten zu schaffen,* die noch innerhalb der Volksschule ihren Platz haben oder zwischen der Volks- und der höheren Schule stehen; diese sind geeignet, einen gemächlicheren Aufstieg innerhalb der Kulturschichten zu bedingen und auch den werktätigen Schichten die führenden Persönlichkeiten zu liefern. So decken sich die aus der Begabungsstatistik zu entnehmenden Leitgesichtspunkte mit jener vielfach aus sozialen Motiven ausgesprochenen Forderung: *daß die Auslese der Begabten nicht zur Entgeistigung der Grundschichten unseres Volks und der werktätigen Berufe führen dürfe.*

Viel weniger orientiert sind wir zur Zeit über die statistische Verteilung der *Talente*. Wir bedürfen der Feststellung, wie groß die Zahl der Kinder ist, die eine ausgesprochene Sonderbegabung von solchem Grade besitzen, daß darauf schon eine Berufseignungsprognose aufgebaut werden kann. Vermittels ihrer werden dann die Berufe überschauen können, mit welcher Breite eines begabten Nachwuchses sie rechnen dürfen; und es können die Schulverwaltungen übersehen, in welchem Umfange Fachschulen, Fachklassen und wahlfreier Fachunterricht nötig sind, um den entwicklungsbedürftigen Talenten gerecht zu werden. Hierzu werden Massenexperimente nötig sein, für welche Kerschensteiners berühmter Versuch über die zeichnerische Begabung der Münchner Volksschulkinder das Vorbild liefern könnte; doch müßten auch alle anderen Haupttalente in ähnlicher Weise in ihrer Verteilung untersucht werden.

2. *Die Begabung und die anderen seelischen Eigenschaften.* Aber halten wir uns, bei aller Hochschätzung der Begabung, von einem falschen Intellektualismus fern! Begabungen an sich sind immer nur Möglichkeiten der Leistung, unumgängliche Vorbedingungen, sie bedeuten noch nicht die Leistung selbst. Dem Leben aber kommt es auf Leistung, d. h. auf Umsetzung der subjektiven Möglichkeit in objektives wertvolles Werk, an. Darum muß auch die Psychologie untersuchen, welche anderen seelischen Eigenschaften zur eigentlichen Begabung hinzutreten müssen, um die Leistung zu bestimmen. Wir greifen hier nur zwei besonders wichtige Gruppen von Eigenschaften heraus: die des Interesses und die des Willens (beide hängen wiederum in sich zusammen).

Das Verhältnis von Begabung und *Interesse* ist merkwürdig verschränkt. Meist wird man annehmen, daß eine angeborene Begabung auch das Interesse auf den entsprechenden Gegenstand hinlenken wird: daß sich der mathematisch Begabte eben deshalb für Mathematik interessiert, weil sie ihm leicht wird, weil er ihre Zusammenhänge besser versteht als andere. Aber es gibt auch ganz andere Arten der Beziehung, die bisher nicht genügend gewürdigt worden sind. Ein zunächst gefühlsmäßig bedingtes Interesse kann das primäre sein; es veranlaßt dann durch ständige Pflege der entsprechenden Seelenfunktionen eine Leistungshöhe, die auf Grund der Begabung nicht zu erwarten gewesen wäre. Oder: eine starke Begabung kann verkümmern, weil jegliches Interesse für das Gebiet fehlt. Oder: die Schwierigkeiten, die durch einen Begabungsmangel hervorgerufen werden, reizen den Menschen gerade dazu, den Kampf mit seiner eigenen Schwäche aufzunehmen; und es kann dieser Kampf nicht nur zur Beseitigung der Schwäche, sondern zu einer Überkompensation, zu besonders hoher Leistungsfähigkeit eben auf dem Gebiete der Schwäche, führen (man denke an die hervorragendsten Sportleistungen körperlich schwacher Menschen).

Von Willenseigenschaften kommen vor allem Fleiß und Ausdauer, Pflichtbewußtsein, Selbstdisziplin, Ehrgeiz, soziale Gesinnung in Betracht, um die in den Begabungen liegenden Möglichkeiten in Lebenstüchtigkeiten umzuwandeln. Leider ist die Zusammengehörigkeit von Willensbegabung und geistiger Begabung durchaus nicht eine Selbstverständlichkeit; man kennt die verbummelten Talente, die ein parasitäres Dasein führen, die skrupellosen Begabten, die ihre Fähigkeiten zwar ausbilden und benutzen, aber nur für egoistische Zwecke, die Größenwahnsinnigen, die sich im Glanz ihrer Gaben bespiegeln, aber nicht den kategorischen Imperativ empfinden, der ihnen damit auferlegt ist.

Die Bewegung für Förderung der Tüchtigen muß daher erstens dafür sorgen, daß nicht die intellektuelle Begabung für sich allein bestimmend bei der Auslese wird, sondern daß die Stärke des Interesses und die Tüchtigkeit der Willenssphäre zur Entscheidung mit herangezogen werden; sie muß zweitens bei der Erziehung der Begabten diesen immer wieder und wieder den Satz zu Gemüt führen: *Begabung ist kein Verdienst, sondern eine Verpflichtung.*

3. *Biologische und soziale Bedingungen der Begabung.* Inwieweit ist die Begabung und ihre Verteilung abhängig von den *inneren* Faktoren der Familienvererbung, der Rasse, des Geschlechts, der Entwicklung und von den *äußeren* Faktoren des Standes, der sozialen Lage, der Art des Unterrichts? Wir vertreten den Konvergenzstandpunkt, der weder dem inneren noch dem äußeren Faktor die alleinige oder auch nur vorwiegende Bestimmung zuerkennt, sondern stets ein Zusammenwirken, oft ein höchst verwickeltes Ineinandergreifen von beiden Bedingungsgruppen als entscheidend annimmt.

Über zwei der genannten Bedingungen nur wenige Worte.

Bezüglich des *Geschlechts*unterschiedes haben alle massenstatistischen Untersuchungen der neueren Zeit erwiesen, daß die typische Differenz *nicht* auf dem Gebiete des Intelligenz*grades* zu suchen ist; die Ergebnisse von Intelligenzprüfungen ergaben fast immer nur geringfügige und in der Richtung nicht eindeutige Abweichungen in den Durchschnittswerten. Um so deutlicher treten die Unterschiede in den *qualitativen* Begabungsformen und vor allem auf dem Grenzgebiete von Begabung und *Interesse* hervor. Daraus ergibt sich für das Ausleseproblem die Konsequenz: das bisherige Verfahren, welches gerade für die besonders tüchtigen Mädchen ohne weiteres den Typus der höheren Knabenschule anwandte, war falsch; es müssen charakteristische Frauenschulen für die aufsteigenden Tüchtigen geschaffen werden.

Die *soziale* Schichtung ist für das Begabungsproblem gleichfalls von großer Bedeutung. Vergleichende Intelligenzuntersuchungen an gleichaltrigen Kindern aus verschiedenen Schichten haben stets ein höheres Durchschnittsniveau bei den Kindern der gehobenen Stände ergeben. Dies beruht nicht etwa lediglich oder auch nur vornehmlich auf dem besseren Unterricht, den die Kinder der Bessersituierten empfangen (z. B. in der Vorschule); denn der Unterschied bestand auch bei Kindern aus gleicher Schule. Zur Erklärung sind vielmehr vor allem zwei Faktoren heranzuziehen: der äußere Faktor der geistigen Atmosphäre des Elternhauses, die von den ersten Lebensjahren an das Kind der höheren Schichten mit den mannigfachsten intellektuellen Anregungen überschüttet – der innere Faktor der erblichen Selektion. Denn schon jetzt ergänzen sich die höheren Schichten, wenn auch unregelmäßig, aus aufsteigenden *Tüchtigen* der niederen Schichten, so daß hierdurch bereits die Kinder der gehobenen Schichten mit durchschnittlich höherem geistigen Erbgut begabt sind. Natürlich gilt der Intelligenzunterschied der beiden Schichten lediglich als *Durchschnittswert*. Eine Reihe von Einzelindividuen aus den unteren Schichten zeigte auch bei der experimentellen Prüfung Intelligenzhöhen, welche der Durchschnittsintelligenz der gleichaltrigen Kinder aus höheren Schichten ebenbürtig oder überlegen waren; eben diese Kinder sind dazu berufen, den oben angedeuteten Aufstieg aus der unteren in die höheren Kulturschichten zu vollziehen, und hierzu muß ihnen pädagogisch jeder Weg geebnet werden.

II

Während die Begabungsforschung dazu beitragen soll, die allgemeinen organisatorischen Maßnahmen der Tüchtigkeitsauslese wissenschaftlich zu stützen, muß die *Begabungsdiagnose* die individuelle Arbeit fortlaufend begleiten. In Zukunft wird die Schulbahnberatung und -bestimmung ebenso wie die Berufsberatung jedes Individuums in ganz anderem Maße Gegenstand systematischer Veranstaltung werden müssen als bisher. [Fußnote: Für derartige unmittelbar praktisch-technische Verwertungen der Psychologie beginnt sich jetzt das Wort „Psychotechnik" einzubürgern. Der Ausdruck ist von mir in dem Programmaufsatz über „Angewandte Psychologie" […][171] eingeführt

---

171 Verweis auf Stern 1903.

und neuerdings durch Münsterbergs großes Buch: Psychotechnik [...][172], popularisiert worden.] Die Einschulung in eine bestimmte Klasse, die Überweisung in eine Hilfs-, Förder-, Vorzugsklasse, die Umschulung aus der Volks- in eine mittlere oder höhere Schule, die Entscheidung über Schulaustritt oder Weitergehen, über die Wahl zwischen einer humanistischen, realistischen, fachlichen Schule – dies und vieles andere kann hinfort nicht mehr dem Zufall oder dem Gelegenheitsrat mehr oder minder berufener Berater überlassen bleiben, sondern muß von einer genauen Kenntnis und Mitberücksichtigung des individuellen Begabungstyps und -grades getragen sein. Und wenn dann der junge Mensch endgültig die Schule verläßt, so wird dies Fähigkeitsbild, das ihm nun mitgegeben werden kann, die große Schicksalsentscheidung der Berufswahl in förderlichster Weise beeinflussen; die Begabungsdiagnose wird nun zur *Prognose* benutzt werden können. Wie lebhaft beklagen es schon heute die Berufsberatungsstellen, daß sie zwar über die ökonomischen Aussichten, Berechtigungsforderungen, äußeren Vorbedingungen usw. der einzelnen Berufe wohl orientiert sind, aber über die psychische Eignung ihrer Klienten ganz im Dunkeln tappen; wie schmerzlich empfinden sie in dieser Hinsicht die absolute Unzulänglichkeit der Schulzeugnisse, die nur über den äußeren Leistungseffekt, nichts über die dabei beteiligten Fähigkeiten, nur über die in der Schule betriebenen Gebiete, nichts über den ganzen Menschen und seine mancherlei Eigenschaften enthalten und selbst über jene wenigen Punkte nur ein schematisches, auf drei Nummern beschränktes Urteil geben!

Es ist sonderbar, daß man bisher ausführlichere Seelendiagnosen nur für die Sorgenkinder der Gesellschaft notwendig erachtete, aber *für ihre Hoffnungskinder nicht!* In Hilfsschulen, Anstalten für Schwachsinnige, für Fürsorgezöglinge usw. gibt es in der Tat Individualitätenlisten, die neben dem körperlichen Befunde auch in größerer oder geringerer Ausführlichkeit Charakteristiken der seelischen Eigenart enthalten. Gewiß war deren Ausführung bei der relativ kleinen Anzahl der in Betracht kommenden Kinder eher möglich als bei der gewaltigen Masse der normalen und übernormalen Kinder unserer Volks- und höheren Schulen. Aber der Umfang der Arbeit darf uns nicht abschrecken, wenn wir überzeugt sind, daß wir eine gründliche Befähigungsdiagnose in Zukunft nicht entbehren können.

Auf welchem Wege wird nun diese Diagnose zu erzielen sein?

In erster Reihe wird natürlich das Urteil des Lehrers in Betracht kommen; denn er kennt seine Schüler aus monatelanger (zuweilen jahrelanger) ausführlicher Beschäftigung mit ihnen und von recht verschiedenen Seiten; er ist deshalb ja auch bisher mit Recht als der Hauptfachkenner angerufen worden, wenn ein Urteil über den Jugendlichen oder ein wichtiger Entschluß über sein Schicksal in Frage kam.

---

172 Verweis auf Münsterberg 1914.

Allein man verkenne nicht die Grenzen dieses Lehrerurteils. Auch die Lehrer sind sehr verschiedene Individualitäten, sehr verschieden begabt in der natürlichen Verständnisfähigkeit für Menschenseelen, insbesondere für die in der Entwicklung begriffenen; sie stützen ihr Urteil häufig auf Zufallsbeobachtungen, lassen es durch individuelle Zuneigung und Abneigung beeinflußt werden, sind nicht selten geneigt, die spezifisch schulischen Leistungen besonders stark zu bewerten und die anderen Seiten zu übersehen. Sie sind ferner gewöhnt, die Leistungen mehr nach ihrem äußeren Erfolg einzuschätzen, vielleicht auch nicht in der Lage, sich von den einzelnen Fähigkeiten, die bei ihrem Zustandekommen mitgewirkt haben, Rechenschaft zu geben. Und vor allem: durch die großen Klassenfrequenzen sind sie rein physisch verhindert, jedem einzelnen Zögling dasjenige Maß der Beachtung zu widmen, das zur Gewinnung eines sicheren Urteils nötig wäre; daher denn oft genug die Nummern in den Notizbüchern und die Fehlerzahlen der schriftlichen Arbeiten das Hauptmaterial für dies Lehrerurteil bilden müssen.

Eine Besserung ist bereits zu erwarten von solchen Schulreformen, welche mehr Begabungsseiten in den Gesichtskreis der Schule ziehen, als es früher der Fall war. So hat die Reform des Zeichenunterrichts so manche Begabung erkennbar gemacht, die früher unbemerkt geblieben wäre; die Forderung, den Werkunterricht in alle Schulen, auch die höheren, einzuführen, wird auch damit begründet, daß die zwangsweise unterdrückten technischen und manuellen Begabungen erst hier ihr Dasein verraten würden. Der steigende Anteil der Lehrer an dem außerschulischen Leben der Schüler, an Sport und Spiel, an Wanderung und Privatlektüre, die Beobachtung ihres Vereinswesens und ihrer Selbstverwaltungsbestrebungen – all dies wird dem Auge des interessierten Pädagogen immer neue, früher kaum geahnte Züge im Seelenbilde der Schüler erschließen.

Aber mit alledem ist der unsystematische Zufallscharakter der Diagnose nicht beseitigt. *Und hier setzt nun die Unterstützung ein, welche die wissenschaftliche Begabungspsychologie zu leisten hat.* Ihre Mittel sind Individualitätsbeschreibung („Psychographie") und die experimentelle Begabungsprüfung (der „Test").

Wir deuteten schon oben an, daß für jedes Kind ohne Ausnahme in Zukunft die Führung eines Individualbogens zu fordern sein wird, der – ganz anders als das schematische Schulzeugnis und nicht beschränkt auf die von der Schule geforderten Leistungen – ein Seelenbild des Individuums entwerfen soll. Von dem Schema der Gesichtspunkte, welche diese Liste enthält, hängt viel ab; denn sie bietet dem Lehrer erst die Gelegenheit, seine ungeregelten und sonst leicht wieder verlorengehenden Beobachtungen und Erfahrungen zu fixieren und auf Seiten der Individualität zu achten, an die er sonst nicht gedacht hätte. Also eine Anleitung zur psychologischen Beobachtung in großem Maßstabe. Deshalb fordert schon der Entwurf dieser Liste, die Art, wie man die einzelnen Seelenfähigkeiten zu ihrem Recht kommen läßt, wie man die Fragen formuliert, welche Hilfsmittel man zu ihrer Beantwortung empfiehlt, die Beteiligung des Fachpsychologen. Denn die

Psychologie hat glücklicherweise seit kurzem angefangen, die „Psychographie" – das ist eben die Absteckung des seelischen Individualitätsbildes – zu einer wissenschaftlichen Methode zu erheben, die sich nun hier in der Praxis wird bewähren müssen. Der unbestreitbare Vorzug dieser Methode gegenüber der gleich zu erwähnenden experimentellen liegt darin, daß hier die natürlichen und spontanen Lebensäußerungen des Kindes zur Fixierung gelangen, zum Teil gerade solche Seiten seiner Persönlichkeit, die sich dem Zwang des Experiments ein für allemal entziehen.

Der Individualitätenbogen darf dann aber nicht nur die Eintragung von Beobachtungen verlangen, sondern muß auch zur Sammlung charakteristischer Leistungserzeugnisse des Individuums anleiten; aber auch hier darf nicht der schulische Gesichtspunkt der möglichst korrekten Leistung (bei welcher der Anteil des Unterrichts und die Hilfe des Lehrers nicht mehr kontrollierbar ist) obwalten, sondern der psychologische Gesichtspunkt der *möglichst spontanen Leistung*, die aus dem Eigeninteresse und der ungehinderten Selbsttätigkeit hervorgegangen ist. Da mag zuweilen eine Bastelei, Zeichnung, schriftliche Äußerung, die völlig abseits von der Schultätigkeit entstanden ist und mit ihren Schwächen und Absonderlichkeiten der rein schulischen Wertung recht anstößig sein mag, dem Psychologen und Berufsberater besonders symptomatisch erscheinen!

Neben die systematisierte Beobachtung und Sammlung stellt sich nun aber die *experimentelle* Fähigkeitsprüfung als eine neue, sehr aussichtsreiche Methode: man sucht durch wohlerwogene und genau ausgeprobte Anforderungen, Fragestellungen und Versuche gewissermaßen Stichproben der zu prüfenden Fähigkeit zu nehmen. So ist man einerseits in der Lage, durch Abstufung und Messung der Anforderungen Begabungsgrad und -art in einigermaßen exakter (wenn möglich zahlenmäßiger) Weise zu bestimmen; man kann andererseits vergleichend vorgehen: viele Kinder in bezug auf ihre Begabungswerte gruppieren, das einzelne Kind innerhalb der Reihe seiner Genossen einstellen, vielleicht auch durch wiederholte Stichproben die Entwicklung seiner Begabung verfolgen. Wegen seines amerikanischen Ursprungs hat sich für dies Verfahren der Ausdruck *„Test"* (= psychische Stichprobe) eingebürgert. Freilich war jahrelang der amerikanische Betrieb dieser Tests ein so unwissenschaftlicher, daß von einem ernsthaften Nutzen für die Kultur noch keine Rede sein konnte; erst seit kurzem ist durch das vereinigte Bemühen der Psychologen vieler Länder, insbesondere auch der deutschen und französischen, das Verfahren auf eine Höhe gehoben worden, die uns Bedeutendes für die Begabungsdiagnose erwarten läßt.

Und da ist es denn charakteristisch, daß neben der Schule wieder die Berufsberatung und -zuweisung die Bedeutung des Begabungstests zu würdigen beginnt. Wenn wir schon längst die *physiologische* Prüfung auf Farbentüchtigkeit bei bestimmten Berufen (z. B. dem des Lokomotiv- und des Schiffsführers) für selbstverständlich halten, – warum sollte nicht mit gleichem Recht der *psychologische*

Aufmerksamkeitstypus derjenigen Leute geprüft werden, die etwa Kraftfahrer, Straßenbahnführer, Flieger werden wollen? Und in der Tat sind hier schon Tests ausgebildet worden, die in überraschend kurzer Zeit ein Urteil darüber erlauben, ob der Prüfling die für jene Berufe erforderliche Fähigkeit zu lang anhaltender und zugleich auf wechselnde Reize schnell sich umstellender Aufmerksamkeit sowie zu treffsicherer, geistesgegenwärtiger Reaktion auch bei unvorhergesehenen Zwischenfällen besitze oder ob er ungeeignet ist. Man hofft, daß sehr verschiedene beruflich geforderte Fähigkeiten der experimentellen Prüfung zugänglich gemacht werden können, – wenn wir nur erst die psychologischen Arbeitsstätten haben werden, welche diesen Untersuchungen gewidmet sind.

Doch von noch unmittelbarerer Bedeutung für unser Problem ist die Anwendung solcher Tests an Schulkindern.

Am weitesten fortgeschritten sind hier zur Zeit die sog. *„Intelligenzprüfungen"*, die bereits an Tausenden von Kindern angewandt worden sind. Sie sind so gestaltet, daß die allgemeine Orientierungsfähigkeit des Denkens unter möglichster Ausschaltung des Schulwissens geprüft wird; und sie ermöglichen es, für das einzelne Kind anzugeben, ob seine Intelligenz auf dem Niveau seines Lebensalters steht oder ob es von diesem nach oben oder unten – und in welchem Grade – abweicht. Neuerdings hat sich sogar herausgestellt, daß das Verhältnis des „Intelligenzalters" zum Lebensalter einen ziemlich konstanten Wert zu haben scheint, der somit als Individualitätsmarke der Intelligenz gelten kann (sog. *„Intelligenzquotient"*). Wenn z. B. ein Kind in drei um je ein Jahr getrennten Prüfungen stets einen Intelligenzquotienten 12/10 erlangte (d. h.: seine Intelligenz überragt den Durchschnittswert um 2/10), so haben wir damit einen Index für seine intellektuelle Hochbegabung, der schon prognostischen Wert beanspruchen und daher wohl bei der Tüchtigkeitsauslese mitsprechen darf (natürlich nur als *ein* Hilfsmittel der Schulbahnbestimmung neben den anderen). Solche Intelligenzprüfungen erlauben es ferner, die Verteilung der Intelligenzen in einer Klasse zu übersehen, können dem Lehrer, der eine neue Klasse übernimmt, wenigstens ein erstes, vorläufiges Bild der Schülerbegabungen verschaffen, gestatten endlich in solchen Fällen, wo man es mit fremden Kindern zu tun hat, eine wenn auch unvollkommene geistige Schnellphotographie von ihnen zu nehmen (z. B. bei der Aufnahme neuer Schüler, bei der Untersuchung von Kindern vor dem Jugendgericht).

Auch bei der negativen Auslese sollten die Ergebnisse von Intelligenzprüfungen mehr als bisher mitreden dürfen. Wie sie heute schon benutzt werden, um die Zuweisung von Volksschulkindern an die Hilfsschule mit zu entscheiden, sollte auch die Entlastung der höheren Schulen von dem gänzlich ungeeigneten Material[173] mit ihrer Hilfe schärfer durchgeführt werden. Es sollte nicht angehen, daß durch bloße passive Ausdauer (das „Ersitzen") und ein gewisses Quantum mechanischen

---

173 Zum Begriff „Material" siehe Fußnote 52 auf S. 39.

Gedächtnisses noch immer äußere Leistungseffekte schließlich erzielt und damit der Zugang in führende Schichten erzwungen wird von Schülern, bei denen eine wirkliche Begabungsprüfung schon längst ihre absolute Ungeeignetheit hätte erweisen können.

Ähnlich wie die Intelligenzprüfungen werden auch die experimentellen *Talent*diagnosen auszubauen sein. Wir wiesen schon einmal auf das Beispiel der Kerschensteinerschen Untersuchungen über die zeichnerische Begabung hin; an dieser Stelle sollen sie nur erwähnt werden, weil sie auch *diagnostisch* Wichtiges geleistet, nämlich vom Lehrer unbemerkt gebliebene Talente entdeckt haben. Aber jene Massenprüfung ist nur einmal in einer einzigen deutschen Stadt vorgenommen worden; wieviele Hunderte, ja Tausende von Talenten in anderen Städten und auf anderen Begabungsgebieten mögen unentdeckt schlummern, weil solche Massenprüfungen nicht vorgenommen werden! Ist deren Feststellung nicht mindestens ebenso wichtig wie die der Kurzsichtigkeit oder der Zahnbeschaffenheit der Volksschüler – wofür es bekanntlich schon längst regelmäßige Massenuntersuchungen gibt?

Man sieht: Das Problem der Tüchtigkeitsauslese für Schulbahn und Berufsbahn verlangt die Mitarbeit der Psychologie in einem bisher ganz unbekannten Umfang – und damit auch ein ganz anderes Personal, als es gegenwärtige für solche Zwecke zur Verfügung steht. Die verschwindend geringe Zahl der Fachpsychologen an den Hochschulinstituten und die vereinzelten Lehrer, die mit hinreichender wissenschaftlicher Schulung solche Fragen bearbeiten, sind nicht annähernd dieser Arbeitslast gewachsen. Es wird daher binnen kurzem die Institution des städtischen *Schulpsychologen* sich als ebenso notwendig erweisen, wie es vor wenigen Jahren mit der des Schularztes geschehen ist. Die Pädagogen werden vielleicht zu Anfang glauben, daß es sich hier um einen Eingriff in ihre Gerechtsame handelt, bald aber bemerken, daß das schulpsychologische Amt ihrer Stadt Aufgaben zu erfüllen hat, die grundsätzlich die Arbeitsmöglichkeit des einzelnen Lehrers und der einzelnen Schule überschreiten: das Aufstellen von Individualitätenlisten und ihre Verarbeitung; Sammlung charakteristischer Erzeugnisse jugendlicher Leistung; Feststellung der psychologischen Grundsätze bei der Schulbahnberatung; Anordnung von Intelligenzprüfungen und Talentprüfungen in bestimmten oder allen Schulen der Stadt, Sorge für deren gleichmäßige Durchführung; Anlegung von Zensurenstatistiken; Beratung bei Neuorganisationen – und schließlich: Leitung der psychologischen Ausbildung der Lehrer. Denn die neuen pädagogischen Ideen fordern ein Mitwirken des Lehrers und damit seine psychologische Schulung und Einstellung in weit höherem Maße, als dies früher je der Fall war.

So mögen denn diese Zeilen auch dazu beitragen, daß die staatlichen und die städtischen Behörden ebenso wie die Berufsorganisationen und Berufsberatungsstellen sich von der Notwendigkeit überzeugen, der psychologischen Jugendkunde

Raum, Mittel und Arbeitskräfte zur Durchführung ihrer großen Kulturaufgabe zu gewähren.
[…][174]

5.2 „Die Methode der Auslese befähigter Volksschüler" – Konzeption und methodische Richtlinien von Schülerauswahlverfahren

Der Erste Weltkrieg hatte eine katalytische Wirkung in vielen gesellschaftlichen Feldern und löste im bildungspolitischen Bereich intensive Debatten über Schulreformen aus. Wissenschaftler und Politiker diskutierten verstärkt über Alternativen zur bestehenden Schulorganisation, die bereits in der Vorkriegszeit als nicht mehr zeitgemäß und sozial ungerecht kritisiert worden war. Angesichts hoher Kriegslasten, die alle Bevölkerungsgruppen zu tragen hatten, wurde die grundsätzliche Forderung nach einer gerechteren Beteiligung aller gesellschaftlichen Schichten an höherer bzw. weiterführender Schulbildung erhoben.

Dieser Wunsch nach Überwindung der rigiden Trennung zwischen „höherer" und „niederer" Bildung zeigt sich an der Konjunktur, die der Einheitsschulgedanke seit etwa 1916 erfuhr. Viele Pädagogen und Lehrkräfte unterstützten das Konzept der „Einheitsschule", das vor dem Krieg noch mehrheitlich auf Widerstand gestoßen war, als sinnstiftenden nationalen Zukunftsentwurf, der geeignet schien, die im Krieg erlebte innere Einheit auch in der kommenden Friedenszeit zu bewahren (Heinemann 2016, S. 257 f.).

Dabei wurde statt „Einheitsschule" verstärkt der Begriff der „Begabungsschule" verwendet (Keim/Schwerdt 2013, S. 690). Dem Konzept der Begabung wurde eine zentrale Funktion für die als notwendig erachtete gesellschaftliche Erneuerung zugewiesen. Flexiblere Schulstrukturen und ein höheres Maß an Bildungspartizipation sollten dem Ziel dienen, einen maßvollen und geregelten „Aufstieg" begabter Individuen zu ermöglichen, denen der Zugang zu weiterführender Bildung bislang verschlossen war. Anschließend sollten sie zum Wohle der Allgemeinheit gesellschaftliche Führungspositionen einnehmen.

Primär ökonomische Ziele lagen dem Einsatz der Psychotechnik zugrunde, die sich nach dem Ersten Weltkrieg in Industrie und Hochschulen etablierte. Nach 1918 wurden die zuvor im militärischen Bereich zahlreich angewandten psychotechnischen Eignungsprüfungen vorwiegend im wirtschaftlichen Bereich eingesetzt. Das Versprechen der Psychotechnik, jedem Menschen „den rechten Platz" in der Volkswirtschaft zuweisen zu können, ließ auf eine Steigerung und Opti-

---

174 An dieser Stelle folgt im Original ein kurzes Literaturverzeichnis.

mierung der Arbeitsleistung hoffen, um die internationale Wettbewerbsfähigkeit deutscher Unternehmen wiederherzustellen und zu sichern. Psychotechnische Eignungsfeststellungen standen im Mittelpunkt der Berufsberatung, die dem kriegsbedingten Fachkräftemangel entgegenwirken sollte.

Ein Schwerpunkt der Begabungsdebatten in der Kriegs- und unmittelbaren Nachkriegszeit lag auf den Möglichkeiten einer chancengerechten Förderung (hoch)begabter Volksschülerinnen und -schüler. Der Vorschlag, einer begrenzten Zahl dieser Gruppe den Zugang zu höherer Schulbildung zu ermöglichen, mündete gegen Kriegsende in lokale Pilotprojekte, die städtische Schulbehörden in Kooperation mit psychologischen Expertinnen und Experten unter anderem in Berlin (Moede/Piorkowski 1918), Hamburg (Stern), Hannover (Brahn 1919 und 1920) und Breslau (Mann 1918) organisierten. Bei diesen sogenannten „Schülerauslesen" kamen verschiedene methodische Verfahren zur Anwendung, mit deren Hilfe „begabte" Volksschülerinnen und -schüler identifiziert werden sollten.

Das Hamburger *Psychologische Laboratorium* führte unter Sterns Leitung erstmals im Frühjahr 1918 ein pädagogisch-psychologisches Auswahlverfahren durch (Heinemann 2016, S. 262 ff.). Dem war ein Beschluss des Hamburger Senats vom Januar 1918 vorausgegangen, der die Einrichtung von Begabtenklassen an Volksschulen (sogenannten F-Klassen) für sprachlich begabte Schülerinnen und Schüler vorsah. Hierdurch sollte ein erweiterter neunjähriger Unterricht mit sprachlichem Schwerpunkt für einen auszuwählenden Schülerkreis realisiert werden. Im Unterschied zu Preußen existierten in Hamburg keine Mittelschulen und die institutionelle Neuschöpfung sollte diese Lücke schließen.[175]

Die Hamburger Schulbehörde beauftragte William Stern, der sich von dieser Fördermöglichkeit wichtige Impulse für „die pädagogische Reformbewegung in Deutschland" versprach (Stern 1918b, S. 132), ein Auswahlverfahren für den neuen Schultypus zu konzipieren. Einen wichtigen Unterstützer fand dieses Unternehmen in Karl Umlauf, dem damaligen Leiter des Hamburgischen Volksschulwesens,[176] den Stern bereits aus der Vorkriegszeit als aktives Mitglied im *Bund für Schulreform* gut kannte.

In seinem Beitrag *Die Methode der Auslese befähigter Volksschüler in Hamburg* Stern 1918b), der nachfolgend abgedruckt ist (Q 14), stellte Stern das Verfahren vor, mit dem geeignete Schülerinnen und Schüler für den neuen Schultypus gefunden werden sollten. Er publizierte ihn in der *Zeitschrift für pädagogische Psychologie und experimentelle Pädagogik* mitsamt einem Anhang, in dem der Beobachtungsbogen und ein Verzeichnis der Tests dokumentiert sind, die Stern und seine Mitarbeitenden verwendeten.

---

175 Im darauffolgenden Jahr wurden in Hamburg „Anschlussklassen" für Volksschülerinnen und -schüler eingerichtet, die an Gymnasien angegliedert waren (Ingenkamp 1989, S. 177).

176 Karl Umlauf (1866–1945) war von 1931 bis 1933 Honorarprofessor für Erziehungswissenschaft an der Universität Hamburg.

Das zeit- und personalintensive Gesamtverfahren, das die Beteiligung von Institutsangehörigen und vielen freiwilligen Helferinnen und Helfern erforderte, trug Sterns psychologische Handschrift. Es unterschied sich methodisch von den in anderen Städten durchgeführten schulischen Auswahlverfahren, die Stern kritisierte, insbesondere die von den Psychologen Walther Moede (1888–1958) und Curt Piorkowski (1888–1939) verantworteten schulischen „Auslesen" für die Berliner „Begabtenschulen" (Bracht 2001).

Signifikant für das Hamburger Verfahren, mit dem 1918 an Ostern 990 zehnjährige Volksschülerinnen und -schüler für die neuen „Begabtenklassen" ausgewählt wurden, war die Kombination von experimenteller Testprüfung und Lehrerbeobachtung.[177] Dieses Merkmal von Sterns „Schülerauslesen" charakterisierte später auch die sogenannten „Übergangsauslesen", wie sie in Hamburg nach der Einführung der allgemeinen Grundschule 1920 für den Übertritt auf eine höhere Schule durchgeführt wurden (vgl. Kapitel 5.3). Das kombinierte Verfahren entsprach Sterns methodenpluralistischem Konzept, in dem die experimentelle Testmethode ein unverzichtbares, aber ergänzungsbedürftiges Element darstellte und auch die Beobachtungsmethode einen hohen Stellenwert hatte.

Gegenüber dem Berliner Auswahlverfahren, bei dem allein das Ergebnis der psychologischen Testprüfung über die Aufnahme entschied, unterstreicht Stern im nachfolgenden Quellentext die Notwendigkeit einer stärker individualisierenden Betrachtung und einer methodisch reflektierten Intelligenzdiagnostik, um der Verantwortung gerecht zu werden, die die weitreichende Entscheidung über die Schullaufbahn eines Kindes mit sich brachte. Dies sieht er in Berlin wegen der Reduktion auf die psychologische Testprüfung nicht gegeben und weist darauf hin, dass dort ausschließlich Psychologen das Verfahren verantworteten. Moede und Piorkowski waren durch ihre während des Ersten Weltkriegs entwickelten Tests für Militärkraftfahrer bekannt geworden, hatten jedoch keine Erfahrung mit der Testung von Schülerinnen und Schülern. Am Hamburger *Psychologischen Laboratorium* dagegen waren neben Psychologinnen und Psychologen auch Lehrkräfte tätig.

Eine wichtige Mitarbeiterin unter den vom Schuldienst freigestellten und am Institut tätigen Lehrkräften war Martha Muchow,[178] die intensiv in die Hamburger „Schülerauslesen" eingebunden war. Mit dem Beobachtungsbogen für Lehrkräfte entwarf sie ein neues und bedeutendes methodisches Instrument, durch das sich

---

177 Eine vergleichbare Konzeption wies das Verfahren auf, das Alfred Mann, ein ehemaliger Schüler Sterns, in Breslau durchführte.

178 In seinen Schriften erwähnt Stern mehrfach Martha Muchows Rolle für die begabungspsychologischen Arbeiten seines Instituts (vgl. auch Faulstich-Wieland/Faulstich 2012, S. 42 ff.). Interessant ist sein Hinweis auf Muchows Dissertation *Zur Psychologie des Erziehers*, die von ihm betreut und mit *summa cum laude* bewertet wurde und sich insbesondere der „erzieherischen Begabung" widmete (Stern 1925a, S. 301 f.).

das Hamburger Auswahlverfahren signifikant von anderen im Reich durchgeführten Verfahren unterschied. Die Konzeption dieses Bogens spiegelte die Überzeugung von Stern und seinen Mitarbeitenden wider, dass das „Lehrerurteil" unbedingt der psychologischen Anleitung und Steuerung bedürfe.
In Hamburg hatten die Lehrerinnen und Lehrer im Vorfeld ca. 50 Fragen für jedes Kind zu beantworten, die unter anderem dessen familiäres Umfeld, Schulleistungen, Aufmerksamkeit, Ermüdbarkeit, Wahrnehmung, Beobachtungsfähigkeit, Arbeitsweise sowie besondere Interessen und Begabungen betrafen. Dabei sollten die Beobachtungsbögen nicht nur der Lehrkraft als Orientierung bei der Beobachtung dienen, auch für die Forschung versprach sich Stern durch die Sammlung der Bögen „sehr wertvolles psychographisches Material" (Stern 1919a, S. 295 f.), das z. B. weitere Erkenntnisse über hochbegabte Kinder ermöglichen konnte.
Zusammen mit Karl Umlauf und drei weiteren Pädagogen gehörte Stern dem Hamburger Aufnahmeausschuss an, der 1918 über die endgültige Aufnahme oder Abweisung der Volksschülerinnen und -schüler in die neuen „Begabtenklassen" entschied. Wie Muchow hervorhob, gingen der Entscheidung über „zweifelhafte Fälle" lange Sitzungen voraus (Muchow 1918, S. 67). Dabei wurden nach Möglichkeit auch „Imponderabilien des Augenblicks" (Stern 1918b, S. 134 / S. 167 in diesem Band), körperliche Verfassung, Tagesform oder Prüfungsangst berücksichtigt. Ein negatives Testergebnis konnte z. B. kompensiert werden, wenn durch den Beobachtungsbogen eine besonders sorgfältige, aber langsamere Arbeitsweise des Kindes und „starkes selbständiges Denken, sinnvolles Fragen sowie die Fähigkeit, Wesentliches zu erfassen" festgestellt wurde (Stern/Peter 1919, S. 21).
Tatsächlich fiel dies bei der Aufnahme derjenigen Kinder ins Gewicht, die aufgrund eines langsameren Arbeitstempos die im Test notwendige Punktzahl nicht erreicht hatten: Mehr als ein Drittel von ihnen wurden aufgrund des Beobachtungsbogens aufgenommen; die Ergebnisse wiederum flossen in die Neufassung des Beobachtungsbogens für 1919 ein (Faulstich-Wieland/Faulstich 2012, S. 52).
Bei der Mehrzahl der Entscheidungen gab aber die vom Hamburger *Psychologischen Laboratorium* konzipierte psychologische Begabungsprüfung den Ausschlag (Ingenkamp 1990, S. 178). Zu einem späteren Zeitpunkt forderte Stern die Verbindung von Intelligenzforschung und Kinderpsychologie noch dezidierter: Die Auswertung von Intelligenz- und Begabungstests müsse „die *Besonderheit der kindlichen Denkstruktur* gegenüber der des Erwachsenen" berücksichtigen (Stern 1928d, S. 5 / S. 103 in diesem Band; Hervorhebung im Original). Das konnte unter Umständen bedeuten, dass die „falsche" Testantwort eines Kindes im Kontext seiner personalen Denkstruktur als sinnvoll anzusehen und damit als „richtig" zu beurteilen war.
Das Gesamtverfahren entsprach Sterns Vorstellung einer im Bereich der Begabungspsychologie essenziellen Arbeitsgemeinschaft von Psychologen und Pädagogen, die auch in seiner Zielsetzung zum Ausdruck kommt, ein „pädagogisch-

psychologisches Verfahren der Schülerauslese" (Stern 1922, S. 31) zu entwickeln. Am Hamburger Institut pflegte Stern eine solche Zusammenarbeit auch in Fortsetzung der Arbeit seines Vorgängers Ernst Meumann und betonte zugleich, dass die Beteiligung der Lehrerschaft eine besondere Schulung voraussetze, die erst noch in Angriff zu nehmen sei. Erforderlich seien insbesondere eine grundlegende Reform des Psychologieunterrichts in der Lehrerbildung und die Ausbildung von Schulpsychologen.

Q14 William Stern (1918): Die Methode der Auslese befähigter Volksschüler in Hamburg

In: Zeitschrift für pädagogische Psychologie und experimentelle Pädagogik, 19, S. 132–143.

I. Grundsätze der Auslese

Der Hamburgische Staat hat soeben eine Ausgestaltung seines Schulwesens beschlossen, die auf die pädagogische Reformbewegung in Gesamtdeutschland eine starke Rückwirkung ausüben dürfte: *Die Einführung von Volksschulen mit neun Schuljahren.* Diese sind für Kinder bestimmt, die eine über die Ziele der achtstufigen Volksschule hinausführende Bildung erwerben sollen und für ihren späteren Beruf die Kenntnis fremder Verkehrssprachen nötig haben. Sie sollen zwar keineswegs alle begabten Kinder den achtstufigen Schulen entziehen, doch muß ein Kind, um in den neunstufigen Zug übergehen zu können, sich bis dahin in der Schule bewährt haben und in sprachlich-logischer Hinsicht gut befähigt sein.

Ostern 1918 sollen bereits die Anfänge dieser Reform ins Leben treten. Sowohl diese pädagogischen Maßnahmen selbst wie das zu ihrer Verwirklichung eingeleitete Verfahren der Auslese, mit dem wir soeben beschäftigt sind, unterscheiden sich in wesentlichen Punkten von der Berliner Veranstaltung.

In Hamburg verbleibt die ganze Förderung der Begabten zunächst noch ganz innerhalb des Rahmens der Volksschule, gewinnt aber hier ein weit größeres Ausmaß als irgend wo anders. Nach dem vierten Schuljahr wird die Volksschule gegabelt in einen deutschen Zug (D-Zug), der weitere vier Jahre umfaßt, und einen für die oben bezeichneten Schüler bestimmten Zug, der zwei Fremdsprachen treibt, fünf Jahre umfaßt und in seinen Lehrzielen ungefähr der preußischen Mittelschule entsprechen soll (Fremdsprach-Zug oder F-Zug). Für das hier hinzukommende neunte Schuljahr sind im Bedürfnisfalle Unterrichtsbeihilfen vorgesehen. Die Möglichkeit eines Überganges von dem F-Zug zur Realschule, eventuell auch zur Oberrealschule und zum Studium, ist durch Übergangsklassen gegeben.

Durch diese Maßnahme ist die Gefahr einer durchgängigen Akademisierung der Begabten vermieden [...]¹⁷⁹; denn die weitaus meisten von ihnen werden nach Absolvierung des F-Zuges in den Beruf eintreten; für diesen sind sie gründlicher vorgebildet als die Schüler des Normalzuges.

Es sollen nun zu Ostern dieses Jahres 22 Anfangsklassen des F-Zuges geschaffen werden, vierzehn Knaben- und acht Mädchenklassen. Da die Klasse 45 Schüler enthalten soll, gilt es, aus den Kindern des vierten Schuljahres, also den zehnjährigen – es gibt deren in Hamburg ungefähr 20 000 – 990 gut befähigte auszulesen. Erfreulicherweise war der Leiter des Hamburgischen Volksschulwesens Schulrat Umlauf (bekannt als Vorsitzender des Deutschen Bundes für Erziehung und Unterricht) sofort davon überzeugt, daß eine so umfassende pädagogische Aufgabe der Mitwirkung der Psychologie bedürfe; und gern hat das Psychologische Seminar in Hamburg die Aufgabe übernommen, die Grundsätze dieser Mitwirkung auszuarbeiten und ihre Anwendung vorzubereiten. Schneller als ich es zu hoffen wagte, konnte so eine wichtige Forderung meiner vor 1 ½ Jahren erschienenen Programmschrift [...]¹⁸⁰ verwirklicht werden. Dabei ergibt sich von selbst eine organisatorische Verbindung zwischen der Schule und dem psychologischen Institut, so daß sich auch hier die Kulturnotwendigkeiten des Tages als stärker erweisen denn alle theoretischen Prinzipienstreitereien. [...]¹⁸¹ Während in Berlin vorläufig noch Psychologen, die außerhalb des Schuldienstes stehen, von Fall zu Fall für die Begabtenauslese zugezogen werden – ein Verfahren, das nur als Provisorium haltbar ist – wurde in Hamburg ein psychologisch gründlich geschulter Volksschullehrer, Herr R. Peter, der ein langjähriger Mitarbeiter des Psychologischen Seminars ist, von der Schulbehörde an das Seminar bis auf weiteres beurlaubt, um seine Zeit und Kraft ganz in den Dienst der neuen schulpsychologischen Aufgaben, insbesondere der Begabtenauslese, zu stellen. Natürlich wirken auch noch andere Lehrer und Lehrerinnen, welche Mitglieder des psychologischen Seminars sind, an der umfassenden und so schnell zu erledigenden Arbeit mit. Die ganze Organisation des Auslese- und Aufnahmeverfahrens liegt in der Hand eines Ausschusses, dem der Schulrat, Schulinspektoren, einige Rektoren, Lehrer und Lehrerinnen sowie Psychologen angehören.

Die *psychologische* Mitarbeit an der Begabtenauslese hatte ich schon früher folgendermaßen abzustecken versucht: „Sie hat die psychographische *Beobachtung* des einzelnen Zöglings zu regeln durch Beobachtungsanweisungen; sie muß eine von der Beobachtung unabhängige exakte *Fähigkeitsprüfung* durch experimentelle Hilfsmittel („Tests") schaffen" [...]¹⁸². Diesem Plane gemäß wird in Hamburg

---

179 Verweis auf Stern 1916c, S. 289.
180 Verweis auf ebd., S. 293.
181 Verweis auf ebd., S. 303.
182 Verweis auf ebd., S. 294.

(ebenso auch in Breslau) verfahren, während man in Berlin allein die Testprüfung ausschlaggebend sein ließ.

Ich sehe in dieser Beschränkung auf die Experimentaluntersuchung den Hauptmangel des Berliner Ausleseverfahrens (das im übrigen – namentlich mit Rücksicht darauf, daß es den ersten Schritt auf ganz neuen Wegen darstellt – viel Gutes enthält und allen Nachfolgern wertvolle Anregungen gibt). [Fußnote: In Zukunft sollen nun auch in Berlin außer den Testprüfungen Beobachtungsbogen verwandt werden. Vgl. die Mitteilung von Rebhuhn am Schluß des Heftes.[183]] Die Schwere der Verantwortung bei der Begabtenauslese ist eine außerordentlich große, sowohl den Individuen gegenüber, deren ganzes Lebensschicksal durch die Zuweisung zu einer Begabtenklasse eine neue, in ihren Folgen nicht zu übersehende Wendung erhält, wie der Gesamtheit gegenüber, deren zukünftige Wohlfahrt davon abhängt, daß die wirklich Tüchtigen zu einer möglichsten Entfaltung ihrer Anlagen gelangen. Diese Schwere der Verantwortung hat gewiß zur Folge, daß man dem Lehrer allein nicht die endgültige Bestimmung anheim stellen kann, welcher Schüler seiner Klasse in die Begabtenklasse gehöre; aber ebensowenig sollte der Psychologe allein seiner Prüfungsmethode, mag sie noch so exakt sein, die schwere Entscheidung aufbürden. Prüfungen sind niemals ganz frei zu machen von den Imponderabilien des Augenblicks, von Indisposition, Examensangst und Ähnlichem; und wie deshalb auch anderwärts, z. B. beim Abiturium, neben dem bloßen Prüfungsausfall die sonst bekannte Leistungsfähigkeit des Prüflings mit in Betracht gezogen werden soll, so auch hier.

Eine weitere Schwäche des nur-experimentellen Verfahrens scheint mir der Berliner Bericht zu verraten: es ist zu einseitig rechnerisch-mechanisch. Jeder Schüler erhielt dort für jeden von ihm erledigten Test eine Wertziffer; aus der Gesamtheit dieser Wertziffern wurde ein Totalwert für den Schüler errechnet, und nach diesen Totalwerten wurden sie in eine Rangordnung gebracht. Die 60 ersten dieser Rangordnung wurden dem Gymnasium überwiesen, die übrigen waren von der Begabtenförderung ausgeschlossen. Der Ziffernunterschied zwischen dem 60. und 61. der Reihe mag vielleicht ein ganz unbedeutender sein, aber das starre Prinzip der Rechnung verlangte, daß ihre Lebenswege eine ganz verschiedene Richtung erhielten. Man wird also wohl verlangen müssen, daß zum mindesten an der unteren Grenze der Auszuwählenden ein breiteres *Gebiet der zweifelhaften Fälle* anerkannt werde und daß bei diesen zweifelhaften die Entscheidung erst unter *Hinzuziehung aller zugänglichen Hilfsmittel,* vor allem der Lehrerbeobachtung gefällt wird. Es ist die wahrere Exaktheit, wenn man sich hier nicht allein auf den mathematischen Ziffernwert verläßt, sondern individualisiert und qualitative Analyse treibt.

Ein weiterer Gesichtspunkt kommt hinzu. Die Lehrerschaft hat das Recht, zu verlangen, daß ihre langjährige und vielseitige Kenntnis der Kinder mit ver-

---

183 Rebhuhn 1918.

wertet werde. Dies geschieht ja freilich schon in hohem Maße dadurch, daß sie die Vorauslese zu treffen hat; sie muß die Kinder präsentieren, unter denen dann die endgültige Auswahl zu treffen ist; Kinder, die sie nicht vorschlägt, kommen erst gar nicht in die engere Wahl. Aber bei dem Argwohn, mit dem die Praktiker unsere Tätigkeit als Eingriff in ihre Gerechtsame zu betrachten geneigt sind, muß auch der Schein vermieden werden, als ob der Psychologe sich an die Stelle des Pädagogen setzen wolle. Und deshalb soll auch bei jener engeren Wahl neben dem Testausfall die Fülle der Beobachtungen mitsprechen, die der Lehrer früher über den Schüler hat sammeln können.

Unter Berücksichtigung dieser methodischen Gesichtspunkte und zugleich der praktischen Schwierigkeiten, die durch die große Zahl der Auszulesenden (fast 1000) bedingt sind, sind wir zu dem folgenden *Ausleseverfahren* gekommen, das in eine *Vorauslese* durch die Lehrerschaft und eine *Nachauslese* durch eine Aufnahmekommission zerfällt.

Die Auslese hat aus den Kindern der vierten Volksschulklasse (viertes Schuljahr) zu geschehen. Um die neu zu schaffenden Klassen des F-Zuges genau zu füllen, würden aus jeder vierten Knabenklasse vier, aus jeder Mädchenklasse zwei auszuwählen sein. Da aber die Begabungen auf die Schulen nicht gleichmäßig verteilt sind, und damit zugleich für die endgültige Auslese ein Spielraum gegeben ist, wurden die Lehrer aufgefordert, aus einer Knabenklasse „bis zu sechs", aus einer Mädchenklasse „bis zu drei Kindern" [!] vorzuschlagen („Vorauslese"). Die Schüler, welche in erster Linie empfohlen werden, sind durch Unterstreichung zu kennzeichnen. Natürlich muß die Zustimmung der Eltern zu dem Übergang in den F-Zug mit seiner um ein Jahr verlängerten Schulzeit eingeholt werden.

Zum Vorschlag kamen ungefähr 1400 Schüler und Schülerinnen, aus denen die Nachauslese die schwächsten 30 % auszuscheiden hat. Die Lehrer erhielten für jedes der von ihnen vorzuschlagenden Kinder einen *psychologischen Beobachtungsbogen*. Der Bogen ist in unserem Seminar unter meiner Leitung und mit Berücksichtigung früherer Versuche ähnlicher Art ausgearbeitet worden; den Hauptanteil an der Arbeit hat die Lehrerin Fräulein Martha Muchow. Er enthält, neben einigen Fragen nach häuslichen Verhältnissen und Schulleistungen, Fragen nach psychischen Eigenschaften des Kindes, und zwar nur nach solchen, die für einen etwaigen Eintritt in eine Schule mit erhöhten Anforderungen von Bedeutung sind. Die psychologischen Fragen beziehen sich auf folgende Hauptgebiete: Anpassungsfähigkeit, Aufmerksamkeit, Ermüdbarkeit, Wahrnehmungs- und Beobachtungsfähigkeit, Gedächtnis, Phantasie, Denken, Sprache, Arbeitsart, Gemüts- und Willensleben, besondere Interessen und Talente. Der Lehrer soll nicht etwa den ganzen Bogen ausfüllen, sondern nur diejenigen Punkte beantworten, über welche ihm eindeutige und sichere Beobachtungen vorliegen. Zur Erleichterung seiner Arbeit sind die möglichen Antworten, sowie die Hauptgelegenheiten zur Beobachtung der betreffenden Eigenschaften hinzugefügt.

Vor Ausgabe der Bogen wurden die beteiligten Lehrer und Rektoren zu einer Versammlung einberufen, in der sie genau über die Gesichtspunkte der Auslese, sowie über den Zweck und die Benutzung des Bogens orientiert wurden. Für die Ausfüllung der Bogen stand diesmal leider nur die knappe Zeit von vier Wochen zur Verfügung. (In späteren Jahren ist eine bedeutend längere Beobachtungszeit vorgesehen).

Nun folgte die *Testprüfung,* die bei der großen Zahl von Prüflingen besondere technische Schwierigkeiten bot. Zu meinem Bedauern mußte auf Einzelprüfungen gänzlich verzichtet werden; damit fiel auch die Möglichkeit für die Benutzung der sogen. stummen Tests fort. (In einer gewissen Modifikation ist einer von diesen, die Ordnung von Begriffsreihen, auch im Gruppenversuch zu benutzen). Immerhin ließ sich mit Hilfe der im Anfangsaufsatz dieses Heftes beschriebenen Tests eine Prüfungsordnung zusammenstellen, die mannigfach genug ist, um von der Fähigkeit der Prüflinge ein vielseitiges Bild zu geben. Daß unsere Tests grade die sprachlich-logischen Fähigkeiten bevorzugen, ist für die Hamburger Auslese angemessen, da der F-Zug sich vornehmlich durch den Betrieb der Fremdsprachen von dem Normalzug unterscheidet. Die Prüfung dauerte etwa vier Stunden, die auf zwei aufeinander folgende Vormittage verteilt waren. Die Hauptschwierigkeit bestand darin, daß sämtliche etwa 1400 Prüflinge gleichzeitig geprüft werden mußten, damit keine Weitererzählung über die erhaltenen Aufgaben von einem zum andern stattfinden konnte. Deshalb wurden 60 Gruppen von je 20–25 Prüflingen gebildet; die hierzu nötigen 60 Prüfer und Prüferinnen, die sich aus der Lehrerschaft zur Verfügung stellten, erhielten vorher eine gedruckte Instruktion, in der jedes Wort, jede Weisung, jede Einzelhandlung, jede Zeitdauer vorgeschrieben war; diese wurde mit ihnen Punkt für Punkt durchgesprochen, ihre bedingungslose Befolgung aufs eindringlichste eingeschärft.

Die 60 Gruppenprüfungen wurden in 11 Schulgebäuden abgehalten, in denen sonst kein Unterricht stattfand. In jeder Schule fungierte ein genau informierter Mitarbeiter des psychologischen Seminars als Prüfungsleiter. Das Verfahren konnte ohne Störungen durchgeführt werden; auch darf man nach den getroffenen Vorkehrungen annehmen, daß die Prüfungsbedingungen für sämtliche Prüflinge in hohem Maße gleichartig und gleichwertig waren – trotz der Vielköpfigkeit des Prüferkollegiums.

Nicht minder schwer ist die nun folgende Aufgabe der *Bearbeitung,* die binnen wenigen Wochen völlig abgeschlossen sein muß. Es müssen einerseits die Beobachtungsbogen ausgezogen, anderseits die 8 × 1400 Testleistungen korrigiert und beziffert, die Prädikate für jeden Schüler vereinigt werden. Auch hierfür stellten sich zahlreiche Helfer zur Verfügung, die in 8 Arbeitsgruppen unter psychologisch geschulter Leitung tätig sind.

Nunmehr tritt eine engere Aufnahmekommission (4 Pädagogen und der Referent) in Tätigkeit. Sie hat *auf Grund des gesamten, für jeden Schüler vorliegenden*

Materials, nämlich des Zeugnisbogens, des Beobachtungsbogens, des Testausfalls und der etwaigen (durch Unterstreichung gekennzeichneten) besonderen Empfehlung zu entscheiden, ob er in den F-Zug aufgenommen wird oder nicht. Dies Urteil wird für die große Mehrheit der Fälle sehr schnell gegeben werden können, nämlich dort, wo die genannten Wertungen gleich günstig lauten, oder wo sie alle oder mehrere von ihnen weniger günstig sind. Jene sind aufzunehmen, diese auszuscheiden. Der Rest aber muß einer mehr *individualisierenden* Behandlung unterworfen werden; es wird im einzelnen zu prüfen sein, worauf etwa der ungünstige Ausfall, z. B. der Tests beruhe, oder wodurch die geringeren Ziffern der Zeugnisse bedingt seien, da doch die anderen Instanzen für den Schüler sprechen. In Ausnahmefällen wird auch noch eine persönliche Äußerung des Lehrers, oder eine nochmalige Prüfung des Schülers herbeizuführen sein.

Auch dies Verfahren wird nicht vor Irrtümern und gelegentlichen Mißgriffen schützen; aber es ist immerhin das beste, das zur Zeit empfohlen werden kann. Und es wird umso besser werden, je mehr die Lehrerschaft sich darauf einstellt, daß schon bei der Vorauslese nicht der bloße äußere Leistungseffekt, sondern die wirkliche Fähigkeit der intellektuellen und Willenssphäre in Betracht kommt, je mehr sie ferner geschult wird, den Beobachtungsbogen zu benutzen, und je mehr die anzuwendenden Testmethoden durchgearbeitet und dem besonderen Zweck angepaßt sein werden.

Ausführlichere Berichte sowohl über den Beobachtungsbogen und seine Anwendung, wie über die Ergebnisse der Testprüfung werden später erfolgen; zur Zeit müssen wir uns damit begnügen, den Wortlaut des Bogens und das Verzeichnis der Tests wiederzugeben. Bei Wiederholung der Auslese in künftigen Jahren wird der Beobachtungsbogen vermutlich auf Grund der diesmaligen Erfahrungen einige Änderungen erfahren. Die experimentelle Prüfung muß selbstverständlich in jedem Jahr mit ganz andersartigen Tests arbeiten, damit keine Einübung möglich ist.

Daß das gewonnene Material, auch abgesehen von seiner praktischen Bedeutung, einen großen Wert für die jugendkundliche Forschung gewinnen kann, sei doch zum Schluß noch hervorgehoben.

[…][184]

---

184 Teil II dieses Beitrags enthält den Beobachtungsbogen, der an dieser Stelle nicht mit abgedruckt ist.

5.3 „Aus dreijähriger Arbeit des Hamburger Psychologischen Laboratoriums" – Kontroverse über die Gestaltung der „Übergangsauslese"

Das vom Hamburger Institut bei der ersten Schülerauslese 1918 entwickelte Profil (vgl. Kapitel 5.2) kam auch in den 1920er Jahren bei der sogenannten Übergangsauslese zum Tragen. Diese behandelt William Stern in seinem Institutsbericht von 1925[185] (Stern 1925a), dem der im Folgenden wiedergegebene Ausschnitt (Q 15) entnommen ist. Diesen Bericht verfasste er anlässlich der Deutschen Lehrerversammlung 1925, die erstmals nach dem Krieg stattfand und in Hamburg tagte. Ziel des Berichts sei es – auch in Erinnerung an den Institutsgründer Ernst Meumann –, zu dokumentieren, „dass die enge Verbindung der psychologischen Wissenschaft mit der Pädagogik […] eine unserer wichtigsten Aufgaben geblieben ist" (Stern 1925a, S. 289).

So stellt Stern die zusammen mit seinen Mitarbeitenden konzipierten schulischen Auswahlverfahren als zentralen Teil der Institutsarbeit dar und unterstreicht dabei die charakteristische Verbindung von psychologischem Test und Lehrerbeobachtung. Zugleich verweist er auf Mängel anderer Auslesetechniken – eine Kritik an der in seinen Augen einseitigen Methodik, die von seinen ehemaligen Mitarbeitern Otto Bobertag und Erich Hylla vertreten wurde. Damit löste Stern einen Methodenstreit aus, der in der *Zeitschrift für pädagogische Psychologie und experimentelle Pädagogik* ausgetragen wurde (Heinemann 2021, S. 125).

Hintergrund war die Frage der „Übergangsauslese", die sich nach Einführung der gemeinsamen vierjährigen Grundschule im Jahr 1920 zu einem akuten Problem entwickelt hatte. Das Reichsschulgesetz von 1920 sah die Abschaffung der privilegierenden kostenpflichtigen Vorschulen vor,[186] die bislang einen automatischen Übertritt auf eine höhere Schule (Gymnasium, Oberrealschule, Realgymnasium) ermöglicht und darauf vorbereitet hatten. Künftig sollten alle Kinder bis zum vierten Schuljahr eine gemeinsame Grundschule besuchen. Hinzu kam die Maßgabe der Weimarer Reichsverfassung, die in Art. 146 bestimmte, dass für die Schullaufbahn eines Kindes dessen „Anlage und Neigung", nicht aber die finanziellen Möglichkeiten der Eltern den Ausschlag geben sollten. „Damit stellt sich erstmals ernsthaft die Frage nach der Leistungseignung der Schüler für den Besuch der höheren Lehranstalten" (Geißler 2011, S. 462).

An der Lösung der zentralen Frage, wie der Übertritt auf eine höhere Schule zu handhaben sei, waren verschiedene Wissenschaftlerinnen, Wissenschaftler und

---

185 Insgesamt verfasste Stern vier Berichte über Tätigkeitsschwerpunkte, Publikationen und Mitarbeitende des Instituts, das er von 1916 bis 1933 leitete. Bis 1929 firmierte es als *Psychologisches Laboratorium*, dann unter dem Namen *Psychologisches Institut* der Hamburgischen Universität; seit 1919 war es ein Universitätsinstitut.

186 Bis dahin waren Vorschulen besonders in Preußen verbreitet gewesen.

wissenschaftliche Institute[187] beteiligt. Da eine reichseinheitliche Regelung für den Übertritt nicht existierte – dieser war in den Erlassen und Verordnungen der Länder unterschiedlich geregelt – und auch keine einheitlichen wissenschaftlichen Auswahlverfahren zur Anwendung kamen, wurde der Übergang lokal unterschiedlich gestaltet.

Überdies bestand keine Pflicht zur Anwendung der neuen experimentellen Verfahren („Begabungstests") und eine in der Lehrerschaft weitverbreitete Ablehnung der experimentellen Testverfahren stand einer einheitlichen Regelung der „Übergangsauslese" entgegen, die sich an den neuen Standards der Pädagogischen Diagnostik orientierte. Zudem war der Übertritt auf eine höhere Schule nicht selten interessenpolitisch durch den Bedarf der aufnehmenden Schulen geleitet. Aufgrund des kriegsbedingten Geburtenrückgangs nahmen die höheren Schulen in den 1920er Jahren häufig mehr Schülerinnen und Schüler auf, als psychologische Expertinnen und Experten als sinnvoll erachteten. Vielfach wurde ganz auf eine Prüfung verzichtet, was zur Kritik an der praktizierten „Willkür" der Auslese durch die Schule führte. Hinzu kam der Widerstand von Eltern, deren Kinder durch die vierjährige Grundschule erst ein Jahr später auf eine höhere Schule gelangten, und die Kritik von Gymnasiallehrkräften, die das Niveau der Vorbereitung durch die Grundschule anzweifelten.

In seinem Bericht betont Stern, dass kein anderes Arbeitsgebiet die Psychologie in so enge Berührung mit pädagogischen Fragestellungen bringe wie die „Schülerauslese". Zentrale Kriterien für deren Ausgestaltung seien die Anwendung experimenteller Verfahren, die durch qualitative Analyse ergänzt werden müssten, die enge Kooperation von beratenden Psychologen mit abgebenden Grundschullehrern und aufnehmenden Oberlehrern sowie die Kontrolle der Verfahren durch Personen mit besonderer begabungspsychologischer Schulung. Dieser letzte Punkt verweist auf die zentrale Stellung, die Schulpsychologen bei der „Schülerauslese" zukommen sollte.

Sterns Kritik galt der gängigen Praxis an Schulen, die eine am Kriterium der „Eignung" orientierte „Auslese" behinderten und an „überlieferten" Verfahren festhielten. Die Bevorzugung von Leistungsbeurteilungen in Zeugnissen, Gutachten der abgebenden Grundschule oder Kenntnisprüfungen entsprach der verbreiteten Abneigung von Lehrkräften gegenüber experimentellen Verfahren:

> „Speziell in Hamburg glaubten weite Teile der Lehrerschaft, schulfremde Helfer, wie es die Psychologen seien, von der Beteiligung an der Auslese fernhalten zu sollen." (Stern 1922, S. 31)

---

187 An zentraler Stelle ist hier neben Hamburg und Berlin auch Leipzig zu nennen, wo das *Institut für experimentelle Pädagogik und Psychologie* des Leipziger Lehrervereins die Konzeption für die „Auslese" erarbeitete.

Stern unterstrich, dass die Methoden der empirischen Begabungsforschung für die Gestaltung einer verantwortungsvollen „Übergangsauslese" unverzichtbar seien. Experimentelle Testverfahren hätten „die Objektivität und Korrektheit unzweifelhaft wesentlich gebessert" (Stern 1928c, S. 104) und eine zentrale aufklärende Funktion z. B. bei Kindern, die schlechte Schulleistungen, aber eine hohe Intelligenz aufwiesen. Vor diesem Hintergrund betrachtet Stern in seinem Institutsbericht zwei „extreme" Varianten der Auslese kritisch. So lehnt er zum einen den Weg ab, den der Psychologe Johannes Wittmann (1885–1960) in Kiel beschritt, der auf experimentelle Prüfmethoden verzichtete und die Frage des Übertritts allein durch die Lehrerschaft entscheiden ließ. Zum anderen stehen die vom Berliner *Zentralinstitut für Erziehung und Unterricht* empfohlenen Auswahlmodi im Mittelpunkt seiner Kritik, die in Sterns Augen einseitig auf die psychologische Testprüfung setzten und das Lehrerurteil auf ein Minimum begrenzen wollten.[188]

Die führenden Köpfe am „Zentralinstitut" waren Stern gut bekannt: Otto Bobertag und Erich Hylla (vgl. Kapitel 3.1) hatten die Methoden der neuen Intelligenzdiagnostik in der Vorkriegszeit an der *Schlesischen Friedrich-Wilhelms-Universität* in Breslau kennengelernt. Außerdem war Bobertag zur Zeit des Ersten Weltkriegs am Hamburger „Laboratorium" für berufliche Eignungsprüfungen verantwortlich gewesen. Als sich Stern nun in seinem Institutsbericht von 1925 außerordentlich kritisch zu den von seinen ehemaligen Mitarbeitern empfohlenen Methoden der „Übergangsauslese" äußerte, wurde dies zum Auslöser einer wissenschaftliche Kontroverse zwischen „Hamburg" und „Berlin". Sterns Hauptkritikpunkt an Bobertag und Hylla war die Prüfung von Grundschülerinnen und -schülern mit Hilfe von Testheften,[189] die an amerikanische Vorbilder angelehnt seien.

> „An die Stelle einer wirklichen *psychologischen* Würdigung der Schülerleistungen tritt eine ganz äußerliche Bezifferung; und die schwere Verantwortung der Entscheidung über das künftige Schul- (und damit meist auch Berufs- und Lebens-) Schicksal der Kinder wird dem Lehrer durch die Scheinexaktheit des gewonnenen Ziffernwertes zu leicht gemacht." (Stern 1925b, S. 289)

Sterns scharfe Auseinandersetzung mit Hylla und Bobertag ist auch vor dem Hintergrund der Weiterentwicklung des personalistischen Denkmodells zu sehen: In den 1920er Jahren akzentuierte er neben der „Ganzheit" auch die „Tiefe" der

---

188 In den bildungspolitischen Debatten der 1920er Jahre betonten ansonsten viele Vertreterinnen und Vertreter aus Pädagogik *und* Psychologie den Wert und die Unverzichtbarkeit der Beurteilungspraxis von Grundschullehrkräften (Alarcón López 2021, S. 107).

189 Dargestellt sind diese Testhefte in Bobertag/Hylla 1925a. Bobertag und Hylla argumentierten, dass sich der Widerstand der Lehrerschaft gegen „Tests" mit dem vereinfachten Verfahren überwinden lasse, und wiesen auf „Willkürlichkeiten" bei den länderspezifisch unterschiedlichen Regelungen des Übergangs hin, die den aufnehmenden Schulen einen großen Handlungsspielraum ließen.

Person, die sich der „Veräußerlichung" durch Tests entziehe (Stern 1929, S. 67). In seinem Institutsbericht verweist Stern auf die grundlegend andere Konzeption des von ihm vertretenen Auswahlverfahrens und fordert in diesem Zusammenhang die Ausbildung von Schulpsychologen (vgl. auch Kapitel 5.4), die die Verfahren in ganz Deutschland anleiten und kontrollieren sollten. Sein Institut biete einen entsprechenden Lehrgang zur Ausbildung von Schulpsychologen an, der Lehrkräften aller Schulformen offenstehe. Diesem Beispiel müssten sich andere wissenschaftliche Institute anschließen.

Q15 William Stern (1925): Aus dreijähriger Arbeit des Hamburger Psychologischen Laboratoriums (Auszug)

Bericht über die pädagogisch-psychologische Tätigkeit des Instituts 1922–1925. In: Zeitschrift für pädagogische Psychologie, experimentelle Pädagogik und jugendkundliche Forschung, 26, S. 292–295.

An keiner Stelle kommt die moderne Psychologie in eine unmittelbarere Berührung mit den Interessen der Pädagogik als bei der *Schülerauslese*. Und zwar muß der Psychologe hier gleichmäßig in Fühlung treten mit dem abgebenden Grundschullehrer und mit dem aufnehmenden Oberlehrer. Ja die psychologische Beurteilung der Fähigkeiten kann geradezu als Vermittlung dienen zwischen den zuweilen widerstreitenden Urteilen der beiden Instanzen. Die Auswahl derjenigen Kinder, welche zu höherer Bildung und zum Aufstieg in die führenden Schichten berufen sein sollen, ist so wichtig und verantwortlich, daß die Hilfe, welche hier psychologische Methoden gewähren können, nicht zurückgewiesen werden darf. Aber andererseits sollen die psychologischen Methoden der Begabungsprüfung nicht als Fremdkörper neben den rein pädagogischen Maßnahmen stehen, sondern *möglichst organisch eingebaut werden in die Gesamtauslese*.

In der Art, wie das Hamburger Laboratorium von 1918–1925 fast Jahr für Jahr bei den Auslesen der 10jährigen mitgewirkt hat, ist ein ständiger Fortschritt in der Richtung auf dieses Ziel erkennbar. 1918 mußte ein *schulfremdes*, rein psychologisches Prüfverfahren allein stattfinden, um für die zu schaffenden „Fremdsprachenklassen" die geeigneten 1000 Kinder auszuwählen. Später, als es sich um den Übergang von der Grundschule zur höheren Schule handelte, traten die von uns ausgearbeiteten psychologischen Methoden *neben* die anderen Kriterien; es war den Ausleseausschüssen freigestellt, ob sie neben dem Urteil des abgebenden und der Kenntnisprüfung des aufnehmenden Lehrers auch die Testprüfung anwenden wollten oder nicht. 1925 war der „Einbau" der Testprüfungen in die

Auslese weitgehend durchgeführt und zwar auf doppelte Weise: *die psychologischen Methoden werden jetzt eingebaut in das Bewußtsein der beteiligten Lehrer und in den Vorgang der Auslese selbst.* Um dies zu erreichen, war ein durch das ganze Wintersemester sich erstreckender *Kursus* abgehalten worden, in welchem Vertreter der verschiedenen Hamburger Auslesebezirke mit den psychologischen Prüfmitteln vertraut gemacht wurden, und zwar nicht nur mit der Technik ihrer Anwendung und Verrechnung, sondern vor allem mit ihrer psychologischen Deutung. Die Tests sollen ihnen eben nicht allein dazu dienen, ziffernmäßige Prädikate über bestimmte geistige Leistungen der Kinder zu gewinnen, sondern einen tieferen Einblick zu tun in die, diesen Leistungen zugrundeliegenden Aufmerksamkeits-, Gedächtnis-, Verständnis-, Kritik-, Kombinationsfähigkeiten. Es wurde dann unser Testmaterial nur denjenigen Ausleseausschüssen zur Verfügung gestellt, die in diesem Vorbereitungskursus vertreten waren (Anzahl der Teilnehmer 60).

Der zweite Einbau geschieht auf folgende Weise: Zum Zweck der Auslese werden in Hamburg jetzt fast durchweg „Probeklassen" eingerichtet, in welchen entweder alle Auslesekandidaten, oder aber die, über welche das Urteil noch zweifelhaft ist, ein bis zwei Wochen lang gemeinsam unterrichtet werden. Die Lehrer nun, welche in oben angedeuteter Weise mit den Anwendungsmöglichkeiten und der Bedeutung der Tests vertraut sind, können diese jetzt ganz *zwanglos* in den Probeunterricht einfügen, in der Form von schriftlichen und mündlichen Aufgaben, die sich äußerlich gar nicht von den übrigen Unterrichtsmaßnahmen zu unterscheiden brauchen; sie können auch die Auswahl der zu verwendenden Tests jeweils nach den noch zu klärenden Fragen richten. So vermögen die Tests, ohne daß sie den Vorteil exakter, zahlenmäßig ausdrückbarer Feststellungen verlieren, zugleich das individuelle Fähigkeitsbild des einzelnen Schülers bedeutend vervollständigen und vertiefen.

Daß wir mit diesem Verfahren auf dem richtigen Weg sind, möchte ich indirekt daraus schließen, daß er in der Mitte zwischen zwei Extremen verläuft. Nicht nur geographisch, sondern auch auslesepsychologisch liegt Hamburg zwischen Kiel und Berlin; von Kiel aus wird jede Beteiligung der Psychologie an der Schülerauslese abgelehnt [...][190], während umgekehrt in Berlin durch eine möglichste Vereinfachung und Mechanisierung des Verfahrens seine weitestgehende Verbreitung angestrebt wird. [...][191] Der Kieler Protest bedarf keiner Widerlegung, da er durch den Gang der Geschehnisse selbst überholt ist. Ist doch sogar durch amtlichen Erlaß des sicherlich sehr vorsichtigen Preußischen Kultusministeriums jetzt die Anwendung experimenteller Prüfungsmethoden bei der Schülerauslese zugelassen. Und wenn das Ministerium hinzufügt: „Doch ist sie zulässig und empfehlenswert nur da, wo die beteiligten Lehrer diese Methoden wirklich beherrschen; ... sie ist

---

190 Verweis auf Wittmann 1922.
191 Verweis auf Bobertag/Hylla 1925a.

zulässig nur als Ergänzung der gesamten Prüfung, nicht als ihr Ersatz" – so deckt sich dies genau mit den oben geschilderten Gesichtspunkten unseres Hamburger Verfahrens. Dagegen kann dies nicht von dem Verfahren gesagt werden, das jetzt von Berlin aus empfohlen wird. Bobertag und Hylla glauben in der Lehrerschaft nur dann eine willige Aufnahme der psychologischen Begabungsprüfung erwarten zu können, wenn sie die Mitarbeit der Lehrer auf ein Mindestmaß beschränken. Sie haben daher, nach amerikanischem Vorbild, die Tests selbst sowie die Auswertung und Berechnung der Schülerleistungen derart schematisiert, daß jeder Lehrer ohne psychologische Schulung und Vorbereitung mit ihnen hantieren und binnen 1½–2 Stunden die Wertziffern für die geprüften Schüler gewinnen kann. Diese Einfachheit ist gewiß recht verlockend; aber ob die Ergebnisse einer solchen mechanischen Schnellprüfung auch die Triftigkeit haben, um bei einer verantwortlichen Begabungsdiagnose und -prognose mitsprechen zu dürfen, das erscheint mir doch sehr zweifelhaft. Auch möchte man fragen, ob man dem Lehrer diese schwierige Entscheidung der Auslese so leicht machen *soll,* ob nicht vielmehr durch diesen Prüfmechanismus – der mit Psychologie kaum mehr als den Namen gemein hat – nur verschleiert wird, wie schwer die Urteilsbildung über die Psyche und die geistige Beschaffenheit der Schüler ist.

Nun wird von Berlin aus eingewandt: Wir Hamburger dürften nicht die besonders günstigen Umstände, unter denen wir hier arbeiten können, verallgemeinern; im übrigen Deutschland sei die Lehrerschaft noch so wenig auf diese ganze Frage eingestellt, daß nur durch Methoden von schlagender Einfachheit und geringstem Zeitaufwand die Gleichgültigkeit beseitigt werden könne. Mir scheint aber noch ein anderer – zwar langsamerer, aber sicherer – Weg für die wünschenswerte *Ausbreitung* der psychologischen Begabungsprüfung denkbar; und damit sind wir wieder mitten in der Arbeit unseres Instituts. Man muß dafür sorgen, daß *an möglichst vielen Orten Deutschlands schulpsychologisch ausgebildete Lehrkräfte vorhanden sind,* die in ihrem Wirkungskreise den psychologischen Teil der Auslese leiten und überwachen.

5.4 William Sterns schulpsychologisches Konzept

Die schulpsychologische Tätigkeit besaß eine Schlüsselfunktion in William Sterns Jugendkundekonzept (Heinemann 2016, S. 333). Schulpsychologenstellen hatte er zunächst – als erster profilierter Vertreter der damals neuen Pädagogischen Psychologie in Deutschland – in einer Flugschrift des *Bundes für Schulreform* (Stern 1910b, S. 46) und dann 1911 auf dem ersten Kongress des „Bundes" gefordert (Stern 1912b). In der Institutionalisierungsphase der Pädagogischen Psychologie, die vor dem Ersten Weltkrieg noch nicht an Universitäten etabliert war und nur über wenig geschultes Personal verfügte, kam dem Konzept des Schulpsychologen eine besondere Rolle zu.

Grundsätzlich sollte die schulpsychologische Arbeit Stern zufolge an der Schnittstelle von Wissenschaft und pädagogischer Praxis angesiedelt sein. Schulpsychologen sollten vorrangig Aufgaben der Begabungsfeststellung – einschließlich der Durchführung von Intelligenz- und Begabungsprüfungen – sowie Steuerungs- und Koordinationsaufgaben wahrnehmen. Eine weitere zentrale Aufgabe war nach Sterns Konzeption die Aus- und Fortbildung von Lehrkräften im Bereich der Pädagogischen Diagnostik. Schulpsychologen sollten die Schulung des Lehrpersonals an ihrem Einsatzort gewährleisten, weil die wenigen psychologischen Institute dazu nicht in der Lage seien. Außerdem sollten sie bei der Schullaufbahn- und Berufsberatung mitwirken. Eine weitere zentrale Forderung Sterns war die Einrichtung von schulpsychologischen Ämtern, die auch die Auslese und Betreuung Hochbegabter übernahmen.

In seinem hier abgedruckten Artikel *Schulpsychologe* (Stern 1930b / Q 16), der 1930 im *Handbuch des Kinderschutzes und der Jugendfürsorge* erschien, erläutert Stern die Aufgaben von Schulpsychologen. Gegenüber dem ursprünglichen schulpsychologischen Konzept hatte er in den 1920er Jahren das schulpsychologische Aufgabenspektrum verändert und erweitert. Schulpsychologen sollten als Angestellte der Schulbehörde primär bei der „Schülerauslese" mitwirken und die professionelle Anwendung der experimentellen Verfahren sicherstellen. Auf diese Weise gewährleisteten sie die verantwortliche Auswahl von Grundschülerinnen und Grundschülern für höhere Schulen.

In einer zweiten Variante, die Stern in seinem Artikel vorstellt, ist der Schulpsychologe Mitglied des Lehrerkollegiums und von einem Teil der Unterrichtstätigkeit befreit. Bei schwierigen inneren Schulangelegenheiten, die psychologische Spezialkenntnisse erfordern, sollte er hinzugezogen werden;[192] außerdem lagen neue Aufgaben in der Erziehungsberatung im schulischen und familiären Umfeld. Somit war der Schulpsychologe nicht nur Ansprechpartner für Lehrpersonal, Schulleitung und Schulbehörden, sondern auch für Eltern und Schülerschaft, als deren Vertrauensperson er vermitteln sollte.

---

192 Kompetente psychologische Beratung des Lehrerkollegiums hielt Stern auch bei der Behandlung sogenannter „Sittlichkeitsvergehen" von Schülern für dringend erforderlich, die er in seinem Artikel erwähnt, zu denen näher zu erläutern ist (Stern 1930b, S. 666 / S. 181 in diesem Band). Damit spricht Stern den Umgang vieler Lehrer mit der jugendlichen Sexualität an, den er scharf kritisierte. Hierzu hatte er auf der Grundlage amtlichen Materials ein Gutachten erstellt (Stern/ Hoffmann 1928; vgl. Heinemann 2016, S. 299 f.) – in seinen Augen war es Ausdruck krasser Unkenntnis der Jugendphase, dass viele Schulen auch harmlose „Vergehen" hart bestraften. In solchen Fällen sollte der Schulpsychologe wichtige erziehungsberatende Funktionen im schulischen und familiären Bereich wahrnehmen.

Was den Einsatz von Schulpsychologen betraf, war Deutschland laut Stern ein Nachzügler. Dabei konnte er auf die Tätigkeit der ersten Schulpsychologen verweisen, die 1913 in Großbritannien (Cyril Burt) und 1915 in den USA (Arnold Gesell; vgl. Drewes 2016, S. 14) eingestellt worden waren. In Deutschland gab es dagegen zur Zeit der Weimarer Republik lediglich ein schulpsychologisches Amt, das 1922 in Mannheim eingerichtet und mit dem Lehrer Hans Lämmermann (1891–1972) besetzt worden war (Ingenkamp 1990). Seine schulpsychologische Tätigkeit bezog sich unter anderem auf die Einstufung von Schülerinnen und Schülern im „Mannheimer Schulsystem", das von Stadtschulrat Anton Sickinger begründet worden war (vgl. den Einleitungstext zu Kapitel 3), der auch Lämmermanns Anstellung ermöglicht hatte (Sickinger 1925). 1934 wurde Lämmermanns Tätigkeit als Schulpsychologe im Zuge der Neustrukturierung des Schulwesens in der NS-Zeit beendet (C. Stock 2017).

Angeregt und unterstützt wurde die Arbeit des ersten deutschen Schulpsychologen durch Wilhelm Peters und Otto Selz (Stern 1928a, S. 444). Peters, der von 1919 bis 1923 an der Handelshochschule in Mannheim lehrte und danach einen Ruf an die Universität Jena annahm, setzte sich gemeinsam mit Sickinger für die Einrichtung von Schulpsychologenstellen ein (A. Stock 2017; Peters 1922 und 1926). Sein Nachfolger Otto Selz, von 1929 bis 1930 zudem Rektor der Handelshochschule, führte Intelligenzuntersuchungen an Mannheimer Schulen durch und befasste sich mit Lernschwierigkeiten von Kindern (Selz 1929, 1932 und 1935).

Dass die schulpsychologische Tätigkeit, wie Stern auch in seinem Artikel bedauert, immer noch sehr kontrovers behandelt wurde, lag wesentlich im Widerstand begründet, den die Lehrerschaft der Anstellung von Schulpsychologen mehrheitlich entgegensetzte, da sie unzulässige Eingriffe „von außen" in eigene Aufgabengebiete befürchtete. Schon Stern hatte „lebhaften Anstoß" unter Pädagogen erregt, als er erstmals öffentlich Schulpsychologen gefordert hatte (Stern 1925b). Ähnlich heftige Abwehrreaktionen bei Lehrkräften hatten die seit den 1880er Jahren tätigen Schulärzte hervorgerufen, die mit Fragen der Schulhygiene, Eingangsuntersuchungen von Volksschülerinnen und -schülern und der statistischen Dokumentation von Krankheiten befasst waren. Wurden die Schulärzte damals „als eine Art Oberaufseher über den Lehrer wahrgenommen" (Stroß 2008, S. 98), so äußerten viele Lehrkräfte nun Bedenken „gegen den Einbruch eines neuen schulfremden Außenseiters in den Schulbetrieb" (Stern 1925b, S. 288).

Diese Vorbehalte lagen in der Vorstellung von einem Psychologen begründet, der an Themen der Schulpraxis rein theoretisch heranging und die praktischen Probleme von „seinem grünen Tisch [...] oder [...] seiner experimentellen Hexenküche des Laboratoriums" aus betrachtete (ebd.). Die verbreitete Haltung von Lehrkräften, wonach „[j]eder Lehrer [...] sein eigener Schulpsychologe sein" müsse (Stern 1930b, S. 666 / S. 181 in diesem Band), wies Stern zurück und hielt trotz anhaltender Kritik unbeirrt an seinem Konzept fest: Die fortschreitende Ausdifferenzierung des Schulwesens erfordere zwingend neue psychologische Kenntnisse und Methoden, über die Lehrkräfte in der Regel nicht verfügten, wie Stern auch im nachfolgenden Quellentext unterstreicht.

Er selbst trug wesentlich zur Vermittlung schulpsychologischer Kenntnisse bei, indem das von ihm geleitete *Psychologische Laboratorium* der Hamburger Universität Schulungen für Lehrerinnen und Lehrer konzipierte und durchführte. In den 1920er Jahren organisierte er mit seinen Mitarbeitenden spezielle schulpsychologische Lehrgänge für Lehrerinnen und Lehrern aller Schulformen. Die Teilnehmenden kamen aus ganz Deutschland und teilweise aus dem Ausland. Schwerpunkte dieser Lehrgänge waren Kinder- und Jugendpsychologie, Schülerbeobachtung, Begabungsdiagnose und Schülerauslese (Stern 1922, S. 27). Diese Schulungen entsprachen Sterns Forderung nach Kooperation von Psychologen und Pädagogen über die – zu seiner Zeit entstehenden – disziplinären Grenzen hinweg.

Allerdings fand das erstmals 1922 durchgeführte Unternehmen wenig Unterstützung von Seiten der Schulbehörden. Stern berichtet von der Schwierigkeit, die anfangs 16 Teilnehmenden für ein Semester vom Schuldienst zu befreien (ebd.). Auch 1925 mussten 50 Lehrkräfte wegen der Unmöglichkeit einer dreimonatigen Beurlaubung auf die Teilnahme verzichten (Stern 1925b). Der Lehrgang von 1925 integrierte eine vierstündige Vorlesung Sterns zur „Psychologie der Schulkindheit und des Jugendalters" und Übungen von Institutsmitarbeitern. Neben begabungspsychologischen Themen und Aspekten der Schülerauslese behandelte Stern Fragestellungen des Kindes- und Jugendalters; Martha Muchow und Curt Bondy boten Veranstaltungen zum kindlichen Denken und zur „Psychologie des straffälligen Jugendlichen" an.

Q16 William Stern (1930):
Schulpsychologe

In: Enzyklopädisches Handbuch des Kinderschutzes und der Jugendfürsorge. Hrsg. von Ludwig Clostermann / Theodor Heller / P. Stephani. 2., vollständig umgearbeitete Auflage. Leipzig, S. 665–667.

Unter einem Sch. versteht man eine Persönlichkeit mit fachpsychologischer, insbesondere pädagogisch-psychologischer Schulung und Begabung, die bei schwierigeren psychologischen Aufgaben des Schullebens mitwirkt. Der Begriff wurde erstmalig 1911 von dem Referenten formuliert; die Forderung ist bis heute noch sehr umstritten; doch liegen an verschiedenen Stellen schon Ansätze zu ihrer Verwirklichung vor (s. auch „psychologische Jugendpflege").

Daß die Entwicklung unseres ganzen Erziehungs- und Bildungswesens im Sinne einer fortschreitenden „Psychologisierung" vor sich geht, ist nicht zu verkennen. Die steigende Berücksichtigung von Begabungsgraden und -arten, Charaktereigenschaften, Interessen und Neigungen, typologischen Verschiedenheiten, sexualpsychischen Erscheinungen, Geschlechtsunterschieden, Tatbeständen der Psychopathie, der Verwahrlosung usw. fordert eine Heranziehung psychologischer Einsichten und Methoden, die zum Teil das Maß des durchschnittlichen psychologischen Könnens der Lehrer und Erzieher überschreiten. Je mehr sich unser Kulturleben kompliziert, je stärker die Mannigfaltigkeit der Schularten, Erziehungsanstalten, Unterrichtsmethoden usw. wird, um so stärker wird das Bedürfnis nach der Mitarbeit von Persönlichkeiten, die in der psychologischen Wissenschaft zu Hause sind. Diese Wissenschaft wiederum hat sich in den letzten Jahrzehnten aus einer etwas lebensfremden, reinen Laboratoriumsdisziplin zu einem lebensnahen Forschungsgebiet entwickelt, das mit den verschiedensten wissenschaftlichen Verfahrensweisen: dem Test und der Statistik, der Beobachtung und der Deutung, der Sammlung und der Erhebung, unmittelbar an die brennenden Fragen der Schulpraxis und Schulorganisation herantritt. Damit ist die Möglichkeit zu schulpsychologischer Tätigkeit gegeben.

Der Sch. soll nun nicht etwa ein rein theoretischer Wissenschaftler sein, der von außen her den Schulen aufgedrängt wird; es muß vielmehr ein Pädagoge sein, der die Schule, ihr Leben und ihre Anforderungen aus praktischer Erfahrung kennt. In zwei Formen wird er auftreten können:

a) Als behördlicher Sch. Ein solcher hat als Beauftragter oder Angestellter der Schulbehörde diese selbst bei Organisationsfragen psychologisch zu beraten (Aufstellen von Lehrplänen, Einrichtung bestimmter Schulgattungen, Maßnahmen der Schülerauslese und der Überweisung an Hilfs- und andere Schulen, Zusammenarbeiten mit dem Schularzt, dem Jugendamt, dem Jugendgericht, dem Berufsamt, Entwerfen von Beobachtungsbögen, Behandlung von Disziplinarfällen, psychologische Belehrung der Elternschaft usw.); er hat auch gewisse Veranstaltungen wie z. B. Schülerauslesen selbst zu überwachen und wissenschaftlich zu bearbeiten. Am weitesten ist eine solche Einrichtung bisher in Mannheim gediehen (vgl. Lämmermann)[193], in manchen anderen Städten (z. B. Hannover, Hamburg, Leipzig, Nürnberg) findet ein enges Zusammenarbeiten der Schulbehörden mit den am Orte befindlichen psychologischen Instituten des Staates, der Stadt oder der Lehrerschaft statt.[194]

b) Als Mitglied des Lehrkörpers (s. auch Psychologische Jugendpflege). Es wäre dringend zu wünschen, daß sich in jedem größeren Schulsystem wenigstens eine

---

193 Verweis auf Lämmermann 1928.
194 Bereits 1925 hatte Stern auf die Existenz städtischer Institute in Halle, Hannover und Barmen hingewiesen, an denen ehemalige Lehrkräfte schulpsychologische Aufgaben übernahmen (Stern 1925b).

Lehrperson fände, die über den Durchschnitt der Lehrerschaft hinaus psychologisch geschult und interessiert ist, und zu allen schwierigen internen Schulangelegenheiten mit psychologischem Einschlag hinzugezogen würde. Eine solche Persönlichkeit würde zunächst dem Lehrerkollegium ein wichtiger, sachverständiger Berater sein können; so vor allem bei Neueinschulungen, Umschulungen, Auslese von Schülern, bei Individualdiagnosen einzelner Schüler; sie würde sich vermutlich auch alsbald als Vertrauensperson der Schüler erweisen, würde die Besprechungen mit den Eltern über einzelne Schüler, über ihre Leistungen und Aussichten, Fehler und Vergehen wesentlich vertiefen können, würde in geeigneten Fällen die Zuziehung des Schularztes oder die Benachrichtigung des Jugendamtes veranlassen usw. Der Vorschlag ist vom Referenten neuerdings im Zusammenhang mit dem Problem der Sittlichkeitsvergehen an höheren Schulen gemacht worden, da das Mitwirken eines geschulten Lehrerpsychologen zweifellos manche Mißgriffe verhindern und die als Disziplinargericht recht ungeeignete Lehrerkonferenz wesentlich entlasten würde; der Vorschlag hat vielfach Bekämpfung, aber auch vereinzelt Zustimmung gefunden (so von Schlemmer)[195]. Es dürfte sich empfehlen, eine solche Lehrkraft von einem Teil der normalen Unterrichtsverpflichtung zu befreien, um ihr genügend Spielraum für ihre psychologischen Aufgaben zu gewähren.

Der mehrfach zu hörende Einwand: „Jeder Lehrer müsse sein eigener Schulpsychologe sein", erscheint nicht stichhaltig. Es ist selbstverständlich notwendig, daß das Gesamtniveau der psychologischen Vorbildung von Lehrern aller Schulgattungen wesentlich gehoben wird; aber selbst wenn diese Forderung verwirklicht sein wird, bleibt doch bestehen, daß für schwierigere– namentlich methodische, diagnostische und disziplinare – Aufgaben auch diese Schulung in Psychologie nicht ausreicht, und daß es stets Lehrer gibt, die ihrer ganzen geistigen Struktur nach nicht zu diffizilieren [!] seelischen Diagnosen, Entscheidungen und Beeinflussungen nicht geeignet sind. So behält die Forderung, eine kleine Minderheit von Lehramtsanwärtern in besonders hohem Maße psychologisch-fachlich zu schulen, damit sie künftig speziell schulpsychologische Aufgaben übernehmen können, ihr Recht neben der anderen Forderung einer allgemeinen Verbesserung der psychologischen Ausbildung des Lehrernachwuchses.

[…][196]

---

195 Auf wen und worauf Stern hier anspielt, konnte nicht ermittelt werden.
196 An dieser Stelle folgt im Original ein kurzes Literaturverzeichnis.

5.5 „Richtlinien für die Methodik der psychologischen Praxis" – Stellungnahmen zur Psychotechnik

In seinem Vortrag *Richtlinien für die Methodik der psychologischen Praxis* (Stern 1921b), der im Folgenden abgedruckt ist (Q 17), geht William Stern zunächst auf Prinzipien der Schülerauslese ein und behandelt anschließend ausführlich die Schwierigkeiten, die mit dem Einsatz psychotechnischer Verfahren in der Industrie verbunden waren. Schwerpunkt der schriftlichen Fassung des Vortrags, den er 1921 auf dem 7. Kongress der Gesellschaft für experimentelle Psychologie in Marburg hielt, ist eine umfassende Kritik am methodischen Instrumentarium der zeitgenössischen Psychotechnik. Stern thematisiert die Herausforderungen, vor die die wissenschaftliche Psychologie angesichts der starken Nachfrage der Wirtschaft nach dem Einsatz psychotechnischer Verfahren gestellt war, und mahnt eine methodische „Selbstbesinnung" an.

Die starke Konjunktur der Psychotechnik (Jaeger/Staeuble 1983, S. 75), deren Anfänge in der Vorkriegszeit lagen und die während des Ersten Weltkriegs eine ungeahnte Aktualität insbesondere bei der Auswahl militärischen Personals erfahren hatte, zeigte sich in den Folgejahren an in der Einrichtung psychotechnischer Abteilungen und Labore unter anderem bei Reichsbahn, Reichspost und Unternehmen wie AEG, MAN oder Siemens. Dabei stand die Optimierung der Personalauswahl (Subjektpsychotechnik) und der Arbeitsabläufe (Objektpsychotechnik) im Vordergrund.[197]

Konkret bezog sich Stern in seinem Vortrag auf die Anwendung psychotechnischer Eignungstests, die zahlreiche Unternehmen in erster Linie bei der Auswahl von Lehrlingen[198] einsetzten. Stern problematisierte den Umstand, dass die angewandten Verfahren in den meisten Fällen nicht von Psychologen durchgeführt wurden, sondern von Laien, z. B. Ingenieuren oder Werkmeistern in den Betrieben, die in Schnellkursen zu „Psychotechnikern" ausgebildet wurden. Der starken Nachfrage nach der Psychotechnik stehe ein viel zu knapper Personalbestand in der wissenschaftlichen Psychologie gegenüber (Stern 1921b / S. 186 in diesem Band).

Sterns Methodenkritik zielt insbesondere darauf, dass die angewandten psychotechnischen Verfahren lediglich das reaktive Verhalten, nicht aber Spontaneität, Neigungen, Interessen und Erleben des Menschen erfassen könnten. Im Rahmen der Schullaufbahn- und Berufsberatung, der Stern den zentralen Stellenwert beimaß, kämen aber qualitativen Besonderheiten der zu Prüfenden, die mittels Beobachtung durch psychologisch geschulte Personen in Einzelprüfungen festgestellt werden konnten, eine besondere Bedeutung zu. Hier müsse nicht nur die Test-,

---

197 Diese Unterscheidung geht auf den Psychologen Fritz Giese zurück (Giese 1927).
198 Etwa 75 Prozent der psychotechnischen Verfahren bezogen sich auf die Auswahl von Lehrlingen. So wollte z. B. die Firma Zeiss in Jena mit Hilfe solcher Tests die Eignung für die Ausbildung in einem feinmechanischen Beruf prüfen (Patzel-Mattern 2010, S. 50).

sondern auch die Beobachtungsmethode zur Anwendung kommen und ebenso sorgfältig weiterentwickelt werden (Stern 1921b / S. 187 in diesem Band).
Mit der Methodenkritik verband Stern auch ethische Forderungen. An anderer Stelle betonte er, dass sich Psychologinnen und Psychologen nicht von den Interessen der Wirtschaft und Industrie vereinnahmen lassen dürften:

> „[…] wer da meint, die ganze Erwägung sei eine rein wirtschaftliche, indem eine geschickte Menschenökonomie aus den vorhandenen Kräften die besten Nutzeffekte herausholen solle – der sieht das Ganze einseitig oder geradezu verzerrt." (Stern 1928c, S. 102)

Im Zusammenhang mit der ethischen Verantwortung von Unternehmen wies Stern auch auf den Gegensatz von „Person" und „Sache" hin: Es dürfe nicht außer Acht gelassen werden,

> „daß es sich nicht um Maschinen oder Materialien handelt, deren Qualität und ökonomische Bedeutung für den Betrieb in der Tat durch einen Ziffernwert erschöpfend ausdrückbar ist, sondern um Menschen, deren Berufsarbeit einen Teil – und zwar einen sehr wesentlichen Teil – ihres ganzen persönlichen Lebens darstellt" (Stern 1929, S. 72).

Sterns Kritik zielte auf die einseitige Perspektive der zeitgenössischen Psychotechnik, die auf technisch-industrielle Aspekte beschränkt sei, und das damit verbundene Bild des Menschen, das diesen auf seine „Leistungsfähigkeit" (ebd.) reduziere. Dies war auch als Kritik an Walther Moede zu verstehen, der das *Institut für industrielle Psychotechnik* der Technischen Hochschule Charlottenburg von 1918 bis 1946 leitete und unter anderem mit Reichsbahn und Reichspost zusammenarbeitete (Morgenroth 2017, S. 318 f.). Auf dem Marburger Kongress von 1921 war der Konflikt zwischen Stern und Moede offen zutage getreten.

BEIHEFTE
zur
Zeitschrift für angewandte Psychologie
herausgegeben von
WILLIAM STERN und OTTO LIPMANN

Beiheft 29

Vorträge über angewandte Psychologie

gehalten beim 7. Kongreß
für experimentelle Psychologie
(Marburg, 20.—23. April 1921)

von

F. Giese, G. Hegge, A. Huth, G. Kafka, O. Lipmann,
H. Rupp. R. Pauli, R. W. Schulte, W. Stern

herausgegeben von

OTTO LIPMANN und WILLIAM STERN

Mit 38 Abbildungen im Text

VERLAG VON JOHANN AMBROSIUS BARTH
LEIPZIG 1921

Q17 William Stern (1921):
Richtlinien für die Methodik der psychologischen Praxis

In: Vorträge über angewandte Psychologie, gehalten beim 7. Kongreß für experimentelle Psychologie (Marburg, 20.–23. April 1921), S. 1–16.

Welche Forderungen stellt die gewaltige, teilweise geradezu überstürzte Entwicklung praktisch psychologischer Arbeit an die wissenschaftliche Psychologie? Diese Frage soll hier nur nach ihrer *methodischen* Seite behandelt werden [Fußnote: Über die im ursprünglichen Vortrag mitbehandelten organisatorischen Probleme s. d. Schlussbemerkung [...][199].].

Ihr methodisches Gepräge erhält die praktische Psychologie nicht nur durch die Besonderheit ihrer Problemstellungen, sondern leider auch durch den äußeren Umstand, daß sie fast durchweg *Bestellungs- und Terminarbeit* zu leisten hat. Wissenschaftsfremde Interessen treten an sie heran und fordern, daß bis zu einem bestimmten Zeitpunkt hunderte von Kindern auf ihre Begabung, oder zahlreiche Berufsanwärter auf ihre Eignung geprüft sein sollen, unbekümmert darum, ob die psychologische Methodik überhaupt schon reif für diese Aufgabe sei, und ob sie binnen wenigen Wochen mit genügender Zuverlässigkeit durchgeführt werden könne. Die Psychologie stand hier vor einer schwierigen Alternative. Weigerte sie die Mitarbeit, dann bestand die Sicherheit, daß die nun einmal nötigen psychotechnischen Untersuchungen dennoch durchgeführt würden, aber nun von Laien in grob dilettantischer Weise, ohne Ahnung der vorliegenden Schwierigkeiten und Problemverwicklungen. Erklärte sie sich zur Mitarbeit bereit, so mußte sie zum Teil Behelfsarbeit leisten und Methoden zusammenstellen und anwenden, die nicht immer mit der vom wissenschaftlichen Gewissen gewünschten Genauigkeit vorbereitet und geeicht sein konnten. Sie wählte den zweiten Weg und tat recht daran; denn die Schäden, die von einer Selbstausschaltung der wissenschaftlichen Mitarbeit ausgegangen wären, hätten unabsehbare Dimensionen angenommen.

Aber da wir nun mittun, erscheint zweierlei nötig.

Wir müssen zunächst vor uns selbst und vor der Öffentlichkeit die Unfertigkeit, Erprobungs- und Verbesserungsbedürftigkeit der psychotechnischen Verfahrungsweisen offen aussprechen. Wir dürfen nicht verschweigen, daß wir alle einmal Lehrgeld zahlen mußten und daß wir auch jetzt noch fast überall im Stadium des Tastens und Ausprobierens sind; wir sollten uns hüten, unsere Methodik schon als eine so endgültige hinzustellen, daß wir aus ihr „psychische Normen" ableiten können. Eine solche Selbstsicherheit kann, wenn ihr einmal die Erfolge nicht entsprechen sollten, zu nachhaltigen Rückschlägen und zu einer schwer wieder gut zu machenden Diskreditierung der Psychotechnik überhaupt führen. Der taktische

---
199 Siehe S. 196 in diesem Band.

Gesichtspunkt, daß man zunächst einmal durch Betonung der positiven Erfolge weite Kreise mit dieser neuen Methodik bekannt machen und befreunden müsse, ist zum mindesten heut nicht mehr stichhaltig. Denn die Nachfrage, die aus Industrien und Behörden nach psychotechnischer Hilfe kommt, ist bereits so gewachsen, daß die Psychologie mit ihrem gegenwärtigen, sehr knappen Bestande an Instituten und geschultem Personal ihr nur noch schwer gerecht zu werden vermag.

Sodann muß neben der rein praktischen Anwendung dauernd eine *methodische Selbstbesinnung und Kontrollarbeit* einhergehen. Was während der eigentlichen Terminarbeit nicht möglich ist, muß nachgeholt werden, um unsere künftige praktische Methodik zu verbessern. Es muß der Zusammenhang der praktischen Aufgaben mit der psychologischen Theorie hergestellt und aufrecht erhalten bleiben; es müssen die verschiedenen Methoden gegeneinander abgeschätzt, es müßten exakte Bewährungsfeststellungen, Übungskurven, psychologische Berufsbilder, Beobachtungsschemata gewonnen werden. Ich möchte in diesem Zusammenhange die meines Wissens bisher noch nicht aufgestellte Forderung aussprechen, daß unseren psychologischen Instituten besondere Mittel und Stellen für *psychotechnische Forschung* gewährt werden. Die hierfür anzustellenden Assistenten hätten nicht etwa praktisch-psychologische Terminarbeit selbst zu leisten, sondern die nötigen wissenschaftlichen Vorarbeiten und Nachuntersuchungen vorzunehmen.

Zu der geforderten Selbstbesinnung gehören aber auch Übersichten über die Lehren, die wir aus den bisherigen Erfahrungen für die Zukunft zu ziehen haben; und dieser Aufgabe sollen die nächsten Ausführungen dienen, die sich freilich nicht auf alle Gebiete psychologischer Praxis, sondern nur auf die Begabungs- und Eignungsdiagnose beziehen.

Sechs methodische Gesichtspunkte verdienen hier Beachtung.

1. *Prüfung und Beobachtung.* Eine Reihe von Psychologen und fast die ganze weitere Öffentlichkeit sieht in der experimentellen (Test-) Prüfung die psychotechnische Methode überhaupt. Demgegenüber hat unser Hamburger Institut von vornherein betont, daß der Testdiagnose nicht nur gegenwärtige, sondern grundsätzliche Grenzen gesetzt sind, die eine Ergänzung durch die Beobachtungsmethode gebieterisch fordern. Zunächst liefern Prüfungen immer nur ein Bild der augenblicklichen Leistungsfähigkeit des Prüflings. Zwar streben wir danach, nur Tests von hohem Symptomwert anzuwenden. Es wird aber selbst bei den vorzüglichsten Tests niemals möglich sein, Einflüsse, welche die momentane Leistung modifizieren (körperliche Indisposition, zeitweiliges Versagen der Aufmerksamkeit, Prüfungsangst) gänzlich auszuschalten; und deshalb geben die Testausfälle nicht einen sicheren Index der psychischen Dauerdisposition. Wichtiger aber ist der andere Gesichtspunkt, daß Prüfungen ihrem Wesen nach Reaktionen der Prüflinge verlangen und demnach nur ihr *reaktives* Verhalten treffen. Die Spontaneität aber, die sich in Interessenrichtungen und Neigungen, in Spiel und Kunstbetätigung, in dem praktischen Verhalten des Willens, im Erwachen und Reifen von

ästhetischen, ethischen, religiösen Erlebensformen usw. offenbart, entzieht sich dem Test schlechthin; sie ist höchstens der Beobachtung von psychologisch feinfühligen Personen zugänglich, die längere Zeit mit dem zu psychographierenden Individuum zusammen waren. Hiermit hängt der dritte Unterscheidungspunkt zusammen: Prüfungen ergeben für den Prüfling eine Wertziffer, die seine Einreihung in eine quantitative Stufenleiter gestattet, aber qualitative Besonderheiten verwischt. Die Beachtungsergebnisse [!] lassen sich nicht quantitativ vergleichen, liefern dafür aber um so feinere qualitative Modellierungen des Psychogramms. Aus allen diesen Gründen muß die Beobachtungsmethode der Testmethode ergänzend nebengeordnet werden und mit gleicher Sorgfalt ausgebaut werden wie jene.

Wie dies geschehen kann, dafür liegen bereits einige Erfahrungen vor. Insbesondere für die *Schülerauslese* sind nach Hamburger und Berliner Vorgang vielfach psychologische Beobachtungsbogen angewendet worden, welche die abgebenden Lehrer für die von ihnen vorgeschlagenen Schüler auszufüllen haben. Sie werden teils in Verbindung mit Testprüfungen, teils sogar unabhängig von solchen benutzt. Trotz der zum Teil noch sehr starken Widerstände in der Lehrerschaft, die wir auch in Hamburg selbst erleben, scheint sich doch die Benutzung solcher Beobachtungsbogen mehr und mehr durchzusetzen; es gibt in der Tat wohl kein anderes Mittel, um den Lehrer, der die schwere Verantwortung für die Schicksalsentscheidung von Schülern hat, zu einer systematischen Beurteilung der psychischen Beschaffenheit des Schülers zu veranlassen. Die wissenschaftliche Psychologie hat hier nicht nur die Aufgabe, bei der Ausarbeitung des Beobachtungsschemas behilflich zu sein und die ausgefüllten Bogen psychologisch zu verarbeiten, sondern auch die viel schwerere, die Lehrerschaft psychologisch so zu schulen, daß sie zu exakter Beobachtung und zur Herstellung von psychologischen Schülercharakteristiken fähig wird. Hier mündet also unser Problem ein in das viel allgemeinere der Reform des psychologischen Unterrichts in der Ausbildung von Lehrern aller Schulgattungen.

Auch für die in den *Beruf* tretenden jungen Leute wird die Lehrerbeobachtung nutzbar gemacht; gewöhnlich in der Form, daß die Berufsämter oder Berufsberatungsstellen von den Schulen für die abgehenden Schüler die Ausfüllung von Formularen verlangen, in denen auch einige psychologische Fragen enthalten sind. Aber auch in unmittelbarer Verbindung mit der Eignungsprüfung ist die Heranziehung der Lehrerbeobachtung möglich, wofür wir soeben in Hamburg die ersten und zwar recht günstigen Erfahrungen gesammelt haben.

Es handelt sich um dreißig Volksschulabgänger, die sich zum Eintritt in eine Eisenbahnwerkstätte gemeldet hatten, von denen aber nur sieben angenommen werden konnten. Wir unterwarfen sie der üblichen Prüfung der technischen Fähigkeiten, erbaten aber zugleich von ihren Lehrern die Ausfüllung eines psychologischen Fragebogens über ihre Begabungen und Interessen, der dann die endgültige Entscheidung in dankenswerter Weise unterstützte. Ich erwähne dieses Beispiel besonders, um die sonst noch ganz fehlende Verbindung von Eignungsprüfungen mit Beobachtungsbogen auch anderwärts anzuregen.

Alle weiteren methodischen Betrachtungen beziehen sich auf das *experimentelle* Prüfverfahren.

2. Hier ist zunächst zu scheiden zwischen *Massenprüfungen und Einzelprüfungen*. Massenprüfungen sind ja zuweilen aus äußeren Gründen dort geboten, wo eine sehr große Anzahl von Anwärtern gleichzeitig untersucht werden muß. Sie bieten auch zunächst den Vorzug, daß die Gleichmäßigkeit der Versuchsbedingungen in Darbietung und Durchführung der Aufgaben, in den räumlichen und zeitlichen Umständen der Prüfung aufs vollkommenste gesichert zu sein scheint, so daß die hervortretenden Unterschiede der Leistungen dann eindeutig den Fähigkeiten des Prüflings zugeordnet werden können. Man darf aber darüber die großen Nachteile der Massenprüfungen nicht übersehen. Sie sind im wesentlichen auf schriftliche Leistungen angewiesen und müssen daher von vornherein auf viele Tests verzichten, die lautliche Äußerungen oder manuelle Betätigungen verlangen; sie liefern dem Prüfer nur den äußeren Effekt der Leistung und machen es unmöglich, festzustellen, wie die Leistung im einzelnen zustandegekommen sei, welche psychischen Fähigkeiten bei ihr mitgewirkt haben, was bestimmte Formulierungen, Fehler usw. bedeuten. Sie haben immer mit der Gefahr zu rechnen, daß die Prüflinge Täuschungsversuche machen, heimlich miteinander in Fühlung treten usw. Wenn die Massenprüfung schließlich solche Ausmessungen annimmt wie in der amerikanischen Armee, wo sämtliche Mannschaften, etwa 1 ¾ Millionen Mann, mit einigen hierfür geschaffenen Serien von Intelligenztests geprüft wurden (und zwar immer zu mehreren Hunderten gleichzeitig), so scheint man sich schon hart an der Grenze dessen zu befinden, was man noch als wissenschaftlich zulässige Prüfmethodik ansehen kann.

Die Einzelprüfung erlaubt demgegenüber eine viel größere Auswahl von Tests, Beobachtung des Arbeitsverlaufs selbst (der psychologisch oft charakteristischer ist als der Korrektheitsgrad der schließlichen Lösung), besseren Schutz von Täuschungsmanövern und vor allem Individualisierung. Hier wird es von der besonderen Aufgabe abhängen wie weit man von der Gleichmäßigkeit der Versuchsbedingungen abweichen darf, um die qualitative Besonderheit des Prüflings deutlicher hervortreten zu lassen. Handelt es sich lediglich um Herstellung einer *Rangordnung* unter einer großen Zahl von Bewerbern, dann muß auch bei Einzelprüfungen die möglichst exakte Vergleichbarkeit im Vordergrunde stehen und jede Individualisierung durch Hilfen, Zwischenfragen, Nebenaufgaben unterbleiben. Handelt es sich aber um *Beratung* – sei es Schulbahn- oder Berufsberatung – dann ist nicht mehr die Gewinnung einer Prädikatsziffer, sondern die Bildung eines qualitativen Urteils die Hauptaufgabe, und man muß auch die Experimentalprüfung dem individuellen Falle anpassen. Hierbei wird es sich freilich methodisch empfehlen, beide Teile der Prüfung: die exakt schematische und die individualisierende, zu trennen, so daß zunächst die Einordnung des Prüflings in die Reihe seiner Mitbewerber und dann seine besondere psychographische Diagnose möglich wird.

3. Der Aufbau der einzelnen Eignungsprüfungen. Hier besteht noch keine Klarheit darüber, ob das *Mosaik-* oder das *Strukturprinzip* vorzuherrschen habe. Dort wird der für einen Beruf erforderliche Leistungskomplex durch sogenannte „Funktionsanalyse" in seine psychologischen Elemente zerlegt und jedes dieser Elemente gesondert der Prüfung unterzogen. Das typische Beispiel hierfür bietet die Prüfung der technischen Begabung, wo Tastempfindlichkeit, Gelenkempfindlichkeit, Raumanschauung, Handgeschicklichkeit usw. in lauter getrennten Prüfakten untersucht wird. Das Verfahren ist dem theoretischen Laboratoriumsexperiment möglichst angenähert, das ja ebenfalls auf Isolation und Variation der elementaren psychischen Bestandteile zurückzugehen sucht. Aber diese Annäherung bedeutet nicht ohne weiteres Exaktheit im Sinne der vorliegenden Aufgabe. Denn die wirkliche Berufsleistung, auch die scheinbar einfachste, hat stets eine besondere *Struktur*, in welche die Einzelfunktionen als unselbständige Gebilde eingeschmolzen sind. Es ist a priori weder zu bestimmen, welcher Bedeutungsakzent dem psychischen Einzelelement innerhalb der gestalteten Struktur der Leistung zukommt, noch, ob nicht durch jene Einschmelzung in die Struktur das Element wesentlich modifiziert wird, so daß das Ergebnis seiner isolierten Prüfung nicht ohne weiteres auf die komplexe Leistung des Lebens angewendet werden darf.

Hierfür sind wiederum besonders charakteristisch die Fahrerberufe. Es genügt hier z. B. offenbar nicht, die vielseitig verteilte Aufmerksamkeit einerseits, die mannigfache Zuordnung verschiedener Reaktionsbewegungen zu verschiedenen Reizen andererseits zu prüfen. Wesentlich für die *Struktur* der Leistung scheint vielmehr zu sein, daß die Aufmerksamkeit auf Reize gerichtet ist, die in fortwährender Bewegung auf den Prüfling hin verlaufen und daß unter diesen „reaktionsmögliche" und „reaktionsfordernde" Reize zu scheiden sind, ferner daß die Zuordnung von Reaktion zu Reiz *sinnvoll* (d. h. durch die Zweckbedeutung des Reizes nahegelegt) ist, nicht irgendwie *nur* auf mechanischer Assoziation beruht. Indem Schackwitz[200] in seiner Versuchsanordnung zur Prüfung von Straßenbahnern gerade diese Strukturmomente übersah, fand er eine geringere Korrelation zwischen Prüfungsausfall und praktischer Bewährung im Dienst, während unser neues Hamburger Verfahren wohl gerade durch Beachtung jener Strukturbedingungen weit höhere Übereinstimmungen erzielte.

Die bloße Prüfung einer strukturierten, dem Leben irgendwie ähnlichen Leistung hat nun freilich wieder den Nachteil der großen Komplexität. Es sind darin so viele verschiedene Teilfunktionen enthalten, daß zuweilen nicht klarzustellen ist, durch welche besondere Fähigkeit oder Unfähigkeit der Ausfall der Leistung herbeigeführt wurde. Es wird daher bei Eignungsprüfungen möglichst ein Hand-in-Hand-Gehen der Mosaik- und der Strukturmethode zu empfehlen sein.

4. Der Symptomwert der einzelnen Prüfleistungen. Bei jeder Methode, die wir anwenden, müssen wir uns fragen: a) Ist die Prüfungsleistung *diagnostisch*

---

200 Alex Schackwitz legte 1920 eine Untersuchung über psychologische Eignungsprüfungen für Straßenbahnfahrer vor (Schackwitz 1920).

wertvoll, d. h. gibt sie Kunde von der *gegenwärtigen* Beschaffenheit der geprüften Fähigkeit? b) Ist sie *prognostisch* wertvoll, d. h. dürfen wir aus ihr auf die *dauernde* Art und Höhe der geprüften Fähigkeit schließen?

Zu a) Selbst die bescheidenere erste Frage nach dem diagnostischen Gegenwartswert wird nicht immer mit genügender Exaktheit gestellt und beantwortet. Sehen wir ab von den bereits oben erwähnten allgemeinen Einflüssen (Unaufmerksamkeit, Ermüdung, Unpäßlichkeit, Examenserregung), die bei jeder Prüfung den momentanen Ausfall inadäquat zur wirklich vorhandenen Fähigkeit beeinflussen können – so bleiben noch die normalen Schwankungen übrig, die innerhalb einer Versuchsreihe mit einer identischen Methode stets vorkommen. Ohne ihre Berücksichtigung steht aber die *Zuverlässigkeit* der Methodik noch auf schwankenden Füßen. Man macht zuweilen die Erfahrung, daß ein Prüfling nach Feststellung einer Eigenschaft (etwa der Tastempfindlichkeit) auf Grund dreimal wiederholter Bestimmung einen gewissen Rangplatz unter seinen Mitbewerbern erhielt, daß aber eine aus irgendeinem Grunde gleich darauf wiederholte Prüfung gleicher Art einen merklich anderen Ausfall und damit Rangplatz lieferte. Hier sind noch für sehr viele Prüfmethoden eingehende Vorversuche nötig: denn *wieviele* Einzelbestimmungen bei einem bestimmten Test nötig sind, um auf einen für den Prüfling und seine jetzige Fähigkeit *repräsentativen* Mittelwert oder Zentralwert zu kommen, kann nicht apriorischer Erwägung überlassen bleiben.

Zu b) Noch schwerwiegender ist die *prognostische* Frage. Denn die Praxis hat an unserer Hilfe nur das eine Interesse, daß die psychologische Prüfung über die *künftige* Leistungsfähigkeit des Prüflings in Schule oder Beruf etwas besagen soll.

Hier stehen wir vor allem dem *Übungs*einwand gegenüber, der von psychologischer Seite nicht schwer genug genommen werden darf. Wenn die Übung (z. B. in den Fremdsprachen oder in einem Berufe) selbst erst Fähigkeiten entwickelt, welche die bei Neulingen (und Prüflingen) bestehenden großen Leistungsdifferenzen ausgleichen, ja womöglich die Rangordnung der Leistungen gegenüber dem ursprünglichen Prüfungsausfall verschieben – dann ist offenbar unsere Mitarbeit illusorisch. Nun bin ich allerdings der Überzeugung, daß diejenigen, welche der Übung eine so überragende Bedeutung zuschreiben, zu empiristisch denken und den eigentlichen Anlagefaktor stark unterschätzen. Auch hier besteht allenthalben die Konvergenz von innerlich Angelegtem und durch Erfahrung Erworbenem. Aber gerade deshalb muß unsere wissenschaftliche Vorarbeit die Anteile beider Faktoren genauer feststellen. Wir müssen erstens untersuchen, welche *Seiten* der Leistung mehr durch innere Determination einigermaßen eindeutig bestimmt sind und daher prognostisch festgestellt werden können, und welche durch Übung weitgehend veränderlich sind. Wir müssen zweitens für jeden *Beruf* (und jedes *Schulfach*) feststellen, welche Rolle in ihm gerade diese innerlich angelegten, nicht stark übbaren Leistungsbedingungen spielen; denn nur dann, wenn diese psychischen Dispositionen gegenüber der durch bloße Routine zu erlangenden Fertigkeiten eine maßgebende Rolle für die Berufs-(Schul-)tüchtigkeit spielen, ist eine psychotechnische Prüfung gerechtfertigt. Und wir müssen drittens die *Übungsfähigkeit des einzelnen Prüflings* selbst zum Gegenstand der Untersuchung machen; erst dann vermögen wir mit einer gewissen Wahrscheinlichkeit anzugeben, ob bei ihm von der künftigen Berufstätigkeit selbst eine größere oder geringere Veränderung der Leistungen zu erwarten sei.

Neben der Übung gibt es dann noch einen bisher wenig beachteten Faktor, der den prognostischen Wert der Prüfung einzuschränken vermag: das ist die *Ausbildung von Surrogatfunktionen*. Sie steht in Beziehung zu der schon oben erwähnten Strukturbeschaffenheit jeder Leistung. Nur die elementarsten Leistungen beruhen auf dem Funktionieren eines einzelnen psychischen Funktionsgebietes (z. B. das Unterscheiden von Flächenrauhigkeiten auf dem Tastsinn). Nur hier gilt es eindeutig, daß die geringere Fähigkeit jenes Funktionsgebietes die Leistung verschlechtert. Bei den weitaus meisten Leistungen aber wirken verschiedene Funktionsgebiete zusammen, und hier kann in weitestem Ausmaß die geringere Fähigkeit des einen durch stärkere Ausbildung des anderen ersetzt werden. Als Beispiel diene die räumliche Auffassungsfähigkeit für komplexe geometrische Gebilde. Daß hierfür eine stärkere visuelle Begabung die Grundlage bietet, ist selbstverständlich; weniger beachtet aber wird, daß abstrakt-konstruktives Denken mitwirken und für die etwa fehlende anschauliche Vorstellung in gewissem Umfang als Ersatzfunktion eintreten kann. Solche Ersatzfunktionen können aber im Laufe der Erfahrung aus dem Zwang der Berufs- oder Schulforderung heraus ausgebildet werden und damit die geringere Visualität (die in der psychotechnischen Prüfung zunächst zum Versagen bei Raumaufgaben führte) in gewissem Maße kompensieren.

Selbst der Gedanke ist nicht durchaus abzuweisen, daß der angeborene Mangel auf einem psychischen Gebiet geradezu als Ansporn zur Ausbildung von Ersatzfunktionen wirkt und unter Umständen sogar zu einer Überkompensation einer ursprünglichen Minderleistung führen kann. Bekanntlich hat der Psychoanalytiker Alfred Adler auf diesen Gedanken eine umfassende psychologische Theorie gegründet.

Ich glaube allerdings von den Ersatzfunktionen ebensowenig wie von der Übung, daß dadurch die Bedeutung des angeborenen Moments und damit der experimentellen Fähigkeitsfeststellung je illusorisch gemacht werden könnte; dazu ist denn doch der Fundus an inneren Anlagen und der ursprüngliche Unterschied der menschlichen Gaben viel zu stark, um durch diese Momente einfach ausgelöscht zu werden. Wohl aber warnen uns diese Betrachtungen vor der mechanischen Gleichung: experimentell festgestellte Fähigkeit = künftige berufliche oder schulische Leistungsfähigkeit. Die Prüfmethode liefert uns ein sehr wertvolles prognostisches Hilfsmittel, aber nicht das einzige und nicht ein absolut eindeutiges; jedenfalls aber – und das ist praktisch entscheidend – liefert sie uns *bessere* Leistungsprognosen, als die bisherige Auslese auf Grund von Schulzeugnissen, Empfehlungen und „persönlichen Eindrücken". Und darum wird sie, trotz der genannten Grenzen, ihre Existenzberechtigung wahren. Der Methodiker aber muß sich auch hier die Frage stellen, wie die Ersatzfunktionen näher beschaffen sind, und an welchen Punkten sie der experimentellen Fähigkeitsprüfung eine Grenze setzen. Und hier darf schon soviel als sicher ausgesprochen werden, daß *die höheren Berufe* mit komplexeren Anforderungen eben wegen dieser Komplexität auch viel mehr Ansatzpunkte für Surrogatfunktionen bieten und daher viel geringeren Spielraum für experimentelle Fähigkeitsprognosen gewähren. Daß die experimentelle Psychotechnik vor den höheren Berufen bisher hat Halt machen müssen, beruht m. E. nur zum Teil auf ihrer Jugend und Unfertigkeit, zum Teil auf den angedeuteten prinzipiellen Widerständen, die eine endgültige Grenze bedeuten dürften. Hier werden um so mehr die früher erwähnten nicht-experimentellen Methoden der Beobachtung einzugreifen haben.

5. *Die Bewertung der Prüfungsergebnisse.* Um experimentelle Fähigkeitsbefunde für praktische Zwecke zu benutzen, müssen sie ausgewertet und gedeutet werden. Dieser zweite Teil jeder Fähigkeitsdiagnose tritt sehr zu Unrecht hinter dem ersten, dem eigentlichen Experiment, zurück; man hält ihn leicht für eine Konsequenz, die sich ganz von selbst ergibt, wenn erst die Testbefunde vorliegen. Ein verhängnisvoller Irrtum! Denn gerade Laien, die mit der Psychotechnik in nur oberflächliche Berührung kommen – z. B. Lehrer oder Ingenieure, Werkmeister usw. – geben sich dem Glauben hin, man brauche nur die Handhabung der Instrumente und die Durchführung einer Versuchsanordnung zu erlernen, um auf eigene Faust Begabungs- und Eignungsprüfungen machen zu können. Dabei beginnt doch erst *hinter* dem Experiment die eigentlich *psychologische* Arbeit, die ohne gründliche psychologische Fachschulung unmöglich ist. Schon die Frage, *was* man eigentlich geprüft habe, wird sehr leicht genommen. Man hält es für ausgemacht, daß Test A „*die* Tastempfindlichkeit", Test B „*das* motorische Gedächtnis", Test C „*die* Teilung der Aufmerksamkeit" usw. prüft, und stellt dann über diese Eigenschaften auf Grund der Testergebnisse Zeugnisprädikate oder Rangnummern aus, die dann wieder nach einfachen rechnerischen Methoden zu einem Gesamtprädikat verbunden werden. Wir Psychologen wissen ja, welch ein Knäuel von Problemen darin liegt: ob jener Test B nur das „motorische Gedächtnis" oder vielleicht daneben noch ganz andere psychische Funktionen spielen lasse, und ob nicht ganz andere und wesentliche Seiten des „motorischen Gedächtnisses" durch Test B ganz unberührt bleiben; wir wissen, daß die Zuordnung eines einzelnen Tests zu einer einzelnen Eigenschaft nur eine durch die Aufgabe gebotene Vergewaltigung der Komplexität psychischen Lebens ist, und daß die Herstellung eines Gesamtindex für den Fähigkeitsgrad des Prüflings nur eine künstliche Vereinfachung, eine Quantifikation des Qualitativen ist. Wir wissen es und können daraus die nötigen Vorsichtsmaßregeln für die Deutung unserer Ergebnisse ableiten. Aber die

Nicht-Psychologen und Halb-Psychologen, die sich die *äußere* Technik unserer Prüfmethoden angeeignet haben, wissen es nicht und glauben dennoch berechtigt zu sein, selber den Psychotechniker spielen zu dürfen. Welche Irrmeinungen über die Leichtigkeit und Fertigkeit psychotechnischer Methoden noch in nichtfachlichen Kreisen herrschen, sei durch ein Beispiel beleuchtet. Einer der größten deutschen Betriebe, der jetzt die psychotechnische Prüfung aller in seinen technischen Werkstätten einzustellenden Lehrlinge angeordnet hat, gibt für diesen Zweck Prüfformulare heraus, die für jeden Prüfling in bezug auf eine ganze Reihe von psychischen Eigenschaften mit Wertziffern auszufüllen sind. Da es noch gar nicht so viele psychologisch geschulte Persönlichkeiten gibt, als zur Vornahme dieser Prüfung erforderlich wären, müssen Ingenieure oder Werkmeister genau nach dem vorgeschriebenen Schema über alle jene Eigenschaften Prädikate geben. Und die wenigen Psychologen, die mitwirken, sollen wieder gezwungen sein, nicht ihrem wissenschaftlichen Gewissen und den verfügbaren instrumentellen Hilfsmitteln folgend ihre Prüfmethoden zu gestalten, sondern sie dem Schema anzupassen. Solchen Verkennungen gegenüber muß die psychologische Wissenschaft mit allem Nachdruck dafür sorgen, daß der ganze Ernst und die Schwierigkeit unserer Bewertungs- und Deutungsmethodik zur Geltung komme, damit nicht eine unbewußte Kurpfuscherei entstehe.

6. *Die Bewährung der psychologischen Methoden.* Das endgültige Kriterium für den Wert unserer Methoden liegt in ihrer Übereinstimmung mit den Ergebnissen der Praxis. Zeigt sich, daß die psychologisch untersuchten Individuen in ihren späteren Leistungen (in Schule oder Beruf) denjenigen Erwartungen entsprechen, die auf Grund der Psychodiagnose gehegt wurden, so ist die Methode erprobt. Natürlich kann eine solche etwaige Bewährung erst nach längerer Probezeit festgestellt werden; darum sind – bei der Jugend unserer Versuche – erst relativ wenig Befunde dieser Art vorhanden. Die Ausfälle sind verschieden; eine absolute Übereinstimmung zwischen psychologischer Prüfung und späterer Leistung ist natürlich niemals möglich, schon wegen der unvoraussehbaren Wandlungen in der geistigen Entwicklung einzelner Individuen. Wohl aber kann der Grad der Korrelation sehr verschieden hoch sein; und hier können auch relativ ungünstige Ergebnisse methodisch wichtig werden, weil sie uns lehren, daß wir Methoden, die mit den späteren Leistungen zu wenig korrelieren, durch andere ersetzen müssen.

Lehrreich sind in dieser Hinsicht z. B. die Bewährungsziffern der ersten Begabungsauslese von Schülern in Berlin und Hamburg.[201] Während in Berlin unter den auf Grund der psychologischen Prüfung aufgenommenen Schülern ein nicht allzu kleiner Prozentsatz später als ungeeignet wieder ausgeschieden werden mußte, war in Hamburg die Zahl der Schüler, die sich als unfähig zum weiteren Besuch der Begabtenklassen erwiesen, ganz gering. Ich glaube dies auf

---

201 Auch andere Wissenschaftler wie Mathilde Vaerting oder Fritz Giese hoben die Vorzüge der Hamburger „Auslese" gegenüber dem Berliner Auswahlverfahren hervor (Heinemann 2016, S. 269).

den Umstand schieben zu dürfen, daß in Berlin damals lediglich experimentell geprüft wurde und nach dem Ergebnis dieser Prüfung mechanisch abgezählt wurde, während in Hamburg die psychologische Prüfung mit den Ergebnissen des Beobachtungsbogens verglichen und in Zweifelsfällen individuell entschieden worden war.

Um die Nachprüfung unserer Methoden an den Bewährungen in der Praxis zu ermöglichen, müßten die prüfenden Psychologen darauf Wert legen, die einmal geprüften Personen auch weiterhin im Auge zu behalten und sich von Zeit zu Zeit von den Lehrern bzw. Meistern oder Werkschulleitern über sie Auskünfte geben zu lassen. So reicht also die Arbeit des Psychologen weit über die akute Tätigkeit am Prüfungstermin hinaus; er hat die Prüfung nicht nur vorzubereiten, sondern auch nachzukontrollieren und damit eine *ständige* methodische Arbeit zu leisten. Dies führt aber zu der Forderung einer bedeutenden Vermehrung des psychologisch geschulten Personals; die heut tätigen praktischen Psychologen sind kaum mehr den akuten Aufgaben der Terminprüfungen gewachsen, geschweige denn, daß sie sich mit der nötigen Intensität diesen ständigen Nachkontrollen widmen können. So rechtfertigt sich von neuem das Verlangen nach der Schaffung von Stellen für ständige Schulpsychologen, für Betriebspsychologen, für psychotechnische Assistenten an den Hochschulinstituten.

All den bisher besprochenen Möglichkeiten der Bewährungsfeststellung haftet nun freilich grundsätzlich ein methodischer Mangel an, der nur sehr schwer zu beseitigen ist: sie beziehen sich nur auf die ausgelesenen, nicht aber auf die ausgeschiedenen Individuen! Wir können in einer Begabtenklasse oder in einer Werkstatt nach einem und nach zwei Jahren feststellen, wieviele der damals Aufgenommenen sich als fähig erwiesen, und ob die Verbliebenen ihren Leistungen nach eine ähnliche Rangreihe bilden, wie sie damals von dem Psychologen aufgestellt worden war. Aber die Nichtaufgenommenen sind nach Jahren meist nicht mehr erreichbar, und wo sie es sind, infolge ihrer verschiedenartigen Beschäftigung nicht mehr vergleichbar. Vor allem die wichtigste Frage läßt sich kaum jemals beantworten: ob manche unter den Zurückgewiesenen nicht späterhin tüchtigere und fähigere Menschen geworden sind als andere, die ihnen auf Grund der Prüfung vorgezogen worden waren. Wir dürfen auch diesen Vorwurf nicht zu leicht nehmen, daß bedeutende Fähigkeiten der psychologischen Prüfung entgehen können – sei es, daß sie erst später zur Reife gelangen, sei es, daß sie in dem Zwangskurse der Prüfaufgaben nicht zur Geltung kommen konnten. Auch dies ist wiederum mit ein Grund, das Experiment, wo immer nur möglich, durch die Beobachtungsmethode zu ergänzen. Ob es darüber hinaus einmal möglich sein wird, nachkontrollierende Feststellungen nicht nur an den Gliedern einer bestimmten Schul- oder Werkstattgemeinschaft, sondern an allen psychologisch untersuchten Personen einschließlich der damals Abgewiesenen zu machen, das entzieht sich heute jeder Voraussage. Ein methodisches Ideal wäre es ohne Zweifel.

Da die Eichung der Methoden durch die Bewährungsprobe erst nach Jahren zu endgültigen Ergebnissen kommen kann, brauchen wir fürs erste die Anwendung *vorläufiger Eichungen*. Diese werden gewöhnlich so angestellt, daß Personen, über die bereits von anderer Seite ein Bewährungsurteil vorliegt – also z. B. Arbeiter, die längere Zeit im Betrieb sind – mit den in Aussicht genommenen Methoden geprüft werden. Dann kann die Korrelation der beiden Rangreihen (Berufsleistung und Prüfleistung) festgestellt werden. Methoden, die nicht eine solche vorgängige Eichung erfahren haben, sollten niemals im Ernstfall zu Zwecken der Auslese verwendet werden. Es ist wohl in der ersten Zeit unserer Arbeit infolge der uns äußerlich aufgedrängten Übereilung vorgekommen, daß man auf Grund theoretischer Erwägungen oder auf Grund von Erfahrungen bei anderweitigen Experimentaluntersuchungen gewisse Methoden *a priori* als zuverlässige Indices gewisser in Schule oder Beruf geforderter Fähigkeiten ansah; hoffentlich darf dieses Stadium unserer Arbeit als endgültig überwunden angesehen werden. Aber leider fehlt selbst dort, wo solche Vergleiche vorgenommen wurden, meist ein exakter Bericht darüber, der den Fachgenossen eine Kontrolle des Wertes der Methoden ermöglichte.

In neuester Zeit sind für Straßenbahnführer Vergleichungen der Berufsbewährung mit dem Prüfungsausfall von Hildegard Sachs[202] in Hamburg und von Schackwitz in Kiel durchgeführt und ausführlich beschrieben worden.

Aber auch hier gibt es methodische Schwierigkeiten. Zunächst ist es schon nicht ganz leicht, Arbeiter und Angestellte, die bereits im Beruf stehen, zu solchen Prüfungen heranzubekommen. Namentlich die weniger Berufstüchtigen (die uns zum Vergleich durchaus unentbehrlich sind) werden sich meist spröde verhalten, da sie hinter der Prüfung eine Kontrolle ihrer Unfähigkeit wittern. Ist es aber selbst gelungen, solche Prüflinge in genügender Zahl zu erhalten, so entsteht die zweite Schwierigkeit, brauchbare Urteile über ihre Berufsleistung zu erhalten. Denn die Betriebsleitungen sind meist so psychologiefremd eingestellt, daß ihre Angaben über die Berufstüchtigkeit sich mit den Prüfergebnissen nur schwer auf eine Vergleichsebene bringen lassen.

So wurde uns ein Straßenbahner, der im Prüfexperiment besonders ruhig und sicher reagierte, von der Bahnverwaltung als „aufgeregt" bezeichnet; Nachfrage ergab, daß er lediglich politisch leicht erregbar war, aber in der eigentlichen Fahrleistung durchaus zuverlässig arbeitete.

Hier wird also eine gewisse psychologische Anleitung und Beratung der Praktiker, die ein Urteil abgeben sollen, notwendig werden.

Als dritte Schwierigkeit kommt ein zunächst paradox wirkender Umstand hinzu. Männer mit längerer Berufserfahrung schneiden in manchen Eignungsprüfungen schlechter ab als Neulinge – wegen der notwendigen Divergenz der Prüfmethode von den wirklichen Berufsbetätigungen. Alte Routiniers sind derart

---

202 Hildegard Sachs war zeitweise Mitarbeiterin am Hamburger *Psychologischen Laboratorium* (Stern 1922, S. 40) und erarbeitete unter anderem Eignungsprüfungen (Sachs 1921).

auf ganz bestimmte Handgriffe und Bewegungsabläufe eingestellt, daß eine etwas andersartige Versuchsanordnung eine starke Hemmung bilden kann. Ein Neuling dagegen hat noch keine mechanisierten Bewegungskoordinationen; er steht den neuartigen Aufgaben mit geistiger und motorischer Unbefangenheit gegenüber. So ist es erklärlich, daß Straßenbahnfahrer, die viele Jahre im Dienst sind, durch das andersartige Reiz- und Reaktionssystem der Prüfungsanordnung aus dem Gleichgewicht gebracht wurden und schlechter abschnitten, als dem Urteil über ihre Betriebsleistungen entsprach.

Ich habe mit Absicht in meiner kritischen Besprechung diejenigen Punkte herausgearbeitet, an denen die Psychotechnik eine methodische Selbstbesinnung besonders nötig zu haben scheint. Ihre positive Bedeutung für Erziehung, Wirtschaft und Kultur, die ich sehr hoch einschätze, bedurfte ja in diesem Kreise der Fachgenossen nicht erst einer eigenen Rechtfertigung. Ich glaube aber, daß diese positive Bedeutung im Dienst der allgemeinen Wohlfahrt sich nur dann durchsetzen kann, wenn dauernd die wissenschaftlich methodischen Grundlagen und die Zusammenhänge mit der Mutterwissenschaft der allgemeinen Psychologie gesichert, kontrolliert und verstärkt werden. Die engen, ja unlösbaren Zusammenhänge zwischen psychologischer Theorie und psychologischer Praxis nachgewiesen zu haben, halte ich für eines der Hauptverdienste dieses Kongresses.

Der zweite Teil des Vortrags, der die *organisatorischen* Aufgaben behandelte, bedarf nicht mehr einer ausführlichen Wiedergabe, da den dort aufgestellten Forderungen bereits durch Maßnahmen des Kongresses – zum Teil in veränderter Form – entsprochen worden ist. […][203]

---

203 An dieser Stelle folgt im Original eine kurze Beschreibung der aufgestellten Forderungen und der vom Kongress beschlossenen Maßnahmen.

Quellen- und Literaturverzeichnis

1 Abgedruckte Quellentexte von William Stern

Q1 William Stern (1921): **Die moderne Psychologie, ihre Gebiete, Methoden und Aufgaben (Auszug).** Unveröffentlichtes Manuskript über „Psychologie und Schule". Jewish National and University Library, William Stern Archive, Dept. ARC, Ms. Var., Series 3, 431 03 50, Bl. 6 f.

Q2 William Stern (1910): **Das Problem der kindlichen Begabung"(Auszug).** Vortrag des Herrn Professor Dr. William Stern, Breslau, im „Bund für Schulreform", am Freitag, den 4. März 1910, abends 8 ½ über „Das Problem der kindlichen Begabung". Unveröffentlichtes Manuskript. Jewish National and University Library, William Stern Archive, Dept. ARC, Ms. Var., Series 2, 431 02 36, Bl. 3–5.

Q3 William Stern (1918): **Grundgedanken der personalistischen Philosophie (Auszug).** Philosophische Vorträge. Veröffentlicht von der Kant-Gesellschaft. Nr. 20. Berlin, S. 34–45.

Q4 William Stern (1920): **Psychologie und Schule (Auszug).** In: Zeitschrift für pädagogische Psychologie und experimentelle Pädagogik, 21, S. 147–152.

Q5 William Stern (1924): **Wertphilosophie (Auszug).** Person und Sache. System des Kritischen Personalismus. Dritter Band: Wertphilosophie. Leipzig, S. 449–457.

Q6 William Stern (1912): **Die psychologischen Methoden der Intelligenzprüfung und deren Anwendung an Schulkindern (Auszug).** Sonderabdruck aus: Bericht über den V. Kongreß für experimentelle Psychologie / Berlin 1912. Leipzig, S. 2–10.

Q7 William Stern (1916): **Die Intelligenzprüfung an Kindern und Jugendlichen (Auszug).** Methoden, Ergebnisse, Ausblicke, zweite Auflage. Erweitert um: Fortschritte auf dem Gebiet der Intelligenzprüfung 1912–1915. Leipzig, S. 125–133.

Q8 William Stern (1928): **Zur Theorie der Intelligenz.** In: Zeitschrift für pädagogische Psychologie, experimentelle Pädagogik und jugendkundliche Forschung, 29, S. 1–10.

Q9 William Stern (1930): **Eindrücke von der amerikanischen Psychologie (Auszug).** Bericht über eine Kongreßreise. In: Zeitschrift für pädagogische Psychologie, experimentelle Pädagogik und jugendkundliche Forschung, 31, S. 50 f.

Q10 William Stern (1910): **Das übernormale Kind.** In: Zeitschrift für Jugendwohlfahrt, Jugendbildung und Jugendkunde. Der Säemann, 1, H. 2, S. 67–72 (Teil I) und H. 3, S. 160–167 (Teil II).

Q11 William Stern (1919): **Studienvorbereitung für hochbegabte Volksschulabgänger.** In: Hamburger Universitäts-Zeitung, 1, Nr. 4, Sommer-Semester 1919, S. 118–120.

Q12 William Stern (1926): **Probleme der Schülerauslese (Auszug).** Leipzig, S. 17–25.

Q13 William Stern (1916): **Psychologische Begabungsforschung und Begabungsdiagnose.** In: Deutscher Ausschuß für Erziehung und Unterricht: Der Aufstieg der Begabten. Vorfragen. Im Auftrag herausgegeben und eingeleitet von Peter Petersen. Leipzig/Berlin, S. 105–120.

Q14 William Stern (1918): **Die Methode der Auslese befähigter Volksschüler in Hamburg.** In: Zeitschrift für pädagogische Psychologie und experimentelle Pädagogik, 19, S. 132–143.

Q15 William Stern (1925): **Aus dreijähriger Arbeit des Hamburger Psychologischen Laboratoriums (Auszug).** Bericht über die pädagogisch-psychologische Tätigkeit des Instituts 1922–1925. In: Zeitschrift für pädagogische Psychologie, experimentelle Pädagogik und jugendkundliche Forschung, 26, S. 292–295.

Q16 William Stern (1930): **Schulpsychologe.** In: Enzyklopädisches Handbuch des Kinderschutzes und der Jugendfürsorge. Hrsg. von Ludwig Clostermann / Theodor Heller / P. Stephani. 2., vollständig umgearbeitete Auflage. Leipzig, S. 665–667.

Q17 William Stern (1921): **Richtlinien für die Methodik der psychologischen Praxis.** In: Vorträge über angewandte Psychologie, gehalten beim 7. Kongreß für experimentelle Psychologie (Marburg, 20.–23. April 1921), S. 1–16.

2 Archivalien

Jewish National and University Library (JNUL Jerusalem), William Stern Archive / Nachlass William Stern

Abschiedsworte von William Stern, gesprochen am 19. Februar 1916 im eigenen Hause zu einem kleinen Kreise vertrauter Schüler und Schülerinnen aus dem psychologischen Seminar und der pädagogischen Gruppe, Dept. ARC, Ms. Var., 4310579.
Brief von Dr. Joseph Prager an Eva Michaelis-Stern vom 15.5.1972, Dept. ARC, Ms. Var., 43105113.
Die moderne Psychologie, ihre Gebiete, Methoden und Aufgaben. Unveröffentlichtes Manuskript über „Psychologie und Schule", Dept. ARC, Ms. Var., Series 3, 4310350 (Q1).
Entwicklungstagebücher von Clara und William Stern, Dept. ARC, Ms. Var., Series 1, 43101 19/20/21.
Redemanuskript Barbara Feger anlässlich der Gründung der William-Stern-Gesellschaft für Begabungsforschung und Begabtenförderung, Dept. ARC, Ms. Var., 43105110.
Vorlesungen von Dr. W. Stern. Biographisches (mit handschriftlichem Vermerk von William Stern „nach Hamburg eingereicht Sommer 1915"), Dept. ARC, Ms. Var., 4310455.1.
Vortrag des Herrn Professor Dr. William Stern, Breslau, im „Bund für Schulreform", am Freitag, den 4. März 1910, abends 8½ über „Das Problem der kindlichen Begabung". Unveröffentlichtes Manuskript. Dept. ARC, Ms. Var., Series 2, 4310236 (Q2).

Staatsarchiv Hamburg

Denkschrift über die Ausgestaltung des Philosophischen Seminars und psychologischen Laboratoriums (William Stern, 1916). Bestand 361-5 II, Hochschulwesen II, Akte Ad 12.

3 Literatur von Clara und William Stern

Werke von Clara Stern (et al.) in chronologischer Reihenfolge

Stern, Clara (1900): Zur Kinderpsychologie. In: Deutsche Hausfrauen-Zeitung. Wochenschrift für die gesamten Interessen der Frauen, des Familienlebens, der Frauenbewegung und des Allwohls. Hrsg. von Lina Morgenstern, 27, 25. November 1900, S. 555–557 und 566 f.
Stern, Clara (1906): Sauberkeitsfanatismus. In: Das Kind. Monatsschrift für Kinderpflege, Jugenderziehung und Frauenwohl, S. 19–21.
Stern, Clara / William Stern (1907): Die Kindersprache. Eine psychologische und sprachtheoretische Untersuchung. Monographien über die seelische Entwicklung des Kindes, 1. Leipzig.
Stern, Clara (1908): Psychologische Briefe aus dem Kinderland. In: Zeitschrift für Kinderpflege, Jugenderziehung und Aufklärung, S. 80–82.
Stern, Clara / William Stern (1909): Erinnerung, Aussage und Lüge in der ersten Kindheit. Monographien über die seelische Entwicklung des Kindes, 2. Leipzig.
Stern, Clara (1910): Beratungsstellen für Eltern. In: Der Säemann, 1, 1910, S. 690 f.
Stern, Clara / William Stern (1910): Die zeichnerische Entwicklung eines Knaben vom 4. bis zum 7. Jahre. In: Zeitschrift für angewandte Psychologie und psychologische Sammelforschung, 3, 1910, S. 1–31 [wieder abgedruckt in Stern/Stern 1913].

Stern, Clara / William Stern (1913): Die zeichnerische Entwicklung eines Knaben vom 4. bis zum 7. Jahre. In: Hermann Grosser / William Stern (Hrsg.): Das freie Zeichnen und Formen des Kindes. Sammlung von Abhandlungen aus der Zeitschrift für angewandte Psychologie und psychologische Sammelforschung. Mit Unterstützung des Magistrats der Stadt Breslau. Leipzig, S. 59–89.

Werke von William Stern (et al.) in chronologischer Reihenfolge

Stern, William (1897): Theorie der Veränderungsauffassung. Habilitationsschrift genehmigt von der philosophischen Fakultät der Königlichen Universität zu Breslau. Nebst den beigefügten Thesen öffentlich zu verteidigen am 12. Juli 1897, 12 Uhr Mittags von Dr. phil. L. William Stern aus Berlin gegen die Herren Dr. phil. et med. Hugo Liepmann, cand. phil. Curt Reichel. Breslau.

Stern, William (1898): Psychologie der Veränderungsauffassung. Mit 15 Figuren im Text. Breslau.

Stern, William (1899): Über Psychologie der individuellen Differenzen. Ideen zu einer „Differentiellen Psychologie". Leipzig.

Stern, William (1902): Der Tonvariator. In: Zeitschrift für Psychologie und Physiologie der Sinnesorgane, 30, S. 422–432.

Stern, William (1903): Angewandte Psychologie. In: Beiträge zur Psychologie der Aussage, 1, S. 4–45.

Stern, William (1905): Über Beliebtheit und Unbeliebtheit der Schulfächer. Eine statistische Untersuchung. In: Zeitschrift für Pädagogische Psychologie, Pathologie und Hygiene, 7, S. 267–296.

Stern, William (1906a): Kindespsychologie. Pädagogik. Dritter Sammelbericht. In: Zeitschrift für Psychologie und Physiologie der Sinnesorgane. I. Abteilung. Zeitschrift für Psychologie, 42, S. 367–400.

Stern, William (1906b): Person und Sache. System der philosophischen Weltanschauung. Erster Band: Ableitung und Grundlehre. Leipzig.

Stern, William (1908): Tatsachen und Ursachen der seelischen Entwicklung. In: Zeitschrift für angewandte Psychologie und psychologische Sammelforschung, 1, S. 1–43.

Stern, William / Ferdinand Kramer (1908): Psychologische Prüfung eines 11jährigen Mädchens mit besonderer mnemotechnischer Fähigkeit. In: Zeitschrift für angewandte Psychologie und psychologische Sammelforschung, 1, S. 291–312.

Stern, William / Otto Lipmann (1908): Nachrichten aus dem Institut für angewandte Psychologie und psychologische Sammelforschung (Institut der Gesellschaft für experimentelle Psychologie). In: Zeitschrift für angewandte Psychologie und psychologische Sammelforschung, 1, S. 164–179.

Stern, William (1910a): Das übernormale Kind. In: Zeitschrift für Jugendwohlfahrt, Jugendbildung und Jugendkunde. Der Säemann, 1, H. 2, S. 67–72 und H. 3, S. 160–167 (Q 10).

Stern, William (1910b): Jugendkunde und Jugendbildung. In: Flugschriften des Bundes für Schulreform, 1: Aufgaben und Ziele des Bundes. Leipzig/Berlin, S. 38–46.

Stern, William (1910c): Psychologie der Kindheit und des Jugendalters. Psychologische Pädagogik. Kritischer Sammelbericht. In: Zeitschrift für angewandte Psychologie und psychologische Sammelforschung, 3, S. 106–121.

Stern, William (1911a): Die differentielle Psychologie in ihren methodischen Grundlagen: an Stelle einer zweiten Auflage des Buches: Über Psychologie der individuellen Differenzen. Leipzig.

Stern, William (1911b): The Supernormal Child. In: Journal of Educational Psychology, 2, S. 143–148 und 181–190.

Stern, William (1912a): Die psychologischen Methoden der Intelligenzprüfung und deren Anwendung an Schulkindern. Sonderabdruck aus: Bericht über den V. Kongreß für experimentelle Psychologie / Berlin 1912. Leipzig (Q 6).

Stern, William (1912b): Fragestellungen, Methoden und Ergebnisse der Intelligenzprüfung und ihre Anwendung. Beitrag zum Ersten Deutschen Kongreß für Jugendbildung und Jugendkunde zu Dresden am 6., 7. und 8. Oktober 1911. Arbeiten des Bundes für Schulreform, 5. Leipzig/Berlin 1912, S. 8–20, S. 45–47.

Grosser, Hermann / William Stern (1913) (Hrsg.): Das freie Zeichnen und Formen des Kindes. Sammlung von Abhandlungen aus der Zeitschrift für angewandte Psychologie und psychologische Sammelforschung. Mit Unterstützung des Magistrats der Stadt Breslau. Leipzig.

Stern, William (1913a): Über Psychologie der Vierzehnjährigen. In: Archiv für Pädagogik, Teil II, Pädagogische Forschung, 1(4), S. 434–456.
Stern, William (1913b): Zum Vergleich von Vorschülern und Volksschülern. Bemerkungen zu vorstehendem Aufsatz [Hoffmann 1913]. In: Zeitschrift für angewandte Psychologie und psychologische Sammelforschung, 8, 1913/14, S. 121–123.
Stern, William (1914a): Psychologie der frühen Kindheit bis zum sechsten Lebensjahre. Mit Benutzung ungedruckter Tagebücher von Clara Stern. Leipzig [vgl. Stern 1923].
Stern, William (1914b): The Psychological Methods of Testing Intelligence. Educational Monographs, No. 13. Baltimore [übersetzt von Guy Montrose Whipple].
Stern, William (1916a): Die Intelligenzprüfung an Kindern und Jugendlichen. Methoden, Ergebnisse, Ausblicke. Zweite Auflage. Erweitert um: Fortschritte auf dem Gebiet der Intelligenzprüfung 1912–1915, Leipzig (Q7).
Stern, William (1916b): Ein Abschiedswort an die schlesische Lehrerschaft. In: Schlesische Schulzeitung, 45, 26. April 1916, Nr. 17, S. 201–203.
Stern, William (1916c): Jugendkunde als Kulturforderung. In: Zeitschrift für pädagogische Psychologie und experimentelle Pädagogik, 17, S. 273–311.
Stern, William (1916d): [Ohne Titel]. In: Die deutsche Schule und die deutsche Zukunft. Beiträge zur Entwicklung des Unterrichtswesens. Gesammelt und herausgegeben von Jakob Wychgram. Leipzig, S. 403–408.
Stern, William (1916e): Psychologische Begabungsforschung und Begabungsdiagnose. In: Deutscher Ausschuß für Erziehung und Unterricht: Der Aufstieg der Begabten. Vorfragen. Im Auftrag herausgegeben und eingeleitet von Peter Petersen. Leipzig/Berlin, S. 105–120 (Q13).
Stern, William (1918a): Die Erziehung zum psychologischen Beobachten und Denken. Ein Beitrag zur Hochschul- und Seminarpädagogik. In: Zeitschrift für angewandte Psychologie, 13, 1918, S. 221–228.
Stern, William (1918b): Die Methode der Auslese befähigter Volksschüler in Hamburg. In: Zeitschrift für pädagogische Psychologie und experimentelle Pädagogik, 19, S. 132–143 (Q14).
Stern, William (1918c): Grundgedanken der personalistischen Philosophie. Philosophische Vorträge. Veröffentlicht von der Kant-Gesellschaft. Nr. 20. Berlin (Q3).
Stern, William (1918d): Person und Sache. System der philosophischen Weltanschauung. Zweiter Band: Die menschliche Persönlichkeit. Leipzig.
Stern, William (1918e): Über eine psychologische Eignungsprüfung für Straßenbahnfahrerinnen. In: Zeitschrift für angewandte Psychologie, 13, S. 91–104.
Stern, William (1919a): Förderung und Auslese jugendlicher Begabungen. In: Zeitschrift für Psychotherapie und medizinische Psychologie, 7, S. 291–298.
Stern, William (1919b): Studienvorbereitung für hochbegabte Volksschulabgänger. In: Hamburger Universitäts-Zeitung, 1, Nr. 4, S. 118–120 (Q11).
Stern, William (1919c): Verjüngung. In: Zeitschrift für pädagogische Psychologie und experimentelle Pädagogik, 20, S. 1–12 [auch erschienen als Heft 2 der „Flugschriften der Deutschen Demokratischen Partei"].
Stern, William / Rudolf Peter (1919): Die Auslese befähigter Volksschüler in Hamburg. Bericht über das psychologische Verfahren (Hamburger Arbeiten zur Begabungsforschung, 1).
Stern, William (1920a): Die Intelligenz der Kinder und Jugendlichen und die Methoden ihrer Untersuchung. Anstelle einer dritten Auflage des Buches: Die Intelligenzprüfung an Kindern und Jugendlichen. Leipzig.
Stern, William (1920b): Psychologie und Schule. In: Zeitschrift für pädagogische Psychologie und experimentelle Pädagogik, 21, S. 145–152 (Q4).
Stern, William (1921a): Die Differentielle Psychologie in ihren methodischen Grundlagen. Dritte Auflage. Unveränderter Abdruck der Ausgabe von 1911. Vermehrt um ein Nachwort 1921 nebst neuer Bibliographie. Leipzig.

Stern, William (1921b): Richtlinien für die Methodik der psychologischen Praxis. In: Vorträge über angewandte Psychologie, gehalten beim 7. Kongreß für experimentelle Psychologie (Marburg, 20.–23. April 1921), S. 1–16 (Q 17).

Stern, William (1922): Das psychologische Laboratorium der Universität Hamburg. Gesamtbericht über seine Entwicklung und seine gegenwärtigen Arbeitsgebiete. Leipzig.

Stern, William (1923): Psychologie der frühen Kindheit bis zum sechsten Lebensjahre. Mit Benutzung ungedruckter Tagebücher von Clara Stern. 3., umgearbeitete und erweiterte Auflage. Leipzig [vgl. Stern 1914a].

Stern, William (1924): Person und Sache. System des Kritischen Personalismus. Dritter Band: Wertphilosophie. Leipzig (Q 5).

Stern, William (1925a): Aus dreijähriger Arbeit des Hamburger Psychologischen Laboratoriums. Bericht über die pädagogisch-psychologische Tätigkeit des Instituts 1922–1925. In: Zeitschrift für pädagogische Psychologie, experimentelle Pädagogik und jugendkundliche Forschung, 26, S. 289–307 (Q 15).

Stern, William (1925b): Ausbildung von Schulpsychologen. In: Pädagogisches Zentralblatt. Hrsg. vom Zentralinstitut für Erziehung und Unterricht, 5, H. 5, S. 287–290.

Stern, William (1926a): Probleme der Schülerauslese, Leipzig (Q 12).

Stern, William (1926b): Zur Frage der Intelligenzunterschiede zwischen Knaben und Mädchen. Bemerkung zur Abhandlung von F. Weigl: „Begabungsdifferenzen zwischen dem 9. und 10. Lebensjahr". In: Zeitschrift für pädagogische Psychologie, experimentelle Pädagogik und jugendkundliche Forschung, 17, S. 431.

Stern, William / Otto Wiegmann (1926) (Hrsg.): Methodensammlung zur Intelligenzprüfung von Kindern und Jugendlichen. 3., vollständig umgearbeitete und erweiterte Auflage. Leipzig.

Stern, William (1927): Selbstdarstellung. In: Raymund Schmidt (Hrsg.): Philosophie der Gegenwart in Selbstdarstellungen, Bd. 6. Leipzig, S. 129–184.

Stern, William (1928a): Die Intelligenz der Kinder und Jugendlichen und die Methoden ihrer Untersuchung. Vierte, um eine Ergänzung (1921–1928) vermehrte Auflage. Leipzig.

Stern, William (1928b): Die moderne Kindespsychologie, ihre Theorien, Ergebnisse und pädagogischen Auswirkungen. In: Monatsschrift für Kinderheilkunde, 41, S. 1–17.

Stern, William (1928c): Grundsätzliches zur Schülerauslese. In: Pädagogische Warte, 35, H. 3, S. 101–104.

Stern, William (1928d): Zur Theorie der Intelligenz. In: Zeitschrift für pädagogische Psychologie, experimentelle Pädagogik und jugendkundliche Forschung, 29, S. 1–10 (Q 8).

Stern, William / Walter Hoffmann (1928): Sittlichkeitsvergehen an höheren Schulen und ihre disziplinare Behandlung. Gutachten auf Grund amtlichen Materials, herausgegeben vom Preußischen Ministerium für Wissenschaft, Kunst und Volksbildung. Leipzig.

Stern, William (1929): Vortrag, gehalten auf der IV. internationalen Konferenz für Psychotechnik (Paris, Oktober 1927). In: Jahrbuch der Charakterologie, 6, S. 63–72.

Stern, William (1930a): Eindrücke von der amerikanischen Psychologie. Bericht über eine Kongreßreise. In: Zeitschrift für pädagogische Psychologie, experimentelle Pädagogik und jugendkundliche Forschung, 31, S. 43–51 und 65–72 (Q 9).

Stern, William (1930b): Schulpsychologe. In: Enzyklopädisches Handbuch des Kinderschutzes und der Jugendfürsorge. Hrsg. von Ludwig Clostermann / Theodor Heller / P. Stephani. 2., vollständig umgearbeitete Auflage. Leipzig, S. 665–667 (Q 16).

Stern, William (1930c): Studien zur Personwissenschaft, Teil 1: Personalistik als Wissenschaft. Leipzig.

Stern, William (1931): Das Psychologische Institut der Hamburger Universität in seiner gegenwärtigen Gestalt. Dargestellt aus Anlaß des XII. Kongresses der Deutschen Gesellschaft für Psychologie in Hamburg 12.–16. April 1931 vom Direktor und den Mitarbeitern. In: Zeitschrift für angewandte Psychologie, 39, S. 181–227.

Stern, William (1935): Allgemeine Psychologie auf personalistischer Grundlage. Den Haag.

4 Weitere zeitgenössische Literatur

Anschütz, Georg / Wilhelm Julius Ruttmann (Bearb.) (1912): Alfred Binet. Die neuen Gedanken über das Schulkind. Autorisierte deutsche Bearbeitung. Leipzig.

Ausschuß für Begabungsprüfungen des Leipziger Lehrervereins (1920): Anweisungen für die psychologische Auswahl der jugendlichen Begabten, 2., durchgesehene Auflage. Leipzig.

Baerwald, Richard (1896): Theorie der Begabung. Psychologisch-pädagogische Untersuchung über Existenz, Klassifikation, Ursachen, Bildsamkeit, Wert und Erziehung menschlicher Begabungen. Leipzig.

Baumgarten, Franziska (1930): Wunderkinder. Psychologische Untersuchungen. Leipzig.

Berkhan, Oswald (1910a): Das Wunderkind Christian Heinrich Heineken. In: Zeitschrift für Kinderforschung, 15, S. 225–229.

Berkhan, Oswald (1910b): Otto Pöhler. Das frühlesende Braunschweiger Kind. In: Zeitschrift für Kinderforschung, 15, S. 166–171.

Bethmann Hollweg, Theobald von (1916): Rede vom 28. September 1916. In: Verhandlungen des Reichstages. Stenographische Berichte, Bd. 308, S. 1691–1694.

Binet, Alfred / Théodore Simon (1908): Le développement de l'intelligence chez les enfants. In: L'Année psychologique, 14, S. 1–94.

Binet, Alfred (1912): Die neuen Gedanken über das Schulkind. Bearb. von Georg Anschütz und W. J. Ruttmann. Leipzig.

Bobertag, Otto (1909): Binets Arbeiten über die intellektuelle Entwicklung des Schulkindes (1894–1909). In: Zeitschrift für angewandte Psychologie und psychologische Sammelforschung, 3, S. 230–259.

Bobertag, Otto (1911a): Intelligenzprüfungen an Schulkindern In: Die Grenzboten, 70, S. 375–384.

Bobertag, Otto (1911b): Über Intelligenzprüfungen nach der Methode von Binet und Simon. Kommentierte Übersetzung des Tests. Leipzig.

Bobertag, Otto (1911c): Über IP. I. Methodik und Ergebnisse der einzelnen Tests. In: Zeitschrift für angewandte Psychologie und psychologische Sammelforschung, 5, S. 105–203.

Bobertag, Otto (1912): Über IP. II. Gesamtergebnisse der Methode. In: Zeitschrift für angewandte Psychologie und psychologische Sammelforschung, 6, S. 495–538.

Bobertag, Otto / Erich Hylla (1925a): Begabungsprüfung für den Übergang von der Grundschule zu weiterführenden Schulen. Im Auftrage des Zentralinstituts für Erziehung und Unterricht zu Berlin. Langensalza.

Bobertag, Otto / Erich Hylla (1925b): Zur Aufklärung über unser Verfahren der Begabungsprüfung. In: Zeitschrift für pädagogische Psychologie, experimentelle Pädagogik und jugendkundliche Forschung, 26, S. 505–509.

Boodstein, Otto (1909): Frühreife Kinder. Psychologische Studie. Beiträge zur Kinderforschung und Heilerziehung, H. 61. Langensalza.

Brahn, Max (1919): Besinnliches zur Begabungsprüfung. In: Zeitschrift für pädagogische Psychologie und experimentelle Pädagogik, 20, S. 328–333.

Brahn, Max (1920): Die Begabungsforschung. In: ders. (Hrsg.): Pädagogisch-psychologische Arbeiten. IX. Band: Anweisungen für die psychologische Auswahl der jugendlichen Begabten. Leipzig, S. 3–8.

Brehmer, Fritz (1925): Melodieauffassung und melodische Begabung des Kindes. Zeitschrift für angewandte Psychologie, Beiheft 36. Hamburger Arbeiten zur Begabtenforschung, 7. Leipzig.

Bronner, Augusta / William Healy / Gladys Lowe / Myra E. Shimberg (Hrsg) (1928): A Manual of Individual Mental Tests and Testing. Boston.

Bund für Schulreform (1910): Aus den Satzungen und Arbeiten des Bundes. In: Aufgaben und Ziele des Bundes (Flugschriften, 1). Leipzig/Berlin, S. 57 f.

Bund für Schulreform (1912): Erster Deutscher Kongreß für Jugendbildung und Jugendkunde zu Dresden am 6., 7. und 8. Oktober 1911 – Zweiter Teil. Intelligenzproblem und Schule. Vorträge und Verhandlungen am Sonnabend, dem 7. Oktober 1911 (Arbeiten des Bundes für Schulreform, 5). Leipzig/Berlin.

Cernej, Ludwig (1901): Frühreife und Entartung. In: Zeitschrift für Kinderforschung, 6, S. 129 ff.
Dilthey, Wilhelm (1894): Ideen über eine beschreibende und zergliedernde Psychologie. In: Sitzungsberichte der Königlich-Preußischen-Akademie der Wissenschaften zu Berlin, 2. Halbband. Berlin.
Ebbinghaus, Hermann (1885): Über das Gedächtnis. Untersuchungen zur experimentellen Psychologie. Leipzig.
Ebbinghaus, Hermann (1897): Über eine neue Methode zur Prüfung geistiger Fähigkeiten und ihre Anwendung bei Schulkindern. In: Zeitschrift für Psychologie und Physiologie der Sinnesorgane, 13, S. 401–459.
Engel, E. (1908): Ein dichtender Wunderknabe (Th. Chatterton). In: Vossische Zeitung, Nr. 47.
Fichte, Johann Gottlieb (1808): Reden an die deutsche Nation. [Zehnte Rede. Zur nähern Bestimmung der deutschen Nationalerziehung.] Berlin.
Galton, Francis (1869): Hereditary Genius. London.
Galton, Francis (1910): Genie und Vererbung. Leipzig.
Giese, Fritz (1927): Methoden der Wirtschaftspsychologie. In: Emil Abderhalden (Hrsg.): Handbuch der biologischen Arbeitsmethoden, Abteilung VI, Teil C, Bd. 2. Berlin/Wien, S. 119–744.
Gramatte, H. (1913): Zum Vergleich von Vor- und Volksschülern. In: Schlesische Schulzeitung, 42, S. 1025.
Grosser/Stern 1913: *siehe S. 199.*
Hart, Bernard / Charles Spearman (1912): General Ability, its Existence and Nature. In: Journal of Psychology, 5, 51–84.
Hartnacke, Wilhelm (1917): Zur Verteilung der Schultüchtigen auf die sozialen Schichten. In: Zeitschrift für experimentelle Pädagogik und pädagogische Psychologie, 18, S. 40–44.
Hoffmann, A. (1913): Vergleichende Intelligenzprüfungen an Vorschülern und Volksschülern. In: Zeitschrift für angewandte Psychologie und psychologische Sammelforschung, 8, S. 102–120.
Hornbostel, Erich Moritz von (1910): Über vergleichende akustische und musikpsychologische Untersuchungen. In: Zeitschrift für angewandte Psychologie und psychologische Sammelforschung, 3, S. 465–487.
Hylla, Erich (1915): Meumanns Vorschläge zur Ausgestaltung der Binetschen IP.-Methode. In: Archiv für Pädagogik (Teil II, Pädagogische Forschung) 3, S. 16–22.
Hylla, Erich (1927): Testprüfungen der Intelligenz. Eine Einführung für Pädagogen. Braunschweig.
Jaspers, Karl (1910): Die Methoden der IP und der Begriff der Demenz. Kritisches Referat. In: Zeitschrift für die gesamte Neurologie und Psychiatrie, 1, S. 401–452.
Karstädt, Otto (1913): Zeugen die Experimente der wissenschaftlichen Begabungslehre für oder gegen die Einheitsschule? In: Pädagogische Zeitung, 42, S. 837–840.
Karstädt, Otto / O. Schmidt (1913): Volksschüler und Vorschüler. I. Otto Karstädt. Zur Antwort. II. O. Schmidt. Soziale Schichtung und höhere Schule. In: Pädagogische Zeitung, 42, S. 962–964.
Kerschensteiner, Georg (1905): Die Entwicklung der zeichnerischen Begabung. München.
Kik, C. (1908): Die übernormale Zeichenbegabung bei Kindern. In: Zeitschrift für angewandte Psychologie und psychologische Sammelforschung, 2, 1908, S. 92–143 [wieder abgedruckt 1913].
Kik, C. (1913): Die übernormale Zeichenbegabung bei Kindern. In: Hermann Grosser / William Stern (Hrsg.): Das freie Zeichnen und Formen des Kindes. Sammlung von Abhandlungen aus der Zeitschrift für angewandte Psychologie und psychologische Sammelforschung. Mit Unterstützung des Magistrats der Stadt Breslau. Leipzig, S. 1–58.
Kosog, Oskar (1915): Die Wertung der Testserien. (Mit besonderer Berücksichtigung der Prüfungsergebnisse bei einem 5jährigen Knaben). In: Zeitschrift für angewandte Psychologie und psychologische Sammelforschung, 9, S. 280–298.
Lämmermann, Hans (1928): Von der Tätigkeit des Schulpsychologen. Arbeitsbericht des psychologischen Beraters der Mannheimer Volksschule. Jenaer Beiträge zur Jugend- und Erziehungspsychologie, H. 8.
Lipmann, Otto (1912): Forschung und Unterricht in der Jugendkunde. Teil 1: Systematische Übersicht über die bestehenden Veranstaltungen. Leipzig/Berlin.

Litt, Theodor (1927): „Führen" oder „Wachsenlassen": Eine Erörterung des pädagogischen Grundproblems. Leipzig/Berlin.
Mann, Alfred (1918): Breslauer Begabtenauslese. In: William Stern (Hrsg.): Das psychologisch-pädagogische Verfahren der Begabtenauslese. Versuche und Anregungen. Eine Sammlung von Beiträgen. Leipzig, S. 79.
Melchior, O./Anton Penkert (1918): Über die Anwendung zweier psychologischer Methoden bei der Aufnahme in ein Lehrerinnenseminar. In: William Stern (Hrsg.): Das psychologisch-pädagogische Verfahren der Begabtenauslese. Eine Sammlung von Beiträgen. Leipzig, S. 36–63.
Meumann, Ernst (1905): Intelligenzprüfungen an Kindern der Volksschule. In: Die experimentelle Pädagogik, 1, S. 35–101.
Meumann, Ernst (1907): Vorlesungen zur Einführung in die experimentelle Pädagogik. Leipzig.
Meumann, Ernst (1910): Der gegenwärtige Stand der Methodik der IP. In: Zeitschrift für pädagogische Psychologie, Pathologie und Hygiene, 11, S. 68–79.
Meumann, Ernst (1913a): Die soziale Bedeutung der Intelligenzprüfung. In: Zeitschrift für pädagogische Psychologie und experimentelle Pädagogik, 14, S. 433–440.
Meumann, Ernst (1913b): Vorlesungen zur Einführung in die experimentelle Pädagogik und ihre psychologischen Grundlagen. 2., umgearbeitete und vermehrte Auflage. Leipzig.
Meyer, [?] (1911): Die Bedeutung der modernen Psychologie für das Militärwesen. Neue Militärische Blätter, 53, Nr. 6, S. 89 f.; Nr. 9, S. 140–142; Nr. 10, S. 158–160.
Meyer, [?] (1912): Psychologie und militärische Ausbildung. In: Zeitschrift für pädagogische Psychologie und experimentelle Pädagogik, 13, S. 81–85.
Moede, Walther/Curt Piorkowski (1918): Die psychologischen Schüleruntersuchungen zur Aufnahme in die Berliner Begabtenschulen. In: William Stern (Hrsg.): Das psychologisch-pädagogische Verfahren der Begabtenauslese. Versuche und Anregungen. Eine Sammlung von Beiträgen. Leipzig, S. 63–68.
Muchow, Martha (1918): Die psychologisch-pädagogische Methode der Auslese begabter Volksschüler für Sonderklassen mit fremdsprachlichem Unterricht (Hamburg Ostern 1918). In: Preußische Volksschullehrerinnen-Zeitung, 12, S. 66–68.
Muchow, Martha (1919): Der neue Beobachtungsbogen. In: Rudolf Peter/William Stern (Hrsg.): Die Auslese befähigter Volksschüler in Hamburg. Beiheft 18 der Zeitschrift für angewandte Psychologie. Leipzig, S. 147–157.
Muchow, Martha (1923): Studien zur Psychologie des Erziehers. Methodologische Grundlegung einer Untersuchung der erzieherischen Begabung. Hamburg [Dissertation].
Muchow, Martha (1929): Grundlinien der seelischen Entwicklung des Kindes im Kindergarten und Schulalter. Unter besonderer Berücksichtigung des großstädtischen Arbeiterkindes. In: Jugend und Volkswohl, 4, Nr. 12, S. 203–215.
Muchow, Martha (1931): Das Montessori-System und die Erziehungsgedanken Friedrich Fröbels. In: Hilde Hecker/Martha Muchow: Friedrich Fröbel und Maria Montessori. Mit einer Einleitung von Eduard Spranger. 2., umgearbeitete und erweiterte Auflage. Leipzig, S. 75–203.
Münsterberg, Hugo (1910): Finding a Life Work. In: McClure's Magazine, S. 398–403.
Münsterberg, Hugo (1912): Experimentalpsychologie und Berufswahl. In: Zeitschrift für pädagogische Psychologie und experimentelle Pädagogik, 13, S. 1–7.
Münsterberg, Hugo (1914): Grundzüge der Psychotechnik. Leipzig.
Myers, Charles S. (1911): The Pitfalls of Mental Tests. In: British Medical Journal, 28, I; in deutscher Übersetzung von Otto Bobertag: Myers, Ch. S.: Die Gefahren von Mental Tests. In: Zeitschrift für angewandte Psychologie und psychologische Sammelforschung, 6, 1912, S. 60–65.
Oestreich, Paul (1919): Begründung und Aufbau der Einheitsschule. In: Der Föhn. Sozialistisches Schulblatt, 1, Nr. 15/16, S. 4–10.
Ostwald, Wilhelm (1909): Große Männer. Leipzig.
o. V. (1910): Gesellschaft zur Erziehung übernormal Befähigter. In: Zeitschrift für angewandte Psychologie und psychologische Sammelforschung, 3, S. 583 f.

Penkert, Anton (1919): Über die Anwendung von Tests bei Aufnahmeprüfungen in ein Hamburger Lehrerinnenseminar. In: Walther Minkus / William Stern / Hans Paul Roloff / Gustav Schober / Ada Schober / Anton Penkert (Hrsg.): Untersuchungen über die Intelligenz von Kindern und Jugendlichen. Hamburger Arbeiten zur Begabungsforschung, II. Leipzig, S. 138–165.
Peters, Wilhelm (1922): Das I-Problem und die I-Forschung. In: Zeitschrift für Psychologie, 89, S. 1–37.
Peters, Wilhelm (1926): Anlage, Umwelt, Schule. In: Sächsische Schulzeitung, Nr. 15.
Petzoldt, Joseph (1905): Sonderschulen für hervorragend Befähigte. Leipzig.
Rebhuhn, Hermann (1918): Entwurf eines psychographischen Beobachtungsbogens für begabte Volksschüler in Berlin. In: Zeitschrift für pädagogische Psychologie und experimentelle Pädagogik, 19, S. 144.
Révész, Géza (1910): Über die hervorragenden akustischen Eigenschaften und musikalischen Fähigkeiten des 7jährigen Komponisten Erwin Nyiregyhazi. In: Bericht über den vierten Kongress für experimentelle Psychologie in Innsbruck. Leipzig, S. 224–228.
Rodenwaldt, Ernst (1905): Aufnahmen des geistigen Inventars Gesunder als Maßstab für Defektprüfungen bei Kranken. In: Monatsschrift für Psychiatrie, 17. Ergänzungsheft, S. 17–84.
Rossolimo, Grigorij (1910a): Allgemeine Charakteristik der psychologischen Profile. 1. Geistig-minderwertige Kinder. 2. Nerven- und Geisteskranke. Moskau.
Rossolimo, Grigorij (1910b): Psychologische Profile. Die Methodik. Moskau.
Rossolimo, Grigorij (1911): Die psychologischen Profile. Zur Methodik der quantitativen Untersuchung der psychischen Vorgänge in normalen und pathologischen Fällen. In: Klinik für psychische und nervöse Krankheiten, Sommer, 6(3) und 6(4).
Sachs, Hildegard (1921): Zur Organisation der Eignungspsychologie. Schriften zur Psychologie der Berufseignung und des Wirtschaftslebens, H. 14.
Sante De Sanctis, Camillo (1905): Typen und Grade mangelhafter geistiger Entwicklung. In: Eos. Zeitschrift für Heilpädagogik, 2, S. 97–115.
Schackwitz, Alex (1920): Über psychologische Berufs-Eignungsprüfungen für Verkehrsberufe. Eine Begutachtung ihres theoretischen und praktischen Wertes erläutert durch eine Untersuchung von Straßenbahnführern. Berlin.
Schünemann, Georg (Hrsg.) (1908): Mozart als achtjähriger Komponist. Ein Notenbuch Wolfgangs. Leipzig.
Selz, Otto (1929): Über die Abhängigkeitsbeziehungen zwischen Lernlust und Lernerfolg. In: Zeitschrift für Psychologie, 109, S. 191–209.
Selz, Otto (1932): Arbeiten des Instituts für Psychologie und Pädagogik der Handelshochschule Mannheim. In: Zeitschrift für angewandte Psychologie, 42, S. 259–263.
Selz, Otto (1935): Versuche zur Hebung des Intelligenzniveaus. In: Zeitschrift für Psychologie, 134, S. 236–302.
Sickinger, Anton (1925): Der Mannheimer Schulpsychologe. In: Die Quelle, 75, H. 1, Wien.
Sommer, E. (1912): Über die Methoden der IP. In: Klinik für psychische und nervöse Krankheiten, Bd. 7, S. 1–21.
Spranger, Eduard (1917/1973): Begabung und Studium. In: Eduard Spranger. Gesammelte Schriften. Bd. X: Hochschule und Gesellschaft. Hrsg. von Walter Sachs. Tübingen/Heidelberg, S. 7–81.
Stern, Clara *und* Stern, Clara et al.: *siehe S. 198 f.*
Stern, Sigismund (1835): Vorläufige Grundlegung zu einer Sprachphilosophie. Berlin.
Stern, William *und* Stern, William et al.: *siehe S. 199 ff.*
Stumpf, Carl (1897): Über Otto Pöhler, d. 4jährige lesende Kind. In: Vossische Zeitung, 10. Januar 1897.
Stumpf, Carl (1908): Akustische Versuche mit Pepito Arriola. In: Zeitschrift für angewandte Psychologie und psychologische Sammelforschung, 2, S. 1–11.
Terman, Lewis M. (1916): The Measurement of Intelligence. Boston.

Terman, Lewis M. (1925): Mental and Physical Traits of a Thousand Gifted Children. Genetic Studies of Genius, Vol. 1. Stanford.

Thomson, Emil (1909): Elisabeth Kulmann. Sonderabdruck aus dem Jahresberichte der Schule der Reformierten Gemeinden in St. Petersburg f. d. Schuljahr 1908/9. St. Petersburg.

Valentiner, Theodor (1911): Ein 11jähriger Humorist. In: Zeitschrift für Jugendwohlfahrt, Jugendbildung und Jugendkunde. Der Säemann, 2, S. 218–227.

Weintrob, Joseph / Raleigh Weintrob (1912): The Influence of Environment on Mental Ability as shown by Binet-Simon Tests. In: Journal of Educational Psychology, 3, S. 577–583.

Werner, Heinz (1917): Die melodische Erfindung im frühen Kindesalter. Wien.

Wittmann, Johannes (1922): Der Aufbau der seelisch-körperlichen Funktionen und die Erkennung der Begabung mit Hilfe des Prüfungsexperiments: Abhandlungen und Vorträge, gehalten auf mehreren Versammlungen der Kieler, Eutiner, Schleswiger Lehrer- und Philologen-Vereine (Kieler Arbeiten zur Begabungsforschung, Nr. 1), Berlin.

Yerkes, Robert M. / Helen M. Anderson (1915): The Importance of Social Status as Indicated by the Results of the Point-Scale Method of Measuring Mental Capacity. In: Journal of Educational Psychology, 6, S. 137–150.

Yerkes, Robert M. / James W. Bridges / Rose S. Hardwick (1915): A Point Scale for Measuring Mental Ability. Baltimore.

Ziehen, Theodor (1908/1911): Die Prinzipien und Methoden der Intelligenzprüfung. 1. Auflage 1908/3. Auflage 1911. Berlin.

5 Weitere Literatur

Alarcón López, Cristina (2021): Genealogie des Grundschulgutachtens im Zeichen des Dispositivs der „Schülerauslese". In: Sabine Reh / Patrick Bühler / Michèle Hofmann / Vera Moser (Hrsg.): Schülerauslese, schulische Beurteilung und Schülertests 1880–1980. Bad Heilbrunn, S. 97–112.

Ballauf, Theodor / Hubert Hettwer (Hrsg.) (1967): Begabungsförderung und Schule. Darmstadt.

Baudson, Tanja Gabriele (2014): Standardisierte Tests und individuelle Förderung: unversöhnliche Gegensätze oder unüberwindliche Grabenkämpfe? In: Armin Hackl / Carina Imhof / Olaf Steenbuck / Gabriele Weigand (Hrsg.): Begabung und Traditionen. Karg Hefte, Beiträge zur Begabtenförderung und Begabungsforschung, Nr. 6. Frankfurt a. M., S. 66–75.

Bergold, Sebastian (2011): Identifikation und Förderung von begabten und hochbegabten Schülern. Berlin.

Bergold, Sebastian (2013): Historische Entwicklungen der Begabungsforschung und Begabtenförderung in Deutschland. In: Pädagogische Rundschau, 67, S. 517–533.

Bieber Hans-Joachim (1992): Bürgertum in der Revolution. Bürgerräte und Bürgerstreiks in Deutschland 1918–1920. Hamburg.

Bockel, Rolf von (2018): Ein bürgerlich-revolutionäres Erfolgsmodell: Der Hamburger „Werkbund Geistiger Arbeiter". In: Gerd Biegel / Reinhold Lütgemeier-Davin (Hrsg.): Metropole und Region: der Intellektuelle Kurt Hiller und sein Kreis in Zeiten des politischen Umbruchs (1918–1920). Beiträge einer Tagung der Kurt Hiller Gesellschaft und des Instituts für Braunschweigische Regionalgeschichte. Neumünster, S. 65 ff.

Bölling, Rainer (1978): Volksschullehrer und Politik. Der Deutsche Lehrerverein 1918–1933. Göttingen.

Bühring, Gerald (1996): William Stern oder Streben nach Einheit. Frankfurt a. M. / Berlin / Bern / New York / Paris / Wien.

Bondy, Curt (1961): William Stern. Ein Bild des Psychologen und Hamburger Universitätslehrers. In: Neues Hamburg, 14, S. 41–43.

Bracht, Hans-Günther (2001): Die preußische Regelung des „Aufstiegs der Begabten". In: Gleichheit und Ungleichheit in der Pädagogik. Jahrbuch für Pädagogik, 20, S. 95–109.

Brenner, Michael / Stefi Jersch-Wenzel / Michael A. Meyer (Hrsg.) (1996): Deutsch-jüdische Geschichte in der Neuzeit. Bd. 2: Emanzipation und Akkulturation. 1780–1871. München.

Cassirer, Ernst (1950): William Stern. Zur Wiederkehr seines Todestages. In: William Stern: Allgemeine Psychologie auf personalistischer Grundlage, 2. Auflage. Den Haag, S. XXXIII–XLIII.

Deutsch, Werner (1997): Im Mittelpunkt die Person: Der Psychologe und Philosoph William Stern. In: Marianne Hassler / Jürgen Wertheimer (Hrsg.): Der Exodus aus Nazideutschland und die Folgen. Jüdische Wissenschaftler im Exil. Tübingen, S. 73–90.

Deutsch, Werner (2001): Aus dem Kinderzimmer in die Wissenschaft. Entwicklungspsychologische Tagebuchstudien. In: Imbke Behnken / Jürgen Zinnecker (Hrsg.): Kinder. Kindheit. Lebensgeschichte. Ein Handbuch. Seelze-Velber, S. 340–351.

Deutsch, Werner (2018): Psychologie der frühen Kindheit bis zum sechsten Lebensjahr (1914). In: Helmut E. Lück / Rudolf Miller / Gabriela Sewz (Hrsg.): Klassiker der Psychologie. Die bedeutenden Werke: Entstehung, Inhalt und Wirkung. 2., erweiterte und überarbeitete Auflage. Stuttgart, S. 165–169.

Drewek, Peter (1989): Begabungstheorie, Begabungsforschung und Bildungssystem in Deutschland. In: Karl-Ernst Jeismann (Hrsg.): Bildung, Staat, Gesellschaft im 19. Jahrhundert. Mobilisierung und Disziplinierung. Wiesbaden/Stuttgart, S. 387–412.

Drewek, Peter (2010): Entstehung und Transformation der empirischen Pädagogik in Deutschland im bildungsgeschichtlichen Kontext des frühen 20. Jahrhunderts. In: Christian Ritzi / Ulrich Wiegmann (Hrsg.): Beobachten, Messen, Experimentieren. Beiträge zur Geschichte der empirischen Pädagogik / Erziehungswissenschaft. Bad Heilbrunn, S. 163–193.

Drewes, Stefan (2016): Geschichte der Schulpsychologie in Deutschland. In: Klaus Seifried / Stefan Drewes / Marcus Hasselhorn (Hrsg.): Handbuch Schulpsychologie. Psychologie für die Schule. 2., vollständig überarbeitete Auflage. Stuttgart, S. 13–22.

Dudek, Peter (1989): William Stern und das Projekt „Jugendkunde". In: Zeitschrift für Pädagogik, 35, Nr. 2, S. 153–174.

Ebisch, Sven (2017): Lipmann, Otto. In: Uwe Wolfradt / Elfriede Billmann-Mahecha / Armin Stock (Hrsg.): Deutschsprachige Psychologinnen und Psychologen 1933–1945. Ein Personenlexikon, ergänzt um einen Text von Erich Stern. 2., aktualisierte Auflage. Wiesbaden, S. 282 f.

Eckart, Wolfgang U. (2006): „Wunderkinder – Einzelgänger". Anmerkungen zur Hochbegabtenproblematik in der Wissenschaftsgeschichte. In: Tanja A. Börzel / Rüdiger Bubner / Wolfgang U. Eckart / Maurice Godé / Walter H. Hinderer / Peter Hommelhoff / Jörg Hüfner / Peter J. Schneemann / Gesine Schwan: Elite. Wintersemester 2004/2005. Studium Generale der Ruprecht-Karls-Universität Heidelberg. Heidelberg, S. 73–89.

Faulstich-Wieland, Hannelore / Peter Faulstich (2012): Lebenswege und Lernräume: Martha Muchow: Leben, Werk und Weiterwirken. Weinheim/Basel.

Feger, Barbara (1986): Hochbegabungsforschung und Hochbegabtenförderung in Deutschland. Ein Überblick über 100 Jahre. In: Bundesministerium für Bildung und Wissenschaft (Hrsg.): Hochbegabung – Gesellschaft – Schule. Ausgewählte Beiträge der 6. Weltkonferenz für hochbegabte und talentierte Kinder in Hamburg vom 5. bis 9. August 1985. Bad Honnef, S. 67–80.

Feger, Barbara (1991): William Sterns Bedeutung für die Hochbegabungsforschung – die Bedeutung der Hochbegabungsforschung für William Stern. In: Werner Deutsch (Hrsg.): Über die verborgene Aktualität von William Stern. Frankfurt a. M. / Bern / New York / Paris, S. 78–92.

Freitag, Sabine (2014): Kriminologie in der Zivilgesellschaft. Wissenschaftsdiskurse und die britische Öffentlichkeit, 1830–1945. München.

Funke, Joachim (2006): Alfred Binet (1857–1911) und der erste Intelligenztest der Welt. In: Georg Lamberti (Hrsg.): Intelligenz auf dem Prüfstand. 100 Jahre Psychometrie. Göttingen, S. 23–40.

Funke, Joachim / Bianca Vaterrodt (2009): Was ist Intelligenz? 3., aktualisierte Auflage. München.

Garz, Detlef (2021): Von den Nazis vertrieben. Autobiographische Zeugnisse von Emigrantinnen und Emigranten. Das wissenschaftliche Preisausschreiben der Harvard Universität aus dem Jahr 1939. Opladen / Berlin / Toronto.

Geißler, Gert (2011): Schulgeschichte in Deutschland. Von den Anfängen bis in die Gegenwart. 2., aktualisierte und erweiterte Auflage. Frankfurt a. M.

Geisthövel, Alexa (2013): Intelligenz und Rasse. Franz Boas' psychologischer Antirassismus zwischen Amerika und Deutschland, 1920–1942. Bielefeld.

Geuter, Ulfried (1984): Die Professionalisierung der deutschen Psychologie im Nationalsozialismus. Frankfurt a. M.

Geuter, Ulfried (1993/2002): Militärpsychologie. In: Helmut E. Lück / Rudolf Miller (Hrsg.): Illustrierte Geschichte der Psychologie. Unveränderter Nachdruck. Weinheim/Basel, S. 279–283.

Graumann, Carl Friedrich (Hrsg.) (1985): Psychologie im Nationalsozialismus. Berlin.

Guhl, Anton (2012): Anschütz, Georg. In: Franklin Kopitzsch / Dirk Brietzke (Hrsg.): Hamburgische Biografie, Bd. 6. Göttingen, S. 16–18.

Guski-Leinwand, Susanne (2010): Wissenschaftsforschung zur Genese der Psychologie in Deutschland vom ausgehenden 19. Jahrhundert bis Mitte des 20. Jahrhunderts. Münster.

Heinemann, Rebecca (2016): Das Kind als Person. William Stern als Wegbereiter der Kinder- und Jugendforschung. Bad Heilbrunn.

Heinemann, Rebecca (2020): William Stern – ein Brückenbauer der Wissenschaft. In: Bildung und Erziehung, 73, H. 1, S. 61–75.

Heinemann, Rebecca (2021): Im „Mittelpunkt sowohl der theoretisch-psychologischen wie der angewandt psychologischen Arbeit". Das personalistische Begabungskonzept William Sterns. In: Sabine Reh / Patrick Bühler / Michèle Hofmann / Vera Moser (Hrsg.): Schülerauslese, schulische Beurteilung und Schülertests 1880–1980. Bad Heilbrunn, S. 113–133.

Heller, Kurt / Franz J. Mönks (2014): Begabungsforschung + Begabtenförderung. Der lange Weg zur Anerkennung. Schlüsseltexte 1916–2013. Münster.

Hilker, Franz (1966): Ein Leben mit der Schule und für die Schule. Zum 90. Geburtstag. In: Neue Deutsche Schule, 18, H. 19, S. 328–331.

Hopf, Caroline (2004): Die experimentelle Pädagogik. Empirische Erziehungswissenschaft in Deutschland am Anfang des 20. Jahrhunderts. Bad Heilbrunn.

Hoyer, Timo / Gabriele Weigand / Victor Müller-Oppliger (2013): Begabung. Eine Einführung. Darmstadt.

Huth, Albert (1956): Begabungsstruktur und Wirtschaftsstruktur. In: Psychologie und Praxis, 1, 1956/57, S. 113–117.

Ingenkamp, Karlheinz (1990): Pädagogische Diagnostik in Deutschland 1885–1932. Geschichte der pädagogischen Diagnostik, Bd. 1. Weinheim.

Ingenkamp, Karlheinz (1989): Experimentelle Methoden in der Schülerauslese. Beispiele für den Einsatz experimenteller Methoden bei Begabten- und Übergangsauslesen vor 1930. In: Zeitschrift für Pädagogik, 35, Nr. 2, S. 175–195.

Internationales Edith-Stein-Institut (Hrsg.) (2002): Aus dem Leben einer jüdischen Familie und weitere autobiographische Beiträge. Edith Stein Gesamtausgabe, Bd. 1. Hrsg. von Klaus Mass, unter wissenschaftlicher Mitarbeit von Hanna-Barbara Gerl-Falkovitz, neu bearbeitet und eingeleitet von Maria Amata Neyer. Freiburg i. Br.

Jaeger, Siegfried / Irmingard Staeuble (1983): Die Psychotechnik und ihre gesellschaftlichen Entwicklungsbedingungen. In: François Stoll (Hrsg.): Arbeit und Beruf, Bd. 1. Weinheim/Basel, S. 49–91.

Kaminski, Andreas (2010): Psychotechnik und Intelligenzforschung 1903–1933. Protoformen von Human Enhancement. In: Christopher Coenen / Stefan Gammel / Reinhard Heil / Andreas Woyke (Hrsg.): Die Debatte über „Human Enhancement". Historische, philosophische und ethische Aspekte der technologischen Verbesserung des Menschen. Bielefeld, S. 117–142.

Keim, Wolfgang / Ulrich Schwerdt (2013): Schule. In: dies. (Hrsg.): Handbuch der Reformpädagogik in Deutschland (1890–1933). Teil 1: Gesellschaftliche Kontexte, Leitideen und Diskurse. Frankfurt a. M. / Bern / Bruxelles / New York / Oxford / Warsawa / Wien, S. 657–775.

Kirchhöfer, Dieter (2013): Individualität. In: Wolfgang Keim / Ulrich Schwerdt (Hrsg.): Handbuch der Reformpädagogik in Deutschland (1890–1933). Teil 1: Gesellschaftliche Kontexte, Leitideen und Diskurse. Frankfurt a. M. / Bern / Bruxelles / New York / Oxford / Warsawa / Wien, S. 477–497.

Kopiez, Reinhard / Andreas C. Lehmann (2016): Die Anfänge der musikpsychologischen Forschung zu Wunderkindern im Netzwerk von Carl Stumpf. In: Martin Ebeling (Hrsg.): Carl Stumpfs Berliner Phonogrammarchiv. Ethnologische, musikpsychologische und erkenntnistheoretische Perspektiven. Frankfurt a. M. / Berlin / Bern / Bruxelles / New York / Oxford / Wien, S. 143–156.

Kössler, Till (2016): Auf der Suche nach einem Ende der Dummheit. Begabung und Intelligenz in den deutschen Bildungsdebatten seit 1900. In: Constantin Goschler / Till Kössler (Hrsg.): Vererbung oder Umwelt? Ungleichheit zwischen Biologie und Gesellschaft seit 1945. Göttingen, S. 103–133.

Kössler, Till (2018): Leistung, Begabung und Nation nach 1900. In: Sabine Reh / Norbert Ricken (Hrsg.): Leistung als Paradigma. Zur Entstehung und Transformation eines pädagogischen Konzepts. Wiesbaden, S. 193–210.

Lamiell, James T. (1996): William Stern: More than „the IQ guy". In: Gregory A. Kimble / C. Alan Boneau / Michael Wertheimer (Hrsg.): Portraits of pioneers in psychology, Vol. II. Washington D. C., S. 73–85.

Lässig, Simone (2004): Jüdische Wege ins Bürgertum. Kulturelles Kapital und sozialer Aufstieg im 19. Jahrhundert. Göttingen.

Lewontin, Richard C. / Steven P. R. Rose / Leon J. Kamin (1988): Die Gene sind es nicht … Biologie, Ideologie und menschliche Natur. Reihe Begabungs- und Persönlichkeitsforschung. München/ Weinheim.

Liggieri, Kevin (2020): „Anthropotechnik". Zur Geschichte eines umstrittenen Begriffs. Konstanz.

Lück, Helmut E. (1991): „Noch ein weiterer Jude ist natürlich ausgeschlossen". William Stern und das Psychologische Institut der Universität Hamburg. In: Arno Herzig (Hrsg.): Die Juden in Hamburg 1590 bis 1990. Wissenschaftliche Beiträge der Universität Hamburg zur Ausstellung „Vierhundert Jahre Juden in Hamburg". Hamburg, S. 407–417.

Lück, Helmut E. / Dieter-Jürgen Löwisch (Hrsg.) (1994): Der Briefwechsel zwischen William Stern und Jonas Cohn. Dokumente einer Freundschaft zwischen zwei Wissenschaftlern. Frankfurt a. M. / Berlin / Bern / New York / Paris / Wien.

Michaelis-Stern, Eva (1971): William Stern. Begründer der Kinder- und der differentiellen Psychologie. In: Das Neue Israel, 24. Dezember 1971, S. 458 f.

Milberg, Hildegard (1970): Schulpolitik in der pluralistischen Gesellschaft. Die politischen und sozialen Aspekte der Schulreform in Hamburg 1890–1935. Hamburg.

Miller, Monika (2013): Zeichnerische Begabung. Indikatoren im Kindes- und Jugendalter. München.

Morgenroth, Olaf (2017): Moede, Walther. In: Uwe Wolfradt / Elfriede Billmann-Mahecha / Armin Stock (Hrsg.): Deutschsprachige Psychologinnen und Psychologen 1933–1945. Ein Personenlexikon, ergänzt um einen Text von Erich Stern. 2., aktualisierte Auflage. Wiesbaden, S. 318 f.

Moser, Vera (2013): Die Hilfsschule als Wegbereiter einer besonderen Pädagogik zur pädagogischen Sonderbehandlung „besonderer" Schülerinnen und Schüler in besonderen Schulen. In: Eckard Rohrmann (Hrsg.): Aus der Geschichte lernen, Zukunft zu gestalten. Inklusive Bildung und Erziehung in Vergangenheit, Gegenwart und Zukunft. Marburg 2013, S. 75–91.

Müller, Karl Valentin (1956): Begabung und soziale Schichtung in der hochindustrialisierten Gesellschaft. Köln.

Neef, Katharina (2018): Rudolf Goldscheids Menschenökonomie. Biopolitik und soziale Revolution. In: Albert Dikovich / Alexander Wierzock (Hrsg.): Von der Revolution zum Neuen Menschen. Das politisch Imaginäre in Mitteleuropa 1918/19: Philosophie, Humanwissenschaften und Literatur. Weimarer Schriften zur Republik, Bd. 5. Stuttgart, S. 201–217.

o. V. (2008): Lipmann, Otto. In: Archiv Bibliographia Judaica. Lexikon deutsch-jüdischer Autoren, Bd. 16. München/Berlin, S. 75–80.

Patzel-Mattern, Katja (2010): Ökonomische Effizienz und gesellschaftlicher Ausgleich. Die industrielle Psychotechnik in der Weimarer Republik. Stuttgart.

Plaum, Ernst F. (2018): Alfred Binet: Les idées modernes sur les enfants. In: Helmut E. Lück / Rudolf Miller / Gabriela Sewz (Hrsg.): Klassiker der Psychologie. Die bedeutenden Werke: Entstehung, Inhalt und Wirkung. 2., erweiterte und überarbeitete Auflage. Stuttgart/Berlin/Köln, S. 76–83.

Prado, Tanja / Johannes Jansen / Wilhelm Wieczerkowski (1990): Hamburger Initiativen zur Begabungsforschung und Begabtenförderung. In: Harald Wagner (Hrsg.): Begabungsforschung und Begabtenförderung in Deutschland. 1980 – 1990 – 2000. Bad Honnef, S. 21–33.

Reh, Sabine / Patrick Bühler / Michèle Hofmann / Vera Moser (2021): Einleitung. Prüfen, Testen, Auslesen und Zuweisen. Zum Inklusions-Paradox des Schulsystems. In: dies. (Hrsg.): Schülerauslese, schulische Beurteilung und Schülertests 1880–1980. Bad Heilbrunn, S. 7–28.

Roth, Heinrich (1966): Pädagogische Anthropologie. Bd. 1: Bildsamkeit und Bestimmung. Hannover.

Rudloff, Wilfried (2014): Ungleiche Bildungschancen, Begabung und Auslese. Die Entdeckung der sozialen Ungleichheit in der bundesdeutschen Bildungspolitik und die Konjunktur des „dynamischen Begabungsbegriffs" (1950 bis 1980). In: Archiv für Sozialgeschichte, 54, S. 193–244.

Schatzker, Chaim (1988): Jüdische Jugend im zweiten Kaiserreich. Sozialisations- und Erziehungsprozesse der jüdischen Jugend in Deutschland, 1870–1917. Frankfurt a. M. / Bern / New York / Paris.

Schmidt, Wilfred H. O. (1988): William Stern: Pioneer in the Psychology and Education of Gifted Children. In: AGATE. Journal of the Gifted and Talented Education Council of the Alberta Teachers' Association, Vol. no. 1, Spring, S. 2–6.

Schmidt, Wilfred H. O. (1994): William Stern (1871–1938) und Lewis Terman (1877–1956). Deutsche und amerikanische Intelligenz- und Begabungsforschung im Lichte ihrer andersartigen politischen und ideologischen Voraussetzungen. In: Psychologie und Geschichte, 6, H. 1/2, S. 3–26.

Schregel, Susanne (2020a): Das hochbegabte Kind zwischen Eliteförderung und Hilfsbedürftigkeit 1978 bis 1985. In: Vierteljahrshefte für Zeitgeschichte, 68, H. 1, S. 95–125.

Schregel, Susanne (2020b): „Extrawürste für die Elite". Soziale Ungleichheit und Differenz in der bundesdeutschen Hochbegabungsdebatte (1980–1985). In: Geschichte und Gesellschaft, 46, H. 2, S. 313–338.

Schregel, Susanne (2021): „Übernormalen-Pädagogik" und „Begabtenschulen" zwischen Kaiserreich und Republik. In: Sabine Reh / Patrick Bühler / Michèle Hofmann / Vera Moser (Hrsg.): Schülerauslese, schulische Beurteilung und Schülertests 1880–1980. Bad Heilbrunn, S. 135–151.

Schubeius, Monika (1990): Und das psychologische Laboratorium muss der Ausgangspunkt pädagogischer Arbeiten werden! Zur Institutionalisierungsgeschichte der Psychologie von 1890 bis 1933. Frankfurt a. M. / Bern / New York / Paris.

Seichter, Sabine (2009): William Stern. Ein vergessener Pädagoge. In: Vierteljahrsschrift für wissenschaftliche Pädagogik, 95, S. 177–189.

Seichter, Sabine (2016): „Person" als integrative Ordnungskategorie von philosophischer Bildungstheorie und empirischer Bildungsforschung. Ein systematischer Versuch. In: Vierteljahrsschrift für wissenschaftliche Pädagogik, 92, S. 408–417.

Solzbacher, Claudia (2002): „Keine Angst vor klugen Kindern!". Geschichte und Hintergründe der Diskussion um Hochbegabung in Deutschland. In: dies. / Annette Heinbokel (Hrsg.): Hochbegabte in der Schule – Identifikation und Förderung. Münster/Hamburg/London, S. 9–25.

Sprung, Lothar / Rudi Brandt (2003): Otto Lipmann und die Anfänge der Angewandten Psychologie in Berlin. In: Lothar Sprung (Hrsg.): Zur Geschichte der Psychologie in Berlin. 2., erweiterte Auflage. Frankfurt a. M., S. 345–366.

Stamm, Margrit (2007): Unterfordert, unerkannt, genial. Randgruppen unserer Gesellschaft. Zürich/Chur.

Steinmetzer, Jan / Sabine Müller (2008): Wunderkinder und Genies in Geschichte und Gegenwart. In: Dominik Groß / Sabine Müller (Hrsg.): Normal – anders – krank. Akzeptanz, Stigmatisierung und Pathologisierung im Kontext der Medizin. Berlin, S. 373–391.

Stock, Armin (2017): Peters, Wilhelm. In: Uwe Wolfradt/Elfriede Billmann-Mahecha/Armin Stock (Hrsg.): Deutschsprachige Psychologinnen und Psychologen 1933–1945. Ein Personenlexikon, ergänzt um einen Text von Erich Stern. 2., aktualisierte Auflage. Wiesbaden, S. 350–352.

Stock, Claudia (2017): Lämmermann, Hans. In: Uwe Wolfradt/Elfriede Billmann-Mahecha/Armin Stock (Hrsg.): Deutschsprachige Psychologinnen und Psychologen 1933–1945. Ein Personenlexikon, ergänzt um einen Text von Erich Stern. 2., aktualisierte Auflage. Wiesbaden, S. 265 f.

Stroß, Annette Miriam (2008): Der Schularzt. Funktionalität und Normierungstendenzen eines neuen Berufsfeldes im 19. Jahrhundert. In: Helga Kelle/Anja Tervooren (Hrsg.): Ganz normale Kinder. Heterogenität und Standardisierung kindlicher Entwicklung. Weinheim/München, S. 93–105.

Tenorth, Heinz-Elmar (2010): Sonderpädagogische Professionalität – zur Geschichte ihrer Entwicklung. In: Sieglind Ellger-Rüttgardt (Hrsg.): Pädagogische Professionalität und Behinderung. Herausforderungen aus historischer, nationaler und internationaler Perspektive. Stuttgart, S. 13–27.

Tschechne, Martin (2010): William Stern. Hamburg.

Volkov, Shulamit (2022): Deutschland aus jüdischer Sicht. Eine andere Geschichte vom 18. Jahrhundert bis zur Gegenwart. Aus dem Englischen von Ulla Höber. München.

Weigand, Gabriele (2011): Geschichte und Herleitung eines pädagogischen Begabungsbegriffs. In: Armin Hackl/Olaf Steenbuck/Gabriele Weigand (Hrsg.): Werte schulischer Begabtenförderung, Begabungsbegriff und Werteorientierung. Karg Hefte, Beiträge zur Begabtenförderung und Begabungsforschung, Nr. 3. Frankfurt a. M., S. 48–54.

Weigand, Gabriele (2019): Begabung und Begabungsförderung im Spiegel der Heterogenitätsdiskussion. In: Christian Reintjes/Ingrid Kunze/Ekkehard Ossowski (Hrsg.): Begabungsförderung und Professionalisierung. Befunde, Perspektiven, Herausforderungen. Bad Heilbrunn, S. 73–85.

Wolfradt, Uwe (2017a): Bobertag, Otto. In: Uwe Wolfradt/Elfriede Billmann-Mahecha/Armin Stock (Hrsg.): Deutschsprachige Psychologinnen und Psychologen 1933–1945. Ein Personenlexikon, ergänzt um einen Text von Erich Stern. 2., aktualisierte Auflage. Wiesbaden, S. 40 f.

Wolfradt, Uwe (2017b): Hylla, Erich. In: Uwe Wolfradt/Elfriede Billmann-Mahecha/Armin Stock (Hrsg.): Deutschsprachige Psychologinnen und Psychologen 1933–1945. Ein Personenlexikon, ergänzt um einen Text von Erich Stern. 2., aktualisierte Auflage. Wiesbaden, S. 203 f.

Wollersheim, Heinz-Werner (2014): Traditionslinien der Begabungsdiskussion im zwanzigsten Jahrhundert. Hintergründe und Anmerkungen aus bildungshistorischer Sicht. In: Armin Hackl/Carina Imhof/Olaf Steenbuck/Gabriele Weigand (Hrsg.): Begabung und Traditionen. Karg Hefte, Beiträge zur Begabtenförderung und Begabungsforschung, Nr. 6. Frankfurt a. M., S. 30–38.

Personenverzeichnis [204]

Anderson, Helen M. **88**
Anschütz, Georg (1886–1953) **73, 83**
Argelander, Annelies (1896–1980) **12**
Arriola, Pepito (1896–1954) **112**

Baerwald, Richard (1867–1929) **41**
Bäumer, Gertrud (1873–1954) **76, 113**
Baumgarten, Franziska (1883–1970) **112**
Baur, Erwin (1875–1933) **44**
Becker, Carl Heinrich (1876–1933) **134**
Bernstein, [?] **80**
Bethmann Hollweg, Theobald von (1856–1921) **132**
Binet, Alfred (1857–1911) **22, 24, 70 f., 73, 76, 81–85, 88, 102**
Binet, Alice **22, 70**
Binet, Madeleine **22, 70**
Bobertag, Otto (1879–1934) **12, 19, 72 f., 83, 88 f., 171, 173, 175 f.**
Böge, [?] **104**
Bogen, Hellmuth **104, 107**
Bondy, Curt (1894–1972) **109, 179**
Brahn, Max **162**
Brehmer, Fritz **112**
Bronner, Augusta **110**
Burt, Cyril (1883–1971) **178**

Cassirer, Ernst (1874–1945) **37**
Cattell, James McKeen (1860–1944) **71, 109**
Cohn, Jonas (1869–1947) **71**

Darwin, Charles (1809–1882) **30**

Deuchler, Gustaf (1883–1955) **12**
Deutsch, Werner (1947–2010) **15, 21**
Dilthey, Wilhelm (1833–1911) **35 f.**

Ebbinghaus, Hermann (1850–1909) **35, 70, 74, 80, 102**

Feger, Barbara **13 f.**
Fichte, Johann Gottlieb (1762–1814) **67, 139**
Fischer, Aloys (1880–1937) **113**
Fischer, Eugen (1874–1967) **44**
Freud, Sigmund (1856–1939) **27**
Fröbel, Friedrich (1782–1852) **32**

Galliner, Arthur (1878–1961) **45**
Galton, Francis (1822–1911) **108 f.**
Gaudig, Hugo (1860–1923) **113 f.**
Gesell, Arnold (1880–1961) **178**
Giese, Fritz (1890–1935) **104, 182, 193**
Goddard, Henry (1856–1939) **94 f.**
Goldscheid, Rudolf (1870–1931) **60**
Götze, Carl (1865–1947) **146**
Gramatte, H. **91**
Gregor, [?] **80**
Grünbaum-Sachs, Hildegard (1888–1974) **12, 195**

Hart, Bernard **83**
Hartnacke, Wilhelm (1878–1952) **44, 96**
Healy, William (1869–1963) **110**
Henri, Victor (1872–1940) **71**
Herbart, Johann Friedrich (1776–1841) **41**

---

[204] Bei allen Personen, die in redaktionellen Texten erwähnt sind, sind die Lebensdaten mit angegeben. Ausgenommen sind Personen, deren Lebensdaten nicht ermittelt werden konnten, und Autorinnen und Autoren, auf deren Literatur in den Quellentexten nur verwiesen wird.

Hilker, Franz (1881–1969) **135**
Hoffmann, A. **87–89, 91, 93 f.**
Hornbostel, Erich Moritz von (1877–1935) **112**
Hylla, Erich (1887–1976) **12, 19, 72, 95, 171, 173, 175 f.**

Jaspers, Karl **80**

Kant, Immanuel (1724–1804) **37, 45, 52, 65**
Karsen, Fritz (1885–1951) **135**
Karstädt, Otto (1876–1947) **86, 91–93**
Katzenstein, Bettina (1906–1981) **12**
Kawerau, Siegfried (1886–1936) **135**
Kerschensteiner, Georg (1854–1932) **38, 113, 117 f., 122 f., 130, 135, 147, 153**
Key, Ellen (1849–1926) **47**
Kik, C. **113, 115, 117**
Knoblauch, Elisabeth **12**
Kosog, Oskar **93**
Kraepelin, Emil **80**
Kramer, Ferdinand **81, 112**
Kulmann, Elisabeth (1808–1825) **111**

Lämmermann, Hans (1891–1972) **178, 180**
Lenz, Fritz (1887–1976) **44**
Lewin, Kurt (1890–1947) **103**
Lietz, Hermann (1868–1919) **114**
Lipmann, Otto (1880–1933) **12, 18, 34, 36, 99, 104, 112, 129**
Litt, Theodor (1880–1962) **47**
Lowe, Gladys **110**

Mann, Alfred **162 f.**
Mann, O. **102**
Meier, [?] **104**
Meumann, Ernst (1862–1915) **9, 18, 24, 71–73, 79, 81, 85, 87, 91 f., 94 f., 113, 144 f., 165, 171**
Meyer, [?] **82 f.**
Michaelis-Stern, Eva (1904–1992) **14, 22, 24, 34, 72, 143**

Mill, John Stuart (1806–1873) **76**
Moede, Walther (1888–1958) **162 f., 183**
Montessori, Maria (1870–1952) **32**
Moses, Julius (1869–1945) **69**
Moskiewicz, Georg (1878–1918) **36**
Muchow, Martha (1892–1933) **12, 32, 95 f., 103, 149, 163 f., 168, 179**
Münsterberg, Hugo (1863–1916) **18, 82, 144, 156**
Muthesius, Karl (1859–1929) **146**
Myers, Charles Samuel **83**

Oestreich, Paul (1878–1959) **135, 136**
Otto, Berthold (1859–1933) **47**

Pearson, Karl **82**
Peter, Rudolf **166**
Peters, Wilhelm (1880–1963) **12, 107, 178**
Petersen, Peter (1884–1952) **145 f.**
Petzoldt, Joseph (1862–1929) **116, 125 f.**
Pfahler, Gerhard **104**
Piaget, Jean **103**
Piorkowski, Curt (1888–1939) **162 f.**
Prager, Joseph (1885–1983) **72**

Rebhuhn, Hermann **167**
Révész, Géza (1878–1955) **112**
Rhoden, [?] von **104**
Rieger, [?] **80**
Rodenwaldt, Ernst **80**
Rossolimo, Grigorij **80**
Roth, Heinrich (1906–1983) **13**
Ruttmann, Wilhelm Julius **83**

Sachs, Hildegard *siehe* Grünbaum-Sachs
Sackur, Otto (1880–1914) **36**
Salomon, Alice (1872–1948) **76**
Sante De Sanctis, Camillo **80**
Schackwitz, Alex **189, 195**
Schiefler, Gustav (1857–1935) **131**
Schleiermacher, Friedrich (1768–1834) **45**

Schmidt, O.   **91**
Selz, Otto (1881–1943)   **12, 178**
Shimberg, Myra E.   **110**
Sickinger, Anton (1858–1930)   **69, 178**
Simon, Théodore (1873–1961)   **24, 71, 81**
Sommer, E.   **80**
Spearman, Charles (1863–1945)   **82 f., 99**
Spranger, Eduard (1882–1963)   **145 f.**
Stein, Edith (1891–1942)   **114**
Stern, Clara (1877–1945)   **9, 15 f., 22–32, 71**
Stern, Erich   **104**
Stern, Günther (1902–1992)   **22–25, 27 f., 32–34, 113**
Stern, Hilde (1900–1961)   **22 f., 25–34, 76**
Stern, Sigismund (1812–1867)   **45**
Stumpf, Carl (1848–1936)   **112**

Terman, Lewis M. (1877–1956)   **14, 74, 108–110, 112**

Umlauf, Karl (1866–1945)   **162, 164, 166**

Vaerting, Mathilde (1884–1977)   **193**
Valentiner, Theodor   **113**
Volkelt, Hans   **103**

Weintrob, Joseph   **89**
Weintrob, Raleigh   **89**
Werner, Heinz (1890–1964)   **103, 112**
Whipple, Guy Montrose (1876–1941)   **74**
Wiegmann, Otto   **104**
Wittmann, Johannes (1885–1960)   **99, 173, 175**
Wundt, Wilhelm (1832–1920)   **71, 109**

Yerkes, Robert M.   **88 f.**

Ziehen, Theodor   **80, 99**